这样说话最讨人喜欢

ZHEYANGSHUOHUAZUITAORENXIHUAN

赵红霞　编著

吉林文史出版社
JILIN WENSHI CHUBANSHE

图书在版编目（CIP）数据

这样说话最讨人喜欢 / 赵红霞编著 . — 长春：吉
林文史出版社，2019.6 （2023.4 重印）
ISBN 978－7－5472－6200－9

Ⅰ. ①这… Ⅱ. ①赵… Ⅲ. ①语言艺术－通俗读物
Ⅳ. ①H019－49

中国版本图书馆 CIP 数据核字（2019）第 102043 号

这样说话最讨人喜欢

编　　著：赵红霞
责任编辑：程明
封面设计：点滴空间
出版发行：吉林文史出版社有限责任公司
电　　话：0431－81629369　　邮编　130118
地　　址：长春市福祉大路出版集团 A 座
网　　址：www. jlws. com. cn
印　　刷：北京一鑫印务有限责任公司
开　　本：165mm×235mm 1/16
印　　张：20
印　　次：2019 年 6 月第 1 版　2023 年 4 月第 2 次印刷
书　　号：ISBN 978－7－5472－6200－9
定　　价：68. 00 元

前 言

美国成功学大师戴尔·卡耐基说："当今社会，一个人的成功，仅仅有15％取决于技术知识，而其余85％则取决于人际关系及有效说话等软本领。"由此可见说话艺术的重要性，掌握说话的艺术，已经成为现代人成功的必备条件。

当今世界，亦有不少领袖、企业家、名人因为会说话而名震一时。懂得如何说话已经成为一个人综合能力的重要标志，成为个人在社会上生存的重要能力之一。在生活中，通过出色的语言表达，可以使陌生的人产生好感，结成友谊；可以使相互熟识的人之间情更浓，爱更深；可以使意见分歧的人互相理解，消除矛盾；可以使彼此怨恨的人化干戈为玉帛，友好相处。

说话作为人们最简单、最直接的表达方式，它的重要性是不言而喻的。我们已经告别了那种"鹦鹉学舌，不离于禽；猩猩能言，不离于兽"的人云亦云的时代。在缤纷复杂的现实生活中，学会更深刻地领悟语言的真谛，学会如何说话，显然是势在必行的。说话不仅是一门技术，更是一门艺术。它看似很简单，但是要说出有水平，容易被人理解、接受的话则需要下一定的功夫。

一个会说话的人，遇见陌生人时，知道如何说话能跟对方达成一种"一见如故"的默契；和同事共事时，知道如何说话能得到大家的欢迎；拜访客户时，知道如何说话能赢得客户的心，从而决定购买自己的产品；再如跟恋人或朋友说话时，知道怎样给对方带来乐趣，加深彼此间的感情。

学会讨人喜欢的说话方式，才能把话说到对方的心坎儿里，获得对方的好感，成为人见人爱的说话高手。一语可以成仇：一句话说错了，会破坏人际关系的良性互动；一句话说错了，会导致功败垂成。一语可以得福：一句话说对了，可以得到方便；一句话说对了，也许会向成功迈进一步。

学会用讨人喜欢的方式说话，是一件既容易又很不容易的事。说容易，是因为我们每个人都会说话，都知道说话要做到讨人喜欢；说不容易，是因为把握别人的心理很难，而且绝大多数时候说话是即时的，容不得你仔细考虑。难怪台湾著名的成功学家林道安说："一个人不会说话，那是因为他不知道对方需要听什么样的话。假如你能像一个侦察兵一样看透对方的心理活动，你就知道说话的力量有多么巨大了！"

说话不得体，不讨人喜欢，会惹来麻烦，达不到预期的效果。一个不善言谈和说话不讨人喜欢的人，很容易给他人留下能力低下和思想匮乏的印象。这样的人不管处在哪一个社会层面，都不会轻松地获得成功，也不会得到足够的器重和赏识，甚至只能沦为无足轻重的边缘人。说话方式讨人喜欢是获得上司赏识、下属拥戴、同事喜欢、朋友肯定、恋人依恋的必要条件，是一个人做人办事、行走社会的通行证。为了帮助大家快速掌握高超的说话本领，把话说得讨人喜欢，成为一个受大家欢迎的说话高手，我们精心编写了这本《这样说话最讨人喜欢》。

本书详细介绍了各种场合中最讨人喜欢的说话方式，其中涉及初次见面、社会交际、为人处世、职业生涯、商业谈判、营造生活、演讲辩论等多个层面，帮你快速掌握说话技巧，提高说话能力，把话说得得体、漂亮、讨人喜欢，真正做到口吐莲花，无往不利，成就成功人生。

目 录

第一章
说话，原则很重要

说话要讲究原则。说话要注意对象、场合、口气等，一句话说过头了，可能毁掉一生的前途；一句话说到位了，也可能事半功倍，指日成功。

第一节 说话要有针对性

说话首先要看对方年龄，与长辈说话和与晚辈说话的分寸就各不一样。

说话要有针对性，通俗一点儿说就是：到什么山唱什么歌。

人与人之间的差异有时是惊人的。独特的个性、爱好，独特的知识结构、心理态势，使某个人只能是"这样"而不能是"那样"。因此，与不同的人交谈，就要采取不同的谈话方式。

我们主张说话一定要看场合和对象是为了遵循交际规律，在真诚待人、平等互利的基础上看准对象才说话，以科学的态度掌握人际交流的艺术。

说话首先要看对方年龄，与长辈说话和与晚辈说话的分寸就各不一样。

长辈，特别是上了年纪的人的一大特点是喜欢追怀往事，如果你能令他回想起曾经历过的某一段美好时光，他会变得很快乐，喜欢同你说话，而一旦打开话匣子，就会有说不完的话。在同年纪较大的长辈说话时，应避免过多地谈及"老"，这样会使他觉得自己行将就木，感叹人生短促，引发他的伤感情绪。如果遇到一位"不服老"的人，他将会对你产生不满。因此，与长辈说话，不应该像与平辈说话那样无所顾忌、不注意分寸。

与长辈谈话，也不必过分表示你的恭敬有礼，或者勉强自己一定要听完他的长谈。由于老年人一般讲话缓慢，有时碰上一位融洽的闲聊者便会滔滔不绝，话无止境。因此，听他讲多长时间应随自己的兴趣而定。不管他如何漫谈，可以让他讲完一个完整的故事，然后借机离开。离开前对他的谈话表示热情的感谢，再礼貌地告别。

有些长辈，虽然年纪不小了，还能保持年轻人的心态，他们会以幽默克服自己的弱点，对于社会仍能事事关心，甚至完全不觉得老。

但也有不少长辈，在独处时，会感到寂寞，有的还会因为老来多病而苦恼。对于他们，我们应该多给予关心，多讲一些安慰的话。想一想，总有一天我们也会像他们一样老，唤起自己的同情之心，同长辈谈话的分寸也就好掌握了。

如果是跟晚辈说话，首先，不要摆老资格。经验这个东西绝非万能之物，如果老年人张口闭口就是"我当年如何如何……""你们年轻人该如何如何……"这样的话，相信没有哪个年轻人爱听。

长辈与晚辈相处，应多谈一些年轻人感兴趣的话题。所谓的经验，有时是有局限性的。此一时，彼一时，此一地，彼一地，环境千差万别，经验不可能永远万能。

此外，不要倚老卖老。有些老人在与晚辈谈话时，经常漫不经心、心不在焉，易使青年人感到自己被轻视。即使他面前的老人，其阅历、学识有足够的理由轻视他，他也很难愉快地接受这种轻视。这种情绪的影响，往往会堵住思想的闸门，使他们不愿意再同老人多说，甚至可能把已经准备好的心里话，把急需和老人商谈的问题"咽"回去。

所以，与晚辈人说话时，不应该轻易去否定他们的看法，应在做出中肯分析后，帮助他们答疑解惑，给予热情地支持。即使年轻人的某些看法显得不成熟，显得幼稚、单纯、片面，也不要随便几句话便做出全盘否定。

说话时还要注意不同的人有着不同的基本情况，比如，对方的性别、文化程度、身份、职务等。

对不同性别的人讲话，应当选择不同的方式。

一位男青年碰到了好多年不见的女同学，大声嚷嚷起来："你真是越长越'苗条'了！可惜啊，中国没有相扑运动。"女同学扭头就走，男青年讨了个没趣。

对于"老"字，男人一般觉得没多大关系；但若说某位女性老，她会非常不悦。

说话看对象，看对方的文化程度也是很重要的一项。人口普查员填写人口登记表，问一个没有文化的老太太："您有配偶吗？"老太太说："你问我有没有买藕吗？"结果闹了个笑话。

说话看对象还要看对方的身份职务。身份职务不同并不妨碍人际交流，下级对上级、晚辈对长辈、学生对老师、普通人对于有名气地位的人等，不应当也不必要表现得屈从、奉迎。但在言谈举止上则不要过于随便，有必要也应当表现得更加尊重一些。如学生与老师之间发生了矛盾，可以像同学之间发生矛盾一样平等地交流、沟通，但在说话上应当注意方式和讲究措辞。

谈话对象还要分性格和心理状态。

性格外向的人易于和人交谈，性格内向的人多半"沉默寡言"，不善于主动与人交谈。同性格开朗的人谈话，你可以侃侃而谈；同性格内向的人谈话，就应注意分寸，循循善诱。孔子的"因材施教"用在这里也很恰当。

一次，孔子的学生仲由问："听到了，就去干吗？"孔子说："不能。"又一次，另一个学生冉求又问："听到了，就去干吗？"孔子说："干吧！"公西华在旁听了犯疑，就问孔子："两个人的问题相同，而你的回答却相反。我有点儿糊涂，故来请教。"孔子说："求也退，故进之；由也兼人，故退之。"意思是，冉求平时做事好退缩，所以我给他壮胆；仲由好胜，胆大勇为，所以我劝阻他。孔子教育学生因人而异，我们谈话也要因人而异。

不同的人在不同的情况下有不同的心态，有时候甚至不会从外部表现上明显地表露出来，这时作为表达者就应当洞察对方的心理，以便进行有效的交流。

有一次，几个即将毕业的研究生到某机关去求职。接待他们的是一位六十来岁的局长，他说，机关的许多部门编制有限，个别的可以考虑吸收，几个人都来不好安排，因为名额很少。听了这番话，一位女研究生感叹："有些老家伙早该退休了，就是赖着不走……"这么一说，老局长的脸色变得很难看。老局长六十来岁的人了，整天为退休的事情犯愁，而这时听到如此嘲讽，心里是何滋味！

上面这个事例告诉我们：说话一定要看对象，注意对方的心理状态，观察对方的性格特点，尽量避免说话时无意之间伤了人。

谈话还应注意的是，跟与自己关系不同的人说话，也要区别对待。

许多人结婚后，认为对方成了"自己人"，在语言和行为上开始毫不在乎分寸，无所顾忌，想说什么就说什么，想怎么说就怎么说。这种在夫妻之间任其自然的做法有积极方面也有消极方面。积极方面是可以使夫妻双方推心置腹；消极的方面，就是有时不加考虑的言行会伤害对方的感情。

如果是朋友惹恼了你，你可以在一段时间内拉开距离，直到气消后再去找他。但不管妻子对丈夫或丈夫对妻子多么生气，却无论如何是回避不了的。因此，体谅就显得非常重要，理解也成了把握分寸的基础。

最容易激起对方反感的莫过于拿别人家的丈夫、妻子作比较，来贬低自己的丈夫或妻子："你看看人家老王，有手木匠活儿多好，光是每月给别人做几个大柜，就挣千八百！""同样的收入，人家小陈家月月存钱，你呢？月月超支，怎么当家的？"

俗话说："人比人，气死人。"要是对方接受数落，咽下了这口气倒也罢了，就怕对方回敬你一句："你觉得他（她）好，怎么不跟他（她）过去呀？"长此下去，夫妻关系必然产生裂痕。

跟朋友说话，要真诚、实在、和气，但这样不等于不讲究说话技巧、不需要分寸。话说得好，可以加深朋友之间的感情；话说得差，不讲究方式，迟早会使朋友疏远，甚至得罪朋友。

多说对朋友有好处的话。在中国，中庸之道是一种至高的做人法则，掌握了这一法则，便会在生活中游刃有余。交友也讲中庸，除了"谈而不厌"外，还要"简而文""温而理"，简略却文雅，温和且合情理。

在说话过程中知己知彼，才能"百说百灵"。

同样的话，可能这个人说，你很愿意接受，而换了另外一个人说，不但不接受，而且还产生了反感。因此，说话要分对象，要有针对性。

第二节　说话要有准确性

一个说话准确的人，总可以准确、流利地表达出自己的意图，也能够把道理说得很清楚、动听，使别人很乐意接受。

在日常交谈的话语中，有不少词语在不同的条件下使用，往往有不同的含义，有的甚至完全相反，这就是"同语异义"的现象。它会给你带来不少麻烦，但也会带来许多便利。巧说"同语异义"比直言更能对听者产生强烈的吸引力，但如果运用不好则会带来很多麻烦。

《三国演义》中描写的曹操误杀吕伯奢一家的故事就很有借鉴意义。

曹操刺杀董卓未成，便与陈宫一道投奔曹父的义兄吕伯奢家求宿。吕伯奢热情接待。

曹操坐了一阵，忽然听到后院有磨刀的声音，于是，与陈宫蹑手蹑脚进了后院，只听得有人说："捆绑起来再杀！"

曹操对陈宫说："不先下手，咱们就要死了！"

说着，便与陈宫拔剑冲了过去，见一人便杀一人。他们搜寻厨房，这才看见那里有一只被捆绑起来等待宰杀的猪。

这个故事虽反映曹操疑心过重，但"捆绑起来再杀"这句不明确的言辞，对促成曹操杀人也起了很大作用。这说明"同语异义"的言辞一定要谨慎使用。

第二次世界大战期间也发生过因"同语异义"而误会的事。当时，由于德军经常空袭伦敦，所以英国空军总是保持高度警惕。在一个浓雾漫天的日子，伦敦上空突然发现了一架来历不明的飞机，英国战斗机立即升空迎击，到两机接近时，才发现这是一架中立国的民航机。

英国战斗机向地面指挥部报告了这一情况，请求指示。地面指挥部回答："别管它。"于是，英国战斗机发出一串火炮，把这架民航机打落了。后来，英国为此支付了一笔巨额赔偿才了事。英国战斗机和地面指挥部都负有不可推卸的责任。

首先是地面指挥部，不该用"别管它"这样语义不明的言辞来回答战斗机的请示。这既可以理解为"别干涉它，任它飞行"，也可以理解为"甭管它是什么飞机，打下来再说"。

战斗机的责任是在听到这样可作完全相反理解的命令后，应该再次请示，然后再采取行动。这样就不致铸成大错了。

可见，这个"别管它"，就是一种"同语异义"的言辞。在遇到这种言辞时一定要慎重处理，切勿模糊不清，否则它会成为你与人沟通的障碍，甚至会得罪人。

一个公司的人事流动是正常的，对一个高明的部门主管来说，当有人走了以后，他要做的事情应该是如何通过自己的语言影响力来稳住留下来的人。但是，有很多部门主管并不注意这一点。

一个公司的部门经理手下有10个员工，有一天，4个员工提出辞职，这位经理感到很不安，他对留下来的6名职员说："那些精明能干的人都走了，我们的将来可是前途未卜了！"显然，这句话得罪了留下来的6位雇员，使部门的气氛更加紧张。

也许这位部门经理对留下来的6位雇员并无贬低之意，可是由于他的不准确表达，使这6位雇员心理上产生阴影，在日后的工作中，肯定会产生对抗情绪。

一个说话准确的人，总可以准确、流利地表达出自己的意图，也能够把道理说得很清楚、动听，使别人很乐意接受。有时候还可以立刻从问答中测定对方言语的意图，并从对方的谈话中得到启示，增加自己对于对方的了解，与对方建立良好的友谊。说话有失准确的人，不能完全地表达出自己的意图，往往会令对方听得费神，而又不能使人信服。

1916 年，美国化学家路易斯在一篇论文中首次提出了"共价键"的电子理论。这个理论对于有机化学的发展具有重大意义。可是这一理论发表后，在美国化学界并未引起应有的反响。其中一个重要的原因便是路易斯不善言谈，没有公开发表演说，宣传自己的见解。

3 年以后，美国另一位著名化学家朗缪尔发现了路易斯见解的可贵。于是，朗缪尔一方面在有影响的《美国化学会会志》等刊物上发表多篇论文，阐述和发展路易斯的理论，同时又多次在国内外的学术会议上发表演讲，大力宣传"共价键"。由于朗缪尔能言善辩，对"共价键"做了大量宣传解释工作，才使得这一理论被美国化学界承认和接受。一时间，美国化学界纷纷议论朗缪尔的"共价键"，而把这理论的首创者路易斯的名字几乎忘却了，有人甚至把它称作朗缪尔理论。

第三节　说话要有感染力

优秀的演讲者是美的使者，成功的演讲活动是对美的传播和塑造。

说话富有感染力的人，自然会给周围的人增添快乐，也会给自己增添不少魅力和光彩，同时，他的话很容易被人听进耳朵里。说话的感染力在演讲中的体现最为典型。

一个演讲者的感染力可以说成是他演讲的生命力，如果一次毫无情感和美感的演讲摆在人面前，可能大家会感觉无趣而走开。演讲者的情感越深厚，就越能吸引人、打动人，越能拨动每一个听众的心弦。

成功的演讲者总是很善于以独特的眼光和艺术的敏感，去发现和选取生活中那些独具浓厚感情的演讲，也很善于以独特的艺术智慧去构思和表现，这是独特性的双重内容。

演讲艺术情感是演讲家创造性劳动的体现，它不是对生活感受的简单复述，而是进行提炼和加工。只有这种独特的艺术情感，才可能是富有魅力的，才可能给人以强烈的艺术感染。演讲实践证明，一位演讲者所传达的感情越是独特，对听众的影响就越大。独特的认识宛如闪电，照亮听众的心灵；独特的情感宛如惊雷，震撼听众的心灵；独特的演讲是激情的表达，是演讲风格的表现。

演讲术辩证法特点之一，表现在理性与情感的统一。只强调理性和逻辑，而不重视情感的表达，往往会起消极作用，会降低听众的接受程度。而在演讲中做到理性和情感的统一，做到在热烈的情绪中体现深刻的主题和内容，才能保证演讲能取得预期的成功。

演讲的感染力还有一个重大来源，即演讲美感。

优秀的演讲者是美的使者，成功的演讲活动是对美的传播和塑造。一般来说，演讲美感包含几个方面的内容。

1. 演讲者的美

它是指演讲者显示出的一种刚烈、强劲、雄浑、博大、激昂甚至悲壮的美。这样的演讲始终充满着真与假、美与丑之间的激烈斗争，显示出磅礴的气势和战斗的风采，它给听众的是信念，是力量，是付出巨大的代价而必然战胜假丑恶的坚定，是无私、勇敢甚至牺牲所显示出来的伟大的精神力量。这样的演讲往往是慷慨陈词、壮怀激烈，语言短、节奏快、掷地有声，并伴有坚定、昂扬、奋起般的情态动作，显示出对抗的、抨击的、不屈的凛然正气。

2. 演讲的人格美

它是演讲美的重要组成部分，是演讲反映出来的演讲者的道德美、情操美、品格美，是演讲者内在精神美在演讲过程中的真实表露。

演讲者的人格美并不是为演讲的需要专门设计的，也不是在演讲时临时形成的，而是演讲者平时一贯表现的人格美，它是演讲人格美的基础和源泉。一个演讲者如果平时不注重对人格美的培养，依靠临时装扮是无济于事的。

表现一贯的人格美包括气节修养、理想修养、品质修养、言行修养、情感修养和理论修养，等等。

3. 演讲的内容美

它与演讲的形式美和人格美统一构成演讲美，在演讲美中占主体地位，是具有决定性的要素。演讲的内容美是由演讲的事物、道理、情感和知识四个要素构成的，但却不是四个要素相加之和。四个要素必须形成一个和谐统一的整体才能构成内容美。内容美只属于事物、道理、情感和知识相互联系、相互作用、和谐统一形成的整体结构，而不属于某个单一要素。

演讲美感是这三大方面高度、灵活的统一，在美感中加入情感，共同构成了一篇成功演讲词的感染力。苏联著名作家阿·托尔斯泰是高尔基的学生，他在追悼会上发表的对恩师的悼词"用永不颓丧的词语高举艺术的火炬"给听众留下了深刻而清晰的印象，并且让人信服，乐于把一些思想见解，自然而然地吸纳并转化为自己的认识，这完全得益于他在制造感染力方面的天赋。

高尔基是位能深刻、准确反映革命历史时代的艺术家，列宁是位革命的领导者。

伟大人物在历史上的存在不是具有两个日期：生日和忌日，而仅仅只有一个：他们的诞生日。

在这座古老的广场上，人民几千年都在为自己创建着国家，为大众建立了国体的最高形态。我们在这儿聚会，是为了把这位不仅属于我国，而且属于世界人民的作家的骨灰盒安放进名人墓。

艺术家高尔基的诞辰是在 19 世纪 60 年代。少年彼什科夫在自己心灵美妙的深处积聚了革命前那个时代所有爆发性的力量：积聚了受屈辱、受压迫人们的满腔悲愤、所有令人痛苦的期盼、所有寻找不到出路的激情。

他替别人感受到了市侩的、小市民的和警察拳头下黑沉沉堡垒的滋味。他不止一次发疯似的搏斗，单枪匹马为保护被侮辱、被欺压者而与许多人作对。这样到了 19 世纪 90 年代，这个高高、瘦瘦，背有点驼，有着一双蓝眼睛的少年，怀着一颗勇敢、炽热的心，在那个受欺压、剑拔弩张、死气沉沉的可怕岁月里发起了反抗。

他说，谁有一颗活人的心，就该去砸烂这万恶的小市民的麻木不仁状态，到广阔的空间去，去点燃自由生活的篝火！

他用强有力的笔触急不可耐地、天才地勾画出剥削阶级愚蠢的禽兽面目。这就是那张俄罗斯的、涂上了阴沉油彩的贪得无厌的嘴脸，请欣赏吧！

这篇演说词的主要特点是：采用形象、生动、明快、简洁的语言风格；形式上，注重词语的锤炼，字字落实，不说空话、套话、闲话、废话，多分段，一个意思形成一个自然段，而且只作简括的叙述或评价性、结论性的议论，不加以繁冗的、多余的展开；注重概括，使每一个字、词、句子、自然段，都带有对人、对事的概括性，即使以物质形态出现的语言，几乎都是思想本身，而且是高密度、高质地的，加之这些概括本身的独到性、精当性、警策性，就使这篇演讲词从形式到内容，都堪称经典。高尔基不愧是苏联文学大家、文坛泰斗。

阿·托尔斯泰把自己对于文学恩师的真挚、深厚、浓烈的感情，凝聚在一篇小小的千字悼文中，使这篇演讲词充溢着显著的感情色彩和对自己民族、时代的文学巨人的深刻的理解与由衷的钦敬，读来非常感人。

如果我们平时说话能有演讲词一半的感染力，那我们所说的话就很容易打动对方，得到更多的认同。

第四节　说话要有修养

口才是一种表达情意、与人交际的才能，但它不只是靠语言完成的，还要靠风度。

口才不同于在规定时间内去完成一件工作或起草一篇文章，更不是饮一杯茶、打一场球那样来得愉快轻松。口才的完善实质是很长一段时间集思想、语言行为、仪态、情绪等各个方面综合磨炼的过程，亦是内在修养的过程。在口才的积累中，这一过程应视为心理的准备与承受过程。一个人若只有语言能力，那么还不足以广受欢迎，必须抱着不同于寻常的心与人交往，才能使相处变得饶富趣味。

有些人喜欢抬杠，搭上话就针锋相对，无论别人说什么，他总要反驳。他本来一点儿成就也没有，不过你说是时，他一定要说否，到你说否时，他又说是了。这是最可怕的习惯，犯这种毛病的人很多，而且每每自己不知道。为什么会这样呢？因为他不喜欢听取别人的意见，在他心目中只有自己，而且他自以为比别人高明，事事要占上风。即使真的见识比别人高明，这种态度也是要不得的。这种习惯使人失去一切的朋友和同事，没有人肯贡献给这样的人一点儿意见，更不敢向这样的人进一点儿忠告。唯一改善的方法是养成尊重别人的习惯，要知道，在日常谈论的十有八九没有绝对是非标准的问题当中，你的意见不一定对，而别人的意见也不一定错，把双方的总和再行分配，你至多有一半是对的，那么你为什么每次都要反驳别人呢？

口才是一种表达情意、与人交际的才能，但它不只是靠语言完成的，还要靠风度。

在口才的内在修养上，修养本身是修内在的承受力与胸怀，重要的是别把自己的工夫花在装腔作势上。我们无法更清晰地剖开所有人的"外衣"，只是我们潜意识里感到，一个人在拥有好口才的同时，一定要认清自己的真心，使心理与行为一致。通过自我研究，便能够客观地了解自己，就会发现自己的长处和短处了。如果能够养成这样一个习惯，对自己的工作、学习和生活会非常有帮助；并且只要不断地努力下去，你的潜能终会逐日显露出来，你拥有的长处也就能获得充分施展了。

说到口才修养，不得不提口德，"德"可以说是口才的灵魂。

在道义上来说，有些词语我们应尽可能避而不用，尤其是有关生理特点的词语因为，一旦触及任何一方面时，他的理智会立刻消失，代之而起的是一种动物性的原始的防卫本能，到那时就有你的好看了。

口德除了伦理道德，还包括其他的一些层面，比如政治道德。这一层次对口才的影响很大，良好的政治道德情操将使你在面对任何难题时临危不乱，挥洒自如。

1931年，九一八事变前后，我国著名生物学家童第周在比利时布鲁塞尔大学做研究工作。当时，日军炮轰沈阳，占领我国东北。这个消息激起了童第周的满腔愤慨。他联合了许多留学生，发起抗日示威游行。比利时当局以"扰乱治安罪"审讯他，他理直气壮地回答："传单是我写的，游行是我带的头！但是，这不是扰乱治安，这是中国人的志气，是完全正义的。"他用自己的高尚情操、雄辩口才，维护了祖国尊严，维护了正义，赢得了世人的尊重。

一个注重言语修养的人，一个有益于他人的人，自然易于为他人所接受，他的话也就可能被别人奉为圭臬。"文如其人"是从写作角度说的，我们也完全有理由说"言如其人"。心理上的专注力、耐受力、进取心等品质，也将使你更具个人魅力，使你的口才更富内涵。

加强沟通和交流是现代社会的鲜明特征和明确走向。毋庸置疑，一名经常发表真知灼见的人，会给人以启迪和帮助，在交际中容易取得被人认可、受人尊重、得到重视的优越位置。但是发表己见是很有一番讲究的，处理得当，你的意见便能充分展现，反之则不能如愿。对此，一定要注意下面几点：

1. 见隙发话，不抢话争话

自己有真知灼见希望尽快发表出来，这种心情是可以理解的。但你同样也要给别人发言的机会，不能迫不及待，在他人侃侃而谈时，硬是卡断他的话头，让自己一吐为快；或者他人正欲发言时，你捷足先登，把别人已到牙根的话硬是挤回去，让自己畅所欲言。发表己见首先应具备的修养就是耐心，待别人充分发表了意见之后，或轮到你的次序时，你再发言不迟，这不仅不会减轻你发言的分量，还会调动大家的情绪。

2. 尊重他人，不随便否定他人意见

尊重对方是交际的一项基本原则。说话是人的思想的反映，尊重他人的意见，也就如尊重他这个人一样。但有些人为使自己的意见突出，引起他人对他谈话价值的充分认同，常自觉不自觉地对他人意见加以贬低、否定。结果引发了对方的不满和对抗，不仅自己意见未得到重视，反而遭到冷落和否定，自己的形象也受到贬损。有些善说话者，在发表己见时，恰恰采取相反的态度，他们会巧妙地从不同角度对已发表出来的意见加以肯定和褒扬，甚至采取顺势接话、补充发言的方式陈明己见，这样别人就会保持一个积极的良好的心态倾听他们的高论，他们的意见圆满发表了，他们的风格也显示出来了。

3. 注重语德，不要话中含刺

发表己见应只管把自己的意见、主张陈述出来，平心静气，用语讲究，不可话中有话，含沙射影，于言辞之间讽刺挖苦别人。无可否认，别人意见未必精当，有些还于你不利，但谈话本就是一种沟通和协商，大家都把意见亮出来了，真理和谬误自现。那种冷嘲热讽、话中含刺的方式，显然是不友好的，不仅难以达到交换意见的目的，还会导致双方形成对立关系，对别人是贬损，对你也毫无益处。

4. 发扬民主，不搞耳提面命

发表己见当然希望别人洗耳恭听，希望得到别人的注意和重视。但能否如愿，主要看别人。作为说话者，要做的是提高自己的说话水平和认识能力，使自己的意见足以引起听众的注意和震动。有些人发表己见时舍本求末，不注意把自己意见加以斟酌、优化，而是通过外在形式控制听众听话态度和情绪。

　　小廖是个年轻干部，最近被下派到基层工作。起初那些基层干部对小廖有种新鲜感，所以大会报告、小会发言总让小廖"指示指示"。而当小廖官腔十足地说三道四时，大家也都屏气凝神，如小学生似的认真听讲。但时间一长，小廖做报告也好发言也罢，再也没有这样的效果了。小廖当然想找回昔日的好感受，便强用犀利的眼神、严厉的表情、前倾的身体、遒劲的手势、响亮的腔调，督促大家如以前那样认真听他"教诲"。但大家只是收敛片刻，很快又对他不予理睬了。如此三番五次后，小廖不仅未能如愿，反而因此遭到大家的否定和非议。

第五节　说话要看场合

　　说话必须要讲究场合，不注意这点，说一些不适宜场合气氛情境的话，往往会起到与初衷适得其反的效果。

　　说话总是在一定场合中进行，并受其影响和制约。说话水平的高低、效果的优劣，不仅和表达的内容有关，也与具体场合密切相连。场合不同，人们的心理和情绪也往往会随之发生变化，从而影响说话者对思想感情的表达，以及听话者对话语意义的理解。说话时无论是话题的选择、内容的安排，还是言语形式的采用，都应该根据特定场合的表达需要来决定取舍，做到灵活自如。

　　说话必须要讲究场合，不注意这点，说一些不适宜场合气氛情境的话，往往会起到与初衷适得其反的效果。

　　一般说来，在非正式、非公开场合，如家人、夫妻、密友之间的私人交谈，街坊邻里茶余饭后的品茗闲聊，三五朋友酒席宴上的横扯竖侃，师生同事邂逅相遇的问候致意，可以随便一些、轻松一些，措辞不必那么讲究，即或出点格也无妨。而在正式、公开场合，如作报告、演讲、谈判、辩论、会议发言、答记者问、主持节目、讲课，以及外事活动等情况下，就应严肃、认真，尽量选准词语，把握分寸，绝不可信口开河，胡言乱语。特别是有身份、有地位、有影响的人，在这种场合更应注意。

场合有庄重和随便之分。"我特地看你来了",表示专程来看你,显得庄重;"我顺便看你来了",则有点随随便便来看的意思,有可能会减轻听话者的负担。可是,在庄重的场合说"我顺便看你来了",显得不够认真、严肃,会给听话者的心理蒙上一层阴影。在日常生活中,明明是"顺便来看你",偏偏说成"特地看你来了",则显得有些小题大做,使对方十分紧张。

葡萄牙的阿连特加地区由于水中含铝超标,已经致使16个人脑受损医治无效而先后死去,医院里还有些同样的病人处于危险状态。政府决定彻底查清原因,采取防治措施。为此,环境部、卫生部的负责人、专家们和有关的医生们在米纽大学举行讨论会。会间休息时,环境部部长指着医生对大家开玩笑说:"你们知道他们和阿连特加地区最近死去的那些人有什么关系吗?他们将那些人弄到金属回收厂,从那些人的肾脏中回收铝。"

这当然是说笑话,怎么可能从人体中回收铝呢?但是,在这样不幸的令人焦灼不安的时刻和场合开这样的玩笑,实在不应该。结果,这位环境部部长随后发表声明道歉,并引咎辞职。

在正式场合下,说话应严肃认真,事先得有所准备,不要乱扯一气。非正式场合下说话则可以随便一点儿,像聊家常一样,便于谈深谈透。

如果对方是家里人、亲戚或较亲密的朋友,那么说起来可以随意,但如果与对方陌生或者不太熟悉,则有必要谨慎小心,不要随便开玩笑,以免引起别人的不快,或令对方尴尬。

一般来说,说话应该与场合中的气氛协调。在喜庆欢快的场合,说话应有助于欢快气氛的增加,切忌说晦气话。例如,王蒙在《表姐》一文中写道:

表姐非常关心别人,但关心往往成为担心,以不祥的预言的形式表现出来。邻居生了一个白白胖胖的小子,很招表姐喜爱,表姐就说"真怕他得了脑膜炎……"表弟买了一辆自行车,她就把"撞到汽车上""被贼偷走"等话挂在嘴上。我的功课学得好,她就说:"会累出病来的。"她总是在担忧,有些担忧显得可笑,住进新房子担心房屋倒塌,吃了西瓜担心得痢疾;但往往很多事情不幸被她言中……听着她的话,简直像一个猫头鹰的诅咒一样令人产生反感……

如果你有这样一位表姐,你也会很厌烦的。

说话场合还有该说与不该说之分。在许多场合,好口才却不能派上用场,甚至还会产生副作用,而于交往不利。这时,缄口不言——闭着嘴巴不说话,反倒更利于与人打交道，更能收到交往的预期效果。

例如，在一个人情绪失控的情况下，任何安慰都难以使当事人接受，不如等他冷静下来，等他恢复了理智，再同他交谈为好。

在丧葬场合，说任何喜乐的话、玩笑的话，都会引起当事人的不满；安慰丧亲的不幸者，说急于劝阻对方恸哭的话也是没有作用的，强烈的悲痛如巨石积压在心头，愈压愈重，不吐不快，让其宣泄、释放出来，反而有利于他们较快恢复心理平衡和平静的状态。

有些人遇到麻烦的时候，常常喋喋不休、唠叨不止，殊不知这样正好暴露了自己的弱点。处在尴尬情况下，与其聒噪不停，甚至说错话，倒不如保持沉默。宋代词人黄昇在他的《鹧鸪天》中这样说："风流不在谈锋盛，袖手无言味正长。"这是不无道理的。

庄子曾经说过："大辩不言。""至人之用心若镜，不将不迎，应而不藏，故能胜物而不伤。"意思就是：最有口才的人，往往表现在善于闭着嘴巴不说话。其心里像镜子一样明亮，虽然清晰地映照着事物，但却任事物来去而不加以迎送。因此能够自若地应接事物而不劳心神，最终战胜事物而自己却无任何损伤。

"不说"确实是人际交往中言语运用的一件法宝。那么在哪些情况下应当不说呢？

（1）在对方提出无理要求而且又迫不及待之时。

（2）面对无休止的纠缠之时。

（3）面对恶意挑衅之时。

（4）面对狂躁、震怒之时。

（5）当下属或孩子有小过错，且又有所醒悟之时。

（6）当听众精力分散、窃窃私语之时。

（7）不速之客来访，久坐不去，而自己又没时间与之闲侃之时。

说话人的言辞表达，不是在任何时间、任何地点都可以随心所欲地进行的，必须加以选择。俗话说"到什么山上唱什么歌"，就是这个道理。同一句话，在这个时间、这个地点，可以说；但在另一个时间、另一个地点，就不一定可以说。不可以说而说了，就可能影响交际效果，甚至出乱子。

第六节　说话要饱含智慧

说话是一种技巧，更是一门艺术。

口才反映一个人的道德修养、学识水平、思辨能力。要想使自己的语言具有艺术魅力，光靠技巧是不够的，一味地追求技巧而忽略自身的素质培养只能是舍本逐末。因此，我们在学习语言技巧的同时，还应全面提高自身的学识修养，将这种修养展现于我们的说话当中，从而体现出话语中蕴藏的智慧。

"才"是口才的核心，有口才的人不仅掌握了口语表达的技巧，而且具有记忆才能、观察才能、思维才能、想象才能、创新才能和应变才能等综合才能。

说话是一种技巧，更是一门艺术。一句恰到好处的话，可以改变一个人的命运，一句言不得体的话，可以毁掉一个人的一生。职场上，每个人每天和同事、领导都难免有话要说；家庭中，同妻子、丈夫、父母、孩子必须进行交流；社交时，同朋友、客户势必联络感情。说什么？怎么说？什么话能说，什么话不能说？这些都需要我们掌握说话的艺术。在注重人际沟通的现代社会，说话的艺术也就是成功的艺术。

会说话，可以帮你办好难办的事。同一个问题变换不同的说话方式将得到截然不同的效果。有求于人，想要拉近关系；遇到僵局，想要无形化解；遭到拒绝，想要说服对方，都需要掌握说话的艺术。说好难说的话，才能办好难办的事。

会说话，可以助你掌握通达的做人智慧。说话没分寸、没水平，即使是赞扬的话，别人也会充耳不闻。说话有分寸、讲方法，即使是批评的话，别人也会乐于接受。会说话，好做人。

会说话，可以帮你成为社交高手。如何同上司说话？如何同客户沟通？如何拒绝朋友？如何抚慰家人？人情网中，拿好语言之矛，才能攻破人心之盾。

"学"是智慧口才的基础。人的才能是由知识转化而来的，是建立在知识的基础之上的。才，是知识的产物，是知识的结晶。一个人才能的大小，首先取决于他自身知识的多寡、深浅和完善程度。同样，一个人口才的好坏，也与他的学识是否广博有着密切的联系。

古今中外的政治家、大学者无不以其口才和渊博的知识而著称。

要想让别人与我们交谈起来时觉得言之有物、不空泛，就要多加注意知识的积累，厚积薄发，才能智慧过人。否则，口才技巧就是空谈。

所谓"厚积薄发"是有一定道理的。因为言语是以生活为内容的，有生活，有实践经验，才有谈话的内容；有丰富的生活，有丰富的实践经验，谈话的内容才能丰富起来。因此，对于家事、国事都要经常关注，以汲取对我们有用的东西。对于所见所闻要加以思考、研究一番，尽量去了解其发生的过程、意义，从中悟出一些道理。这些都是学习和积累知识的机会。在日常生活中，要随时计划、安排、改进生活，不能随意性太强，让机会白白流掉。

你若不安于做一个井底之蛙，就应静下心来努力学习，拓展自己的视野。你若不想说话空洞无物，就应下决心积累大量的、雄厚的、扎实的本钱，武装自己的头脑，让自己说话的内容丰富起来。

第七节 说话要有互通性

成功的谈话是所有的人都积极参与到谈话过程中的心与心的双向沟通。

说话是双方面的，甚至是多方面的。在演讲的时候，只有演讲者一个人在讲，无论他讲的是他自己预先拟好的演讲词，或是别人替他准备的演讲词，只要他懂得演讲的技巧，把演讲词明白生动地讲出来，就完成了演讲的任务。可是要做一次好的谈话，却不只是讲，还要善于听，不仅要把自己的话讲好，还要善于听别人的话，而自己所要说的话，也不能像演讲一样，可以事先完全准备妥当，照讲无误，而是要善于随机应变。

当你面对一个人谈话的时候，如果只是一大套一大套地把自己想好的话讲出来，而不了解对方的看法和兴趣，不能观察对方对你的话有什么反应，有什么疑问，不能及时地解除对方心里的症结，那你就不能算是一个好的谈话者。

成功的谈话是所有的人都积极参与到谈话过程中的心与心的双向沟通。要达到这种沟通，最有效的方式就是提问。适时巧妙地提问，可以避免交谈中的利害冲突，甚至还有可能掀起谈话的高潮。

提问有 4 种方式：

1. 限制型提问

这是一种目的性很强的提问法，也就是给所提的问题限制一个范围。它能帮助提问者获得较为理想的回答，减少被提问者拒绝回答的可能。

例如，香港一般茶室客人喝可可时，都喜欢放个鸡蛋。侍者在客人要可可时必问一句："要不要放鸡蛋？"有好多客人就回答说不要。但是如果侍者要问："放一个还是两个鸡蛋？"这样对方的选择范围就小了，提问者就可能得到一个对自己有利的回答。

2. 选择型提问

这种提问方式多用于朋友之间，表明双方并不在乎如何选择。例如，你和朋友一起去酒吧，你不知他的喜好，便问："咱们要生力啤酒，还是青岛啤酒？"

3. 协商型提问

如果你要别人按照你的意图去做事，你可以用商量的口吻提问。例如，你要秘书起草一份文件，先把意图讲清，随后问一句："你看这样是否妥当？"

4. 婉转型提问

为了避免对方拒绝回答出现尴尬局面，可婉转地提出问题。例如，一个小伙子遇到了心爱的姑娘，但不知姑娘怎么想，他可以试探地问："我能陪你走走吗？"如对方不愿意，她的拒绝也不会令小伙子太难堪。

在日常交际中，一般不可问别人有多少钱，不可问女子的年龄，不可问别人的家世，不可问别人工作上的秘密。

问话需要讲求艺术。同样的要求用不同的方式提问，收到的效果截然不同。精妙的提问可以使你获得所需要的信息、知识和利益，帮助你了解对方的需要和追求，从而达到人与人之间的交流和互助，促成交往的成功。提问要注意以下 4 个方面：

1. 提问一定要看对象

提问应因人而异，要从对方的年龄、身份、职业、性格以及不同的民族文化背景出发，选择不同的提问方式与技巧。如对高龄老人，就不宜问："你几岁了？"而应问："您高寿？"如对一位正感叹流年似水、老之将至的女士提出一个看似很平常的问题："您今年多大年龄？"尽管你毫无恶意，也定会惹得她不快。其次，不同的民族文化背景有着不同的提问寒暄方式。在我国，朋友、同事、邻居见了面习惯的提问是："吃过饭了吗？""忙着上哪儿去呀？"对方听了会感到亲切友好。但是同样的话，对英、美等外国人说，就会引起误解或让他们产生不快。问他吃过没有，他会误以为你要请他吃饭；问他上哪儿去，他则认为你在干预他的私事。再次，提问要根据对方的知识水平。例如，有一位记者去一家机床厂采访一个曾去过埃及的工人，想请他谈谈埃及人民怎样反对英国殖民主义，这个文化程度不高的工人根本不理解记者的意思，结结巴巴说不出话来。后来，这名记者换了个问题："埃及人对英国人怎么看？"这下子对方明白了，话匣子一打开便滔滔不绝地说起来，那位记者也获得了自己需要的材料。

2. 提问还要注意你所提的问题是否能让对方有话可答

有些人由于提问的方式过于笨拙，使对方无法回答。

有一个不善于提问的记者，他采访美国某跳水运动员（母亲是上海人）时连续问："你的母亲是上海人吗？""你这次要去上海吗？""你准备在上海见你亲戚吧？"面对这些平淡无奇的问题，运动员只好一次一次地重复："Yes！"这不能怪运动员不健谈，而是对这种笨拙的问题只能回答到这种程度。如果记者换另一种方法问："你准备怎样把对你母亲的怀念带回美国呢？"情况就不大一样了。运动员不但可以介绍自己在中国的所见所闻，还有充分余地述说一下自己来中国的感受。

3. 提问要掌握时机

两个过去很要好的朋友都刚刚走上工作岗位，一个偶然的机会他们相遇了，互相询问："你们单位待遇怎样？你工资多高？谈恋爱了吗？"显得既亲热自然，又在情理当中。但是，如果一位姑娘经人介绍与一位从未见过面的小伙子在公园见面。俩人准时赴约了，沉默了一会儿，姑娘抬头问："你谈过恋爱吗？工作轻松吗？工资多少？"其结局就可想而知了。

4. 提问还应该注意措辞是否得当

例如，在会议上我们经常听到主持人这样提问："不知各位对此有何高见？"虽然从表面上看，这种问话很好听，但效果很不好。十有八九，与会者会半天不出声。高见？众目睽睽，谁敢肯定自己的见解就高人一等呢？就算是有高见，谁又好意思先开口呢？这说明了提问者的措辞不佳。如果你问："各位有什么想法呢？"恐怕效果会好一些。

又如，你到酒家或饭店点菜，切忌这样问："这鱼新鲜吗？"这种问法是很不艺术的。新鲜也罢，不新鲜也罢，对方肯定会说新鲜。结果，真要不新鲜，吃亏的恐怕还是你自己。如果你开始这样问："今天有什么好菜吗？"那就等于说，不管什么菜，只要好便行。这样问来，既表示你谦虚，又显得你大方，酒家或饭店的服务员自然会把最好的新鲜菜肴介绍给你。

再如，妻子偶尔回家迟了一个小时，刚进家门，丈夫就气呼呼地责问："怎么晚了一个小时，到哪儿鬼混去了？"妻子反唇相讥："和情夫逛大街去啦！怎么着？"一场夫妻大战就迫在眉睫了。如果丈夫换一种措辞，换一种语调，殷勤地从妻子手中接过提包，面带笑容问道："累了吧，是不是……"妻子自然会把回家晚了的原因解释清楚。注意措辞，实际上是提问时努力营造一种亲切友好、轻松自然的气氛，有利于收到良好的提问效果。

只有注意了以上几点，把问题提好了，才能真正达到谈话的互通性目的。

第八节　说话要有分寸感

世上能够把握分寸的人总占少数，也许这就是成功者总是少数的原因。

世上早有"为人处世和说话办事要讲分寸"的劝勉，但"分寸"到底在哪里，大多数人却未必都能说得清。能说清这二字的人，可以说，都是聪明、练达的人，凭着对人事的明达、老成，他们中的绝大多数人都已经跻身于这世上少有的成功者队伍之中了。有人说，通往成功的路有多条，殊不知每一条路上都布列着大小不一的"分寸"二字，不管是与人说话、与人交往、与人办事，差不多都深深蕴藉着分寸的玄机。很明显，一个人在社会上把握不好分寸，就说不好话，办不好事，也更难做到愉快地与人交往，这样的人，不识分寸的眉眼高低，怎么会顺利地跨过成功的桥梁呢？

从一定意义上说，分寸是一种不偏不倚、可进可退的中庸哲学。但中庸之道的抽象，不足以恰当地把握其中的内涵，而分寸之道，却是一种被形象化了的尺度，更易于让人明确地把握，具有可为人所用的实际操作性。

要想做到更好地理解分寸，不妨先看看分寸的历史渊源。孔子曰："中庸之为德也，甚至矣乎，民鲜之矣。"这就是说，中庸是一种最高的德行，人们很久都不具备这种道德了。何谓中庸？即"不偏不倚""过犹不及"。他还说，做事只考虑实际的质朴以至于胜过文采，则显得粗野；做事只考虑外表的文采以至于胜过质朴，则显得虚浮；只有质朴和文采全面兼顾，不偏于一面，才是做得恰到好处的君子。在孔子看来，凡事如果"过"了，就违反了中庸之道，就是不讲分寸。因此他说："君子中庸，小人反中庸。"说白了就是君子讲分寸，小人不讲分寸。

世上能够把握分寸的人总占少数，也许这就是成功者总是少数的原因。历数古今中外的成功者，特别是那些开国创业之君、霸业守成之主或那些历朝历代在仕途上春风得意的人，无一不是知轻重、识眉眼、懂分寸的睿智之士。世人通常提到的所谓"会说话""会办事""有人缘""识大体""知礼节"，几乎都是对讲究分寸之道的报偿。想想那些碌碌无为的庸俗之人，也想想自己曾经碰过的钉子、跌过的筋斗、吃过的苦头，哪一桩哪一件不是因为分寸使然呢？

人们在为人处世时确实存在一个把握分寸的问题，处理得好，能使生活和谐圆融，处理得不好就会导致不良结果，轻则受到非议与谩骂，重则自毁口碑或功败垂成。寻求这方面的实例无须在故纸堆中钩沉，现实的实例就数不胜数。

分寸，往往是生活长河上的一个分水岭，超越它，好与坏、善与恶、爱与恨、喜剧与悲剧就可能发生转化。比如，酗酒能转化为肝硬化，大快朵颐能转化为肠胃疾病，超强度体育运动能转化为筋骨损伤，民事纠纷能转化为刑事案件，狂欢能转化为灾祸……"分寸"伏机于这一系列"转化"之中，鬼使神差地改变着人们的生活质量与生活节奏。

通常所说的"掌握火候""矫枉过正""过犹不及""欲速则不达"等讲的都是这种"火候"和"分寸"的问题。

说话有尺度，交往讲分寸，办事讲策略，行为有节制，别人就很容易接纳你，帮助你，尊重你的体面，满足你的愿望。反之，你不懂分寸、说话冒失、举止失体、不识深浅、不知厚薄，就会人人讨厌，事事难为，处处碰壁。

说话的尺度和办事的分寸类似于一匹宝马，驾驭好了可以日行千里，帮你冲锋陷阵；驾驭不好就会让你摔跟头，甚至踢伤别人。

如果不掌握分寸，不在乎分寸，企图跨越它所框定的界限，只想"急于求成""立竿见影"，除了拔苗助长、事与愿违、多栽几个跟头之外，不会有别的结果。

懂得讲话技巧的人，能把一句原本并不十分中听的话，说得让人觉得舒服。有一位著名企业的总裁，当他要属下到他办公室时，从来不说："请你到我的办公室来一趟！"而是讲："我在办公室等你！"

有个人在交际场合中一言不发，哲学家狄奥佛拉斯塔对他说："如果你是一个傻瓜，那你的表现是最聪明的；如果你是一个聪明人，那你的表现便是最愚蠢的了。"

没有好的人缘，不知要失去多少成功的机会，干多少事倍功半的事情。人缘依靠什么维护？靠的就是嘴上的分寸，一句话说过了，可能毁掉一生前途，正所谓"一招走错，满盘皆输"；一句话说到位了，事半功倍。

第二章
万事开头难，你不得不斟酌的开场白

不管是在公众场合还是在私人场合，开场白都是我们不得不斟酌的话。如果开场白说得好，引起别人的兴趣，就会在无形中拉近谈话者之间的距离，使得交谈顺利进行下去；如果开场白说得不好，交谈就很难再继续下去。因此，开场白是一场谈话能否继续进行下去的关键，也是扩展人际关系网至关重要的一环。

第一节　初次见面就打开人心扉的开场白

顾名思义，开场白开的不好就等于白开场。人与人见面讲究第一印象，俗话说："好的开始是成功的一半。"就是说开场白非常重要。

俄国大文学家高尔基说："最难的是开场白，就是第一句话，如同在音乐上一样，全曲的音调，都是它给予的。平常却又得花好长时间去寻找。"这段话包含两层意思：第一，第一句话至关重要，它的作用如同音乐的"定调"，规定着"全曲"的基本面貌和基本风格。第二，适当的第一句话不是那么容易找到的，它是长期积累和斟酌酝酿的结果。

开场白应达到三大目的：一是拉近距离，二是建立信任，三是引起兴趣。而这三点之中，最重要的就是第一点。只有与对方的距离拉近了，才能顺利地与对方建立信任，引起对方的兴趣。不要小看这短短的开场白，它将决定此后你所说的每一句话的命运。听者将根据你给他留下的第一印象来决定是否耐心并真诚地聆听你后面所说的话。因此，只有开场白以其新颖、奇趣或敏慧之美让对方走进你的话语世界，才能掌控住对方的注意力，从而为接下来要说的话搭梯架桥。

开场白虽然没有千篇一律的固定格式，但是你却可以根据具体的情况去选择合理模式设计一个开场白。

1. 问句开场白

一些有经验的演讲者都会选择在演讲开始的时候先提出一个问题，使听众按照他的思路去思考问题，同时产生一种想知道答案的欲望，听众的精力自然就被集中了。我们进行开场白的时候也可以效仿那些演讲者，以问句作为开始。这样就可以立刻抓住对方的注意力，让对方紧跟你的话语本身，无法逃脱你话语的"魔掌"。

但有一点要注意的是，我们提出的问题要恰到好处，不宜过多，达到抛砖引玉的目的即可，否则只会适得其反。

2. 以小故事作为开场白

为开场白准备的小故事，可以是寓言，也可以是引人发笑的小笑话，但一定要做到吸引对方且与自己的话题相关。

引人发笑的故事本身就具备引起人兴趣的魔力，如果运用得当，将是非常好的开场白。但是如果你没有幽默的禀赋，以一副严肃的面孔讲幽默故事，是收不到预期效果的；如果对方听不懂你的幽默，效果将更加糟糕。

大多数情况下，只要这个故事有具体的时间、地点、人物与故事情节，并且与你要讲的主要内容相契合，那么这个小故事就已经合格，具备吸引对方的特征。

3. 赞美式的开场白

人人需要赞美，人人也都喜欢赞美。因此当你做开场白的时候，就可以用上这一招。对听者家乡的自然风光、悠久历史、传统风貌等表示自己的敬佩之意，或对当地人的善良勤劳由衷的赞颂，这样，可以引发对方的自豪感，满足其自尊心，从而获得对方的共鸣，拉近你们彼此之间的距离。

顾林爱写作，脑子总是处于"工作"状态，尽琢磨些写文章的事，显得很深沉。在一个会议上，某君对顾林说道："你的口才棒极了，上次那个联欢会，你的唐诗朗诵很有中央人民广播电台著名播音员的风采啊！"顾林听了这样的话，倍受鼓舞，对此君感到特别亲切，两个人虽然是第一次见面，但很快就成了无话不谈的朋友。

4. 以感激作为开场白

贝尔那·科弟埃是"空中汽车"制造公司的著名销售专家。当他被推荐到"空中汽车"公司时，面临的第一项挑战就是向印度销售汽车。这是件棘手的任务，因为这笔交易在印度政府初审并未被批准，能否重新寻找到成功的机会，全靠销售员的谈判本领了。

作为特派的谈判专家，科弟埃深知肩上的重任，他稍做准备就飞赴新德里。接待他的是印航主席拉尔少将。科弟埃到印度后，对他的谈判对手讲的第一句话是："正因为您，使我有机会在我生日这一天又回到了我的出生地。"

这是一句非常得体的开场白，它简明扼要，但内涵却极为丰富。它表达了好几层意思，感谢主人慷慨赐与的机会，让他在自己生日这个值得纪念的日子来到贵国，而且富有意义的是，这里是他的出生地。这个开场白拉近了科弟埃与拉尔少将的距离。不用说，科弟埃的印度之行取得了成功。

5. 引用名言警句的开场白

一般来说，名人都是大家耳熟能详的，并且具有某种权威。许多人对名人都会产生一种崇拜感。所以，开始进行对话的时候，不妨引用名人名言作为自己的开场白。这样，你的整段话自然而然会产生一种吸引力，引发对方的兴趣。

6. 借助物品进行开场白

俗话说"口说无凭"，如果在你进行谈话时，还有一件物品作为陪衬的话，那么你的这段话语就更具说服力。

有一次，卡耐基在一所学校发表演讲，他别出心裁地拿出几根头发展示给听众。接着卡耐基问听众："你们都知道头发是长在头上的，但这几根为什么掉下来了呢？"一句话引起了听众的注意力，开始专心致志地等待卡耐基的演讲。卡耐基接着说："这就是烦恼的作用。如此乌黑的头发长在头上是多么漂亮，可是它却无可奈何地离开了养育它的'土地'。我们为什么要烦恼呢？"

卡耐基仅仅用了几根头发，就给他的听众留下了深刻的印象。

因此，用物品作为开场白的辅助工具是有一定作用的。但是要注意的是，一定要找与你的话题内容相关，有助于你表达的物品。

第二节　三言两语，给陌生人最好的第一印象

第一印象在人际交往中有着极为重要的意义，因此，我们要想方设法地给对方留下一个美好的第一印象。

当你来到一个陌生的环境，与素不相识的人初次见面，必定会给对方留下某种印象。这就是我们通常所说的"第一印象"。从第一印象所获得的主要是关于对方的表情、姿态、仪表、服饰、语言、眼神等方面的印象。它虽然零碎、肤浅，却非常重要。因为，在先入为主的心理影响下，第一印象往往能对人的认知产生关键作用。研究表明，初次见面的最初 4 分钟，是印象形成的关键期。

那么，怎样才能给他人留下美好的第一印象呢？从根本上说，它离不开提高自己的文明程度和修养水平，离不开进行经常的心理锻炼。心理学家提出下面几条建议：

第一，千万别表现出咄咄逼人的气势。

和陌生人第一次见面的时候，一定要表现得谦和一点，低调一点。

有一个叫李佳的年轻姑娘，她为了搞一个奥运会竞猜活动去一个企业联系赞助事宜，一进门就看到一个影视明星坐在那里。李佳跟主人没说几句，这位明星就插嘴，大发议论，结果给李佳和同去的人留下很坏的印象。

第二，尽早弄清对方的名字。

一般情况下，即将见什么人，你自己是比较清楚的。在这种情况下一定要准备好，别的可以不知道，对方的名字一定要弄清楚。我们经常在电影或者电视里看到高级领导人面对一群士兵，居然能叫出其中几个人的名字。这样一来，他给士兵的第一印象就一定是正面的。对我们一般人来讲也是如此。如果你见到一个人，能叫出对方的名字，人家一定是非常高兴的，高兴的背后则是一种积极的印象。

第三，脸上常带微笑。

很多人都知道，眼睛是心灵的窗户；微笑的核心是眼睛，真正的微笑会通过眼睛到达心灵。发自内心的微笑不但会给他人留下美好的印象，还会让自己显得风度翩翩、魅力十足。与之相反，还有这样一种人，他们不论何时见到谁，总是面沉似水。要知道，人与人交往本是高兴的事情，谁也不愿意给自己找不痛快。如果你总是心绪不佳，那么你注定了不会给他人留下什么好印象。

第四，请用眼神沟通。

与陌生人第一次见面，特别是与异性第一次见面，千万不要老是盯着人家不放，否则很容易让人产生误解。不论是第一次见面，还是第二次、第三次，与他人面对面交谈，应该用眼神平视对方，也就是用眼神说话，这样会给对方留下十分强大的印象。

第五，杜绝无用动作。

当你与别人见面时，一定要集中注意力，不要有什么小动作。如果你一边跟别人说话，一边做着各种各样的小动作，诸如搔首弄姿、整理衣服，那说明你对别人缺少起码的尊重。如果真的有什么急事，需要打电话或者发短信，可以事先告诉对方，说一声"不好意思"。相信对方一定会理解这一点。

第六，保持积极态度。

你与人交谈时的态度是可以说明很多问题的。谈论"第一印象"的人都强调拥有正确态度的重要性，可是很少有人真正明白积极态度对一个人的第一印象意味着什么。即使在特殊的情况下，你的积极态度也会对周围的人产生良好影响的。遇事冷静而不烦躁会给你加分。如果与你说话的人自始至终保持一种积极向上的态度，那么你也便会觉得好感大增、信心百倍。

第七，主动跟对方打招呼。

俗话说："一回生，二回熟。"对于陌生人来说，当你先开口跟对方打招呼时，也就意味着你将其置于一个较高的位置。以谦恭热情的态度去对待对方，一定能叩开交际的大门。如果你能用自信诚实的目光正视对方的眼睛，会给对方留下深刻的印象。

第八，报姓名时略加说明。

记忆术中有一种被称为"记忆联合"的方法，这是一种把一件事与其他事连在一起的记忆方法。初次见面的人利用这种方法可以加深他人对你的印象。比如，你姓张，便可说："我姓张，张飞的张，不是文章的章。"这样加以说明，对方会认可你的幽默风趣，也会更容易记住你。

第九，注意自己的表情。

人心灵深处的想法都会形之于外，在表情上显露无遗。一般人在到达见面的场所时，往往只注意"领带正不正""头发乱不乱"等着装打扮方面的问题，却忽略了"表情"的重要性。如果你想给他人留下一个美好的第一印象，在见面之前不妨照照镜子，审慎地检查一下自己的面部表情是否跟平时不一样，如果过于紧张的话，最好先冲着镜中的自己笑一番。

在这里需要提醒的是，万事万物贵在坚持，当你真正地坚持下去时，一定会发现意外的惊喜。

第三节　制造"一见如故"的感觉

交往之始，如果话说得好就能赢得陌生人的好感，进而更容易营造"一见如故"的氛围。

良好的第一印象是叩开交际大门的门票。第一句话说得好自然会拉近你们的距离。交往中的第一句话，决不只是可有可无的寒暄，它将决定你们整个交往的感觉以及接下来互动的方向。所以，如果你想在后面的交往过程中如鱼得水，不妨先学着说好你的第一句话。

小金是上海一家文化传媒公司的经理秘书，负责接待从北京过来担任公司短期培训顾问的袁教授。在机场初次见面简单问好之后，小金说道："袁教授您肯定不常来上海，这几天我带您到几个著名的景点去逛逛，让您看看上海的新面貌……"袁教授的表情冷淡地回应："不必了，我本身就是上海人，当初我在上海的时候你还没出生呢!"袁教授的反应出乎小金的意料，却又在情理之中。

小金本是好意，想要在初次见面时拉近双方的距离，营造出轻松、活跃的氛围，但她的第一句话拿捏得并不恰当，她的表达却没有让袁教授感觉到应有尊重和分寸。

试想一下，如果小金这样说，袁教授的反应还会跟之前一样吗："袁教授，您去过不少地方，见多识广，哪个城市给您留下的印象最深刻呢?不知道您对上海的评价怎样?您一路辛苦了，这几天的活动就交给我来安排吧……"显然，如果小金能在与袁教授初次见面时，运用更妥当的表达方式，接下来的接待过程将会顺利得多。

第一次见面时，双方还只是素不相识的陌生人，因此，整个互动实际上是一个敏感而充满疑虑、试探的过程，第一句话也就显得尤为重要：这是打消对方的疑虑，增进双方信任感和安全感的关键点。卡耐基说："良好的第一印象是登堂入室的门票。"这里的第一印象，常常被理解为相貌、服饰、举止、神态，却被忽略掉最重要的一点：你和对方所说的第一句话。交往中的第一句话，决不只是可有可无的寒暄。如果想在后面的交往过程中如鱼得水，不妨先学着说好你的第一句话。

怎样才能说好交往中的第一句话呢?最重要的一点当然是选择合乎时宜的内容，而这是一个动态的过程，需要结合对方的身份、年龄、偏好，以及你们之前的关系、当时所处的情境等方面综合考虑。有一些原则是通用的：首先你要带着真诚和热情开始你们的交流，你是否真心要建立起交流关系，在你开口说话之前就能通过你的眼神为对方所感知；其次是要以尊重和包容为前提，无论对方和你处于怎样的情境和关系，尊重是你开口说话时应该带有的最基本的感情基调。第三是要带着兴趣去观察对方的特点、偏好，这有助于你有针对性地选择话题的方向。你可以考虑通过以下三种方式找出你们的第一个话题：

1. 从对方的地域找话题

一个人的口音就是一张有声的名片。我们可以从口音本身及其提供的地域引起很多话题。例如，从乡音说到地域，从地域说到他家乡的风土人情、名胜古迹等。

2. 从有关的物件中找话题

例如，客户办公室放有杂志，就可以从杂志找到话题。还有一些物品可以作为话题，用试探的口气来问的。比如，从询问对方拥有的某一产品的产地、价格等，以此为话题和对方搭讪，找到说话的机会。

3. 从对方的衣着穿戴上找话题

一个人的衣着、举止在一定的程度上可以反映出人的身份、地位和气质，同样可以作为你判断并选择话题的依据。比如，你所见的人开了一辆宝马汽车，手上戴了一块劳力士手表，你就可以主动问："如果我没有猜错的话您一定是位商界中的佼佼者！"一语即出，对方会有几分吃惊地说："你真是好眼力！"紧接着，很多与企业生产，经营有关的话题就可以谈了。即使你猜错了也不要紧，因为你把他看成企业家本身是高看他，对方心里也会高兴，并会礼貌地说出自己的真正身份。

另外，在开始交流时充分运用你的肢体语言，也会让你收到意想不到的效果。除了说话的内容以外，在这里，我们要推荐一些关于说话时的神情、动作、语气语调的有用的准则。

运用腹腔呼吸，不要用胸腔来呼吸，这样声音才会有力；

说话时把声调放低，这样听起来平稳、和谐，也更显得性感魅力十足；

多说"我行""我可以""我能做的""我会做好的"之类有信心的话，你的我感觉会变得更好，别人也会增加对你的信心；

说话时配合一些手势，眼睛看着对方，并面带微笑，这样可以增强语言的感染力。

另外，也有一些需要注意的方面，它们是在表达中绝对应该避免的：

说话吞吞吐吐，结结巴巴，总带有"嗯""啊""这个"之类的赘词；

在话语中间插入一些"你知不知道""我对你说"这样的话，这样便打断了话语的连贯性；

说话高声大叫，把气氛搞得很紧张；

说话像开机关枪，毫不停顿，结果弄得接不上气，搞得对方很难受；

说话时总喜欢带几个外语词，更严重的是中文外文一块说，让人觉得有些卖弄。

当你掌握了这些技巧后，就已经掌握了人际交往的主动权。

第四节 沟通伊始，恰当地称呼他人很重要

沟通伊始，恰当地称呼别人十分重要，一个恰当的称呼可以叫到别人的心坎里，让别人更容易接受你；而不恰当的称呼则可能让别人的心里不舒服，进而影响接下来的交往。

在社交中，称呼是必不可少的。在职场交往中，人们对称呼是否恰当十分敏感。尤其是初次交往，称呼往往影响交际的效果。有时因称呼不当会使双方产生感情上的障碍。不同时代、不同国家、不同地区、不同社会集团之间都有不同的称呼，但也有共同的称呼，如，太太、小姐、女士、先生。因此，你必须懂得恰当地称呼别人，这样别人才会感到舒服，进而增加双方的感情。

有一位善于交际的朋友，在很多场合他都能结识很多新人。他是怎么做的呢？他对比自己小的年轻人总是很亲切地直呼其名，并以亲如兄长般的态度赢得小弟、小妹们的尊敬与喜爱。即使在他住院期间，他也能与医务人员打成一片。他曾说："与人交往中，首先要学会恰当地称呼人，这样才能使人对你产生好印象。"

事实确实如此，就拿找人来说，你如果说："喂，总经理在哪里？"被问的人肯定不愿理你。如果你礼貌地说："你好，请问王总去哪了？"那他则会很高兴地指点给你。

此外，在交往中，称呼还要合乎常规，要照顾到被称呼者的个人习惯，同时，还要注意入乡随俗。而根据场合，又可以分为工作中的称呼和生活中的称呼两种，在具体实践中各有不同。

在日常生活中，称呼应当亲切、自然、准确、合理。

在工作岗位上，人们彼此之间的称呼是有其特殊性的，应当庄重、正式、

规范。

在工作中，最常用的称呼方法，就是以交往对象的职务相称，以强调其特殊身份及自己的敬意。比如："陈总（经理）""王处长"等。

对于具有职称者，尤其是具有高级、中级职称者，可以在工作中直接以其职称相称，如"侯教授""张工（程师）"等。而以头衔作为称呼，则能增加被称呼者的权威性，更加有助于增强现场的学术气氛，如"陈博士"等。

使用称呼还要注意主次关系及年龄特点。如果对多人称呼，应以先长后幼、先上后下、先疏后亲的顺序为宜。如在宴请宾客时，一般要按女士、先生、朋友们的顺序称呼。使用称呼时还要考虑心理因素。

用客气称呼的目的是使对方感到愉快。在有些场合，如果你适当地喊出对方的名字，更会使人感到亲切愉快。

第五节　找到与对方的共同点，
用话题打破交谈的"瓶颈"

在谈话的过程中，如果能够找到双方兴趣的共同点，籍由共同点来进行交谈，那么你就会打破交谈的"瓶颈"，使得交谈更顺利地进行下去。

在谈话过程中，要想与对方建立起"自己人效应"，就要在与对方谈话时努力寻找共同语言、共同感兴趣的食物、共同的观点与情感等。这样，双方在心理上的共鸣，使对方产生好感与亲近感，心理距离大大缩短，也就自然能打破交谈的"瓶颈"。

一个人的心理状态、精神追求、生活爱好等，或多或少都会在他们的表情、服饰、谈吐、举止等方面有所表现，只要你善于观察，就会发现双方的共同点。

一位退伍军人乘车时同另一个陌生人相遇，位置正好在驾驶员后面。不巧的是，汽车上路后不久就抛锚了，驾驶员车上车下忙了一通还没有修好。这位陌生人建议驾驶员把油路再检查一遍，驾驶员将信将疑地去查了一遍，果然找到了故障原因。这位退伍军人感到他的这个绝活可能是从部队学来的，于是试探道："你在部队呆过吧?""嗯，呆了六七年。""看来咱俩还算是战友呢。你当兵时部队在哪里?"……这一对陌生人就此话题谈了起来，后来他们还成了朋友。

这就是在观察对方后，发现都当过兵这个共同点，从而成功交流的案例。当然，通过察言观色发现的东西，还要同自己的兴趣爱好相结合。否则，即使发现了共同点，也还是无话可说。

谈对方感兴趣的话题，用对方工作上的术语与之交流，让对方感觉你们志趣相投，迎合对方的喜好……这些都不是为了讨好，而是促使你与对方之间的沟通更加顺畅而已。

人与人沟通，很难在一开始就产生共鸣。当我们在做开场白时，为了说服别人，最好从对方的兴趣和精力上找到双方的共同点，并从这上面展开话题。

伽利略年轻的时候就立下雄心壮志，要在科学研究方面有所成就，他希望得到父亲的支持和帮助。他对父亲说："我想问您一件事，是什么促成了您同妈妈的婚事?""我看上她了。"父亲平静地说。伽利略又问："那您有没有想过娶别的女人?""没有，孩子，家里的人要我娶一位富有的女士，可我只钟情于你的母亲，她从前可是一位风姿绰约的姑娘。"伽利略说："您说得一点也没错，她现在依然风韵犹存，您不曾想过娶别的女人，因为您爱的就是她。您知道，我现在也面临着同样的处境。除了科学以外，我不可能选择别的职业，因为我喜爱的正是科学。别的对我而言毫无用途也毫无吸引力。科学是我唯一的需要，我对它的爱犹如对一位美貌女子的倾慕。"

伽利略的父亲一直反对伽利略从事科学事业，并阻挠他从事科学研究方面的事情。而伽利略就是用了这种与父亲找共同感受的方式，做了说服父亲的开场白，最终说动了父亲，并通过努力实现了自己的理想，成了一名伟大的科学家。

第六节　开场白要注重场合

说话要因人因事而异，在不同的场合，开场白要根据不同的人和事来说，只有这样，你的开场白才不会引起别人的反感，才能使你的话题顺利地进行下去。

现代社会，人与人之间的交流日益频繁，相互了解、彼此合作都需要用语言来表达。如果你说话随便，不看场合，说出不合时宜的话，就会造成难堪，甚至会伤害别人。

老王是一位工作了几十年的老教师，他工作勤勤恳恳、任劳任怨。退休那天，学校为他和另一位曾多次荣获"先进"的老同志一并举行了一个欢送会。与会同志和领导对他们的工作和为人进行了得体的肯定和赞扬，相比之下，对那位曾多次荣获"先进"的老同志的美誉就显得多了一些。当轮到两位退休老同志致答谢词的时候，他们对大家的赞誉作了深情的感谢。一时间，会场里充满了令人动情的温馨气氛。然而，老王却并未就此打住，而是作了颇为欠妥的发挥："说到先进，很遗憾，我从来也没有得过一次……"话音还未落，坐在他对面的、平日与他相处得不是很融洽的一位青年教师突然抢了话头："不，都是我们不好，不是因为你没资格当先进，是因为我们没有提你的名。"冷不防被人将了一军，老王一时语塞，会场被一种尴尬的气氛包围。一位领导见势不对，马上接过话茬，想把气氛缓和一下。按照常理，这个时候他应避开"先进"这个敏感的话题，转而谈论其他事情。然而，他却反反复复劝慰老王对"先进"的问题不要太在意，说没有评过先进，并不等于不够先进，先进不仅在名义，更要看事实，等等。一席话，把本应避而不谈的话题又作了重复和引申，使局面显得更为尴尬。

这个故事说明，开场白不仅要看对象，还要注意场合。

小王是一家保险公司的业务员，工作一年多了，他每个季度的业绩都排在最后一位，无论怎么努力都无济于事。有一天，小王向主管求教，于是主管让他带着自己一起去找客户。他们来到了一处高级社区，小王敲开一扇门，开门的是个家庭主妇。

小王向对方推荐人身财产保险："太太，你的丈夫是个整天飞来飞去的生意人，俗话说'人有旦夕祸福'，天灾人祸是躲不过的，买这个意外伤害保险可以让你免除后顾之忧，即使你丈夫出了事，也会有大笔的赔偿金。"

"你这个人怎么这么说话呢！"主妇颇有些恼怒地说，"你简直是在诅咒我的丈夫！请你出去，我不买什么保险！"主管目睹这一切后，对小王语重心长地说："你触犯了人家的忌讳，当然不可能推销成功。"后来，主管带着小王来到另一家，迎接他们的仍然是位家庭主妇。主管并没有马上谈及保险的事情，而是和那位主妇随意地聊天，在聊到一家之主的时候，主管"无意"中说起最近常发生的空难，感叹人生无常。这话题引起了主妇的共鸣，感叹那些失去亲人家庭的不幸。主管说："虽然失去亲人的痛苦是用金钱弥补不回来的，可是钱至少能让人心里有一点安慰，我也是个经常在外面跑的人，所以买了保险，希望能在万一出事的时候，让家人不至于因为我的意外影响了正常生活，即使我真的出事了，心里也多少有点安慰。"主管的话让主妇心里很有感触，她表示每次丈夫外出自己都很担心。不等主管提出买保险的事，这个主妇就主动表示要为全家人购买保险。

这笔生意做成之后，主管告诉小王，要根据不同的对象说不同的话，话要投机，否则不仅做不成生意，还很容易得罪他人。

在不同的场合，面对着不同的人、不同的事，从不同的目的出发，就应该用不同的方式说出不同的开场白，这样才能顺利进行下面的话题，收到理想的谈话效果。否则，你再能言善辩，别人不买你的账也是白搭。

第七节　要记住"二次熟人"的名字

当你一开口就叫出别人的名字时，便表现出了对他人的尊重，这有利于进一步交流沟通。

在这个复杂的世界上，没有什么比关心别人更让人感动的事情了。而关心别人的前提，是先了解别人。这是一种交往的需要，在这样做的时候，也会发展一种能力。

拿破仑便是一个很好的例子。他能叫出手下全部军官的名字。他喜欢在军营中走动，遇见某个军官时，就叫他的名字跟他打招呼，谈论这名军官参与过的某场战斗或军事调动。他经常询问士兵的家乡和家庭情况。这让每个军官都对他忠心耿耿。

善于记住别人的姓名是一种礼貌，也是一种感情投资，在人际交往中会起到意想不到的效果。

美国一家电器公司的董事长请公司的代理商和经销商吃饭，他私下让秘书按座位把每位来宾的名字依次记下。这样董事长在饭桌上与每位老板交谈时都能随口叫出他们的名字，这使得每个人都惊讶不已，生意也顺利地谈成了。

其实，世界上天生就能记住别人的名字的人并不多见，大多数人能做到这一点全靠有意识培养。当你养成了这个好习惯时，你便能在人际关系和社会活动中占有很多优势。

名字对于每个人来说都有着非常重要的意义。如果你记住别人的名字，这样很可能会使他觉得自己比较受重视，说不定你还可以从记住一个人的名字这样的小事里把握难得的机遇。

有一所著名的学校招聘教师，要通过试讲从几名应聘者中选出一名。几名应试者都作了精心的准备。

上课的铃声响了，一个个试讲者分别微笑着走上讲台。其中，有一个试讲者为了避免满堂灌，他也效仿前面几位试讲者的做法，设计了几次课堂提问，但效果却很一般。下课时，比较自己与前面几名试讲者的效果，他觉得自己会输。

可是意想不到的事情发生了，第二天他接到被录用的通知，惊喜之余，他问校长为什么选中了他。校长语重心长地对他说："说实话，论那节课的精彩程度，你还稍逊一筹，不过在课堂提问时，你叫的是学生的名字，而其他人叫他们的学号。我们怎么能录用一个不愿意去了解和尊重学生的教师呢？"

在现代社会中，人与人之间的交往日益频繁，我们经常会碰到这样的事：两个人见面，其中一个人认识另一个人，而对方却早已忘记他姓甚名谁。发生这样的情况，不礼貌倒还是小事，若是赶上紧要场合，因小失大也不是没有可能。

有些人天生记忆力好，看书、阅人均过目不忘，有些人记忆力差一些，但若把这作为不礼貌的理由，也未免有些牵强。

也许，有人会认为这是小题大做，但是不可否认的是要求被尊重、被承认是每个人发自内心的真诚愿望。当你使对方有被尊重的感觉时，你便能获得对方的好感，而你所做的也只不过是记住一个人的名字而已。

第八节　面对不太熟的异性朋友，如何开口是关键

异性之间的交往应该尽量大大方方，或是用一句"你好"，或是用一个微笑来开始相互之间的谈话。

很多人因为内向的性格，总不能主动地去交朋友。只做交往的响应者，而不做交往的始动者，就比别人少了很多获取友情和爱情的机会。要知道，别人是没有理由无缘无故地对我们产生兴趣的。因此，要想摆脱"守株待兔"的境况，就必须学会主动与人交往。

在一个相互间并不熟悉的聚会上，你可能会发现，多数人都在等待别人主动打招呼而不敢主动与不认识的异性接触，他们也许认为这样做是最稳妥也是最容易的。而余下的一小部分人则不然，他们通常会走到陌生异性跟前，一边伸手一边自我介绍。如果你恰巧是被"搭讪"的一位，这个时候你一定会像他乡遇故知一样对来者产生一种心理上的依赖，因为他是你此时此地唯一能够交谈的对象。你会自然而然地对他产生亲切感与好感。根本不会认为与别人主动接近是件难为情的事。所以，在与陌生或者不熟悉的异性交流之始，不要为"先开口"而害羞不已。被你接近的人一定不会对你"先开口"的举动投来异样的眼光，反而会对你主动的态度心存感激。

通常情况下，对于陌生异性来说，搭上第一句话是相当重要的。因此，首先要克服自卑感和怯场心理。你可以漫不经心地说一些眼前存在的事实，用声音引起对方的注意。这一切要显得自然一些，如果对方开始注意，你就可以接上话茬，继续谈下去了。谈话的内容不要太深入，仅作为一般的聊天即可。这个时候，最忌讳心情紧张，一旦紧张，就会导致找不到话题、语无伦次。

当两个人谈得很投机的时候，便可以进入询问阶段，从而了解对方的观点、个人情况、家庭状况等，但一定不能刨根问底。要善于察言观色，一旦触及对方隐私和禁忌的话题，要及时岔开，从而保持愉快的交谈气氛。

在交谈过程中，最忌讳一问一答的谈话方式。谈话应该是两个人思想的

交流，在了解对方的同时，开诚布公的向对方亮相。这种自我介绍，从原则上要坦率、诚实。

如果在聊天的过程中彼此产生好感，交谈进入全面的、深入的了解阶段，并且能相互理解，那么就可以将话题转移到试探对方上面来，即给对方发出"信号"。这些信号多半含有爱的暗示，信号的表达最好不要太直白露骨，急于求成往往会把胆小的一方吓跑。这种信号发出，并不是立即能得到回音的，要允许对方长时间考虑，甚至在对你进行考验之后才能得出结论。

有些人总是在抱怨世界上缺少真情，缺少爱。这个世界上从不缺乏孤独的男女，他们多半是因为不敢迈出交友的第一步，在交友中总是处于被动、消极的一方。

感情自然的流露，落落大方的交往，在沟通中不失常态就是同异性交往的最基本法则。掌握了这些法则，碰见异性就将不再拘谨，交往也将变得顺利得多。

第九节　与"重要人物"见面，说话时阵脚不可乱

重要人物也是人，与重要人物见面时首先要克服羞怯畏惧的心理，说话的时候才能不自乱阵脚。

很多人都有这样的困扰——在生活或工作中遇上了名人、领导或者对自己有用的"重要人物"，心里十分想迅速接近他们，进行一场融洽的交谈，但始终找不到一个突破点，或者交流过程中总觉得非常僵硬。其实，与这些"重要人物"交流也有一定的技巧。"重要人物"也是人，他们也有和平常人一样的感情世界。

所以，与这些"重要人物"交往，不要有羞怯畏惧的心理，只要真正表现你内心的意思，你就能与任何"重要人物"开口说话。这一点是与"重要人物"交往最基本的要领。当然，要想顺利地与这些人进行交谈的话，我们还需要对不同类型的"重要人物"进行了解与分析，做足准备工作。

1. 与名人说话

名人往往比寻常人有更多的成就，而且也有私人的嗜好。当你准备去拜访某位名流时，你可以预先做点儿谈话内容的准备。

遇到有名的作家、诗人、画家、音乐家等从事创作的人，我们可以准备一些他们感兴趣的话题来与他们探讨，因为这类人往往有广泛的兴趣。他们在社交场合或许不活跃，但往往也有启发人们思想的独到之处。你与他们讨论一些问题，可以让他们将独特的见解表达出来。与这些人交谈，必须耐心，不要轻易动怒，也不要太热切，要温和、冷静和体贴，就像应付任何敏感的人一样。

名气一般的名人，总是生活在情绪不稳定的状态中，内在的恐惧使他们脆弱敏感，稍有疏忽就会激怒他们，而且他们也容易傲慢。然而，他们绝对需要你的尊重和顺从。名气越小，对于亲切、尊重的需要也就越大。

对过气的名人，最好采取迂回的战术，即通过第三者来了解他。你的开场白应当是积极的。而类似于"这些日子以来你是如何打发时间的啊""我们很久没有见你在公众场合露面，你去哪儿了"，这些话等于当头泼他的冷水，是十分不可取的。

在多数情况下，与名人谈孩子是不会错的。从孩子入手，谈话就很好进行，但要注意话题不要扯得太远，要适可而止，更不要试图打探别人的隐私。

2. 与专业人士说话

在社交场合中，我们不宜向各种有地位的专业人士要求提供免费的建议。即使你的问法很有技巧，那也是一种冒犯。你问得再有技巧也瞒不过专业的眼睛。各界专业人士的职务便是向他们的客户出售商品。我们应该在他们营业的时候征询各种建议。

与"重要人物"说话，最基本，也是最重要的是自然和真诚。有些人看到名人、富人等大人物只是一味地说些奉承话和空话，这是不能和对方交流愉快的。面对这些"重要人物"，你大可不必紧张，所谓的"重要人物"也像普通人一样，抵不过疲倦，也承受不住伤害。

第十节 首次拜访客户时的开场技巧

一次成功推销的关键就是在于刚开始的几十秒，无论是想让客户接受你，还是接受你的产品，都应该在一开始就吸引客户的注意力，抓住客户的心，这样客户才会有兴趣跟你谈下去。

很多推销员接触客户的时候，经常会发现客户仍在忙着其他的事情，根本没有兴趣听下去。在这个时候，如果不能尽快抓住客户的心，那么这次推销几乎就失败了。

依照销售心理学的分析，最好的吸引客户注意力的时间就是在你开始接触他的头 30 秒，只要你能够在头 30 秒内完全吸引住他的注意力，那么后来的销售过程就会变得更加轻松。因此，你最好设计一个在 30 秒内就能吸引对方的开场白，而这个开场白可以是你提出的一个他们感兴趣的问题。

福克兰是美国鲍尔温交通公司的总裁。在他年轻的时候，由于他成功地处理了公司的一项搬迁业务而青云直上。当时，居民中有一位爱尔兰老妇人不愿意搬走，于是联络了许多邻居，决心与机车工厂对抗到底。如果当时通过法律程序来解决纠纷，不仅费时费力，而且还要花费许多钱。福克兰向总裁请缨，准备亲自出马，把自己的方案彻底地"推销"给老妇人。

当福克兰找到这位老妇人时，她正坐在房前的石阶上。福克兰故意在老妇人面前忧郁地走来走去，以引起老妇人的注意。果然，老妇人开口说话了："年轻人，你有什么烦恼？"福克兰并没有直接回答老妇人的问题，只是说："您坐在这里无所事事，真是太可惜了。我知道您具有非凡的领导才干，可以成就一番大事业。听说这里将建造一座新大楼，您何不劝劝您的邻居们，让他们找一个更好的地方永远安居乐业下去呢？这样大家都会记住您的好处的。"福克兰这几句看似轻描淡写的话，却深深打动了老妇人的心。不久，她就到处寻觅住房，指挥她的邻居搬迁，而公司仅付出了原来预算代价的一半数目。

由此看来，在与客户交谈的时候，能够一开始就抓住客户的心很重要，只有这样，谈话才有可能继续下去。如何才能一开始就抓住客户的心呢？以下是几种常用的方法。

提及客户现在最关心的问题：听您的朋友提起，您现在最头疼的是产品的废品率很高……

谈到客户熟悉的第三方：您的朋友某某介绍我与您联系，说您最近想添置几台电脑……

赞美对方：他们说您是这方面的专家，所以也想和您交流一下……

提起对方的竞争对手：我们刚刚和××公司有过合作，他们认为……

用数据引起客户的兴趣和注意：通过增加这个设备，可以使您提高50%的生产效率……

有时效性的说法：这个活动能给您能节省很多经费，活动截至到12月31日，所以应该让您知道……

上面这几种方法，可以交叉使用，前提是要根据当时的实际情况。当然在与客户交谈的时候，首先一定要以积极乐观的语气对客户表达问候。

另外，我们在初次面对客户的时候，最好要抓住客户的心理，这样方便我们进行下一步的攻势。

1. 多说"我们"少说"我"

销售人员在说"我们"的时候，会给对方一种心理暗示：销售人员和客户是站在一起的，是站在客户的角度想问题。虽然它只比"我"多了一个字，但却多了几分亲近。

2. 看对象说话

这一点应该非常好理解。遇到年轻的客户，就用年轻人的说话方式；遇到年长一些的客户，就用跟年长者说话的方式。这样才能跟客户进行有效的沟通。

3. 不要怕说"对不起"

当客户讲述他们的问题时，他们等待的是富有人情味的明确反映。面对顾客的投诉，最好首先表示你的歉意，若要以个人名义道歉的话，就要表现得更加真诚，并且明确告诉他，你将尽个人最大努力帮助他，直到他满意为止。

4. 感谢、感谢、再感谢

对顾客说再多的感谢也不过分。遗憾的是，"谢谢""荣幸之至"，或者"请"这类字眼在推销中已经用得越来越少了。尽可能多使用这些词，并且把"谢谢"作为你与顾客交往中最常用的词。

第十一节　开场白贵在真诚，拒绝过度寒暄

开场白的态度很重要。真诚的开场白会在无形中拉近彼此之间的距离，而过度的、不适当的寒暄则可能引起对方的反感，拉远彼此间的距离。

在"寒暄"这个词中，"寒"是寒冷的意思，"暄"是温暖的意思，合起来，就是问寒问暖。我们进行谈话的目的是沟通情感，增加双方的交流。初次见面，或朋友很久未见难免要寒暄几句，以示礼貌和关心。寒暄是交谈的润滑剂，它能在两个人的谈话之间架起一座友谊的桥梁，是人际交往中必不可少了一部分。

有时候，我们与人见面，往往陷入无话可说的尴尬场面。这时我们不妨以一些寒暄语为开头，比如，"天气似乎热了点"或者"最近忙些什么呢"等。虽然这些寒暄语大部分并不重要，然而，正是这些话才使初次见面者免于尴尬的境地。以下几种方式可供参考。

可以从天气说起。愉悦的态度会给他人留下良好的第一印象。从无关的天气谈起容易拉近两人的距离。

可以询问对方的工作进展、身体状况等。例如：这一阵工作忙吗？快毕业了吧？

可以从对方的行为谈起。例如：看到对方下班，可以问一句"下班啦"。

寒暄可以视作是交谈的准备活动，作为"暖场"出现。适当的寒暄可以帮助我们拉近彼此间的距离。寒暄不宜过长，创造出交流的气氛即可。在开场白中，我们一定要避免过度的寒暄，以免对方因过多的客套话而觉得你对他不真诚，从而拉大与你的距离。

那么，怎样寒暄才能产生积极的效果呢？寒暄并没有什么固定的模式，可视具体的交谈对象和交谈环境而定。我们可大致归纳为几点：

1. 要保持积极姿态

在与别人相遇的瞬间，要迅速培养自己的愉快情绪，要争取主动，充分体现自己的良好愿望和真诚态度，要使对方感觉到你的问候是发自内心的，

要使对方从你的言行反应中感觉到自己的存在，使其受人尊重的心理需要得到完全满足。同时，积极的姿态也是富有自信、易于合作的外在体现，这有利于融洽人际关系。交谈时语调要和缓、声音要洪亮，要面带微笑。

2. 注意力要集中

在开场白中与人寒暄，要集中注意力，任何漫不经心的言行都会使对方感到被人轻视。

小刘与小乔在机关是同一科室的同事。一天，小乔夫妇逛商场巧遇小刘，小乔把丈夫小张介绍给小刘。短暂的握手介绍后，小刘本来想再谈几句以表示自己的友好态度，可小乔的丈夫却左顾右盼同小乔谈些闲话，将小刘"晾"在了一边。这使小刘感到很尴尬，心中很不愉快，觉得小张实在太没礼貌了，一下对小张失去了好感。假如小张在握手之后，再继续同小刘聊几句，小刘就不会有这种想法产生了。

3. 内容要适当

与陌生人见面后的4分钟内，最好作一般性的寒暄（如问候、互通姓名），谈论一些无关紧要的话题，应绝对避免使对方感到尴尬、触及对方隐痛、引发对方不愉快的回忆及易于引起争议的话题，也不可漫无边际。

小宁最近刚刚离婚，情绪很低落，下班途中遇到了同事小丽和她丈夫。小丽的丈夫在小丽介绍完小宁后脱口说道："啊，你就是刚刚离婚的那个啊，这么好的人怎么你丈夫不珍惜呢？"本来小丽的丈夫是想夸奖小宁，但初次见面就触及痛处，让对方尴尬。

寒暄的内容还要根据对方的心情而定。比如，对方家里刚发生不愉快的事，你从其面部表情上就可以分析出来，因此，在此时开场白，声音就不要太大，语言不要太热情，要低八度，或用询问式的语言，同时用安慰的语气来招呼。如果对方脸上喜气洋洋，你便可热情地开场，使对方感到温暖，进而展开话题。

男士和女士见面寒暄，语言可热情一些，但要适度，不能过分开玩笑，使对方感到你太轻薄。

寒暄言语的长短、内容的繁简、往复的次数多少要与交谈双方关系的亲密程度成正比。

4. 要注意场合、时间、季节

如果在公众场合经介绍结识新朋友，应有礼貌的寒暄，注意不要打扰周围的人，避免大声喧哗。过于夸张，大呼小叫，是一种无礼行为。此外，在比较正式的场合，言行举止不宜过于随便，更要注意不要用"口头语"。

在图书馆里，大家都在看书，室内很安静，有两个女青年一同走进来，迎面遇到了另一位女士，介绍结束，只听一位女士高声说："哈，原来她经常念叨的兰子就是你呀，今天才认识，你可真漂亮啊！"周围的人大都皱着眉头，投去厌恶的目光。可见这样的寒暄是多么不合适。

寒暄还要因地而异，不能千遍一律，只要稍加留意周围的环境，就可即席发挥。如在校园，可以说："您是去上课吗"，或"下课了"。在书店可以说："您也来买书吗？"还可从季节的角度来确定寒暄的内容，如："天很凉，感觉到冷吗？""您好，外面很冷吧！"这样寒暄方式让初次见面人感到热情、亲切、温暖。与众多陌生人打交道，不要只看着一位，而应面带微笑，眼睛环视大家，应带"你们""两（几）位"的字样，以免冷落其他人。

总之，初次见面，寒暄要适度，既要热情亲切，又不宜阿谀奉承，要做到温和有礼。这样，才能使对方乐于接近你，从而产生与你交往的愿望。

第十二节　任何时候，不要触碰对方的隐私禁区

每个人都有自己不想被人知道的隐私，聪明的人无论任何时候、任何地点都不会去触碰别人的隐私和禁区。

每个人的内心都有不想让人窥见的隐私，都有不想让人知道的秘密禁区。在这个禁区里，自己是主人，有至高无上的权威。隐私与个人的名誉密切相关，无论在任何时候、任何地点、任何话题下触及别人的隐私，都会引起双方关系的紧张甚至恶化。

1. 不要在背后谈论别人的隐私

在日常生活中，我们无意中难免会听到别人的私人电话、不小心看到别人摊开的笔记、看见在 MSN 或 QQ 上的聊天记录，或者偶尔撞见熟人跟别人亲密接触的现象。碰见了就碰见了，我们也应明白，别人的隐私永远不是用来消遣的话题。

小吴在小的时候曾经患过一场重病。这场病使他变得有点头脑迟钝，有

时候生活和工作一紧张还会尿床。这成为他生活中最大的隐私。他也因为自己这个毛病而感到苦恼和自卑。

有一次，有一个项目要执行，他生怕自己做不好，又处于紧张状态中。这时，正好一个大学同学因为租房到期，要到他这里住一晚。

那一晚，小吴害怕自己的秘密被同学发现，不敢上床睡觉。到了后半夜的时候，实在困得不行了，就和着衣服躺在床边睡着了。

第二天醒来，最怕发生的事情还是发生了。同学看着小吴窘迫的样子，笑得前仰后合。小吴非常尴尬。他首先的反应是，希望同学为他保守这个秘密，但是他没有勇气说出口。

之后的一次同学聚会上，他隐约感到同学们看他的眼神都怪怪的，有的同学则是一脸的嘲笑，还有的同学小声地跟人议论他"有毛病"。而那个曾投宿于他的同学故意走到他跟前来，对他说："我可什么也没说啊！"小吴恨不得找个地洞钻进去。

人们都愿意与可靠、值得信赖的人做朋友，像小吴的同学这样拿别人隐私聊天、取乐的人，只会遭人唾弃，让人疏远。

2. 不探究别人的隐私

如果一个关系并不亲密的人向你打听收入、打听住宅，打听孩子的学校、妻子（丈夫）的职业，你一定会不胜其烦。在日常生活中，也尽量不要接近这种喜欢打听别人隐私的人。与这种庸俗的人交往，只会带来很多不愉快。对于这类人的询问，可以敷衍地说"哦，也没什么好说的"，或者索性装作没听见，没有必要老老实实地和盘托出。

一般来说，即便是面对亲密朋友也要有所节制，不去探问对方的隐私。很多人并不愿意被别人知道丈夫（妻子）的地位、孩子的学校等。如果本人不说，就不应多问。

第三章

让你和别人都有面子，
不能不会说的客套话

　　客套话是日常交往中常用的语言，人在社会上生存，打点人与人之间的关系离不开客套话的铺陈和辅助。客套话说得好，你和别人都有面子，关系也会更进一步，有些话说得不好，你和别人的关系从一开始就会僵下来，更别提关系会有进一步的发展了。可以说，客套话在人际关系和应酬场合上起着至关重要的作用。

第一节　要学会说客套话

客套，包含着客气、谦卑，处处显示出对别人的尊重；客套，还显示出你的平和与内敛。

客套是语言艺术中的一种。我们往往在教育孩子的时候会说"见了大人要打招呼，借了同学的橡皮要说谢谢，不小心碰倒了人家要说对不起"等，这是最基础的礼貌教育。

客套的书面文字是那么的枯涩、乏味，但是变成语言之后，却是那么的悦耳和动听。

一次，李女士去看重病中的好朋友，看到对方非常痛苦的样子，她没有说一句话。她没有说话是因为当时有许多的顾虑：说客套话吧，不能表达自己的心情；不说话吧，又被认为冷眼旁观。她太内向了。

这种"内向"要比虚情假意和口蜜腹剑的做法诚实得多。但是，由于不能充分地表达自己的内心，在他人看来一切都等于零。一个人如果连一句最普通的客套话都不会说，探望病人的时候，连一句"没事吗"都说不出口，这种人会给人一种冷酷的感觉。

所以，生活中要学会说客套话，用自己的语言表达出自己的感情。比如，"没事吗"这句话，你并不是只把字面的含义说给对方，这里面，你可以加进去自己的真实感情。再比如，"有什么我能帮你的？""我看到你难受的样子非常难过！""没事吗？好了之后，我们一起去打保龄球。"这样，更有益于促进彼此之间的关系。

客套不是低声下气，是尊重；客套不是虚伪，是礼貌。生活、工作，哪一样都需要语言作为纽带。人要衣装，佛要金装，语言也要靠包装。语言的魅力，在于使人心悦诚服，语言的运用，在于修养气度。

会客套的人，说出来的话叫人喜欢听、愿意听，别人也会欣然接受；不会客套的人，常常面临许多的尴尬，造成许多的误解，出现人际关系的障碍，导致自己的人脉越来越窄。

有的人说，客套多，朋友多；朋友多，好事多。这句话一点儿都不假。

因为客套和寒暄可以帮助你认识很多朋友，缩短人与人之间的距离，从而促成两人的交往。

在生活当中，我们往往会听到"谢谢您""多谢关照""劳驾""拜托"之类的客套话。这样的客套话可以向别人表示感谢，能沟通人与人的心灵，建立融洽的人际关系。在得到帮助以后，应真诚地说一声"谢谢"。如果你不说一声"谢谢"，只把感激之情埋在心底，对方会有一种不快的感觉，他的劳动没有得到肯定，或认为你不懂礼貌，今后也不会再帮助你。同样，在打搅别人，给别人添麻烦时能真诚地说一声"对不起"，对方的气就会减少一半。所以，在人际关系交往、求人办事的过程中，我们千万不要忽视客套的作用。

许多时候，客套就是表现出对对方的尊重、礼节和谦虚，比如，有人作报告或讲话，总会说"我资质不高，研究不够，恐怕讲不好"，或者是"我讲得不好，请大家批评指正"。诸如此类的客套话，看起来是随口而出，实际上起着表达讲话者谦恭愿望的作用。

客套必须要自然，要真诚，言必由衷，富有艺术性。

小王是上海某大饭店里的服务员。著名美籍华裔舞蹈家孟先生第一次到该饭店，小王向他微笑致意："您好！欢迎您光临我们酒店。"第二次来店，小王认出他来，边行礼边说："孟先生，欢迎您再次到来，我们经理有安排，请上楼。"随即陪同孟先生上了楼。时隔数日，当孟先生第三次踏入酒店时，小王脱口而出："欢迎您又一次光临。"孟先生十分高兴地称赞小王："不呆板，不制式"。

小王之所以会受如此表扬，在于他并不是鹦鹉学舌，见客只会一声"欢迎光临"，而能根据交际情境的变化运用不同的方法，表现出他对工作的热爱和说话的艺术。

"人有礼则安，无礼则危。故曰，礼者不可不学也。"可见，人类从很早以前就开始呼唤礼仪，呼唤文明。有的人总是说，礼仪中的寒暄是人际交往的废话，其实这句话是不正确的。在人际交往中往往少不了客套，客套会使我们彼此之间的关系更加和谐。要把"谢谢、对不起、请"常挂嘴上。请人办事，说一声"劳驾"，送客临别，讲一句"慢走"。这些都能显示出你礼貌周到、谈吐文雅。擅长外交的人们像精通交通规则一般精于客套，得体的客套同我们美好的仪容一样，是永久的荐书。以下是总结出的一些日常生活中常用的客套话：

初次见面说"久仰"，好久不见说"久违"。

请人评论说"指教",求人原谅说"包涵"。

求人帮忙说"劳驾",求给方便说"借光"。

麻烦别人说"打扰",向人祝贺说"恭喜"。

请人改稿称"斧正",请人指点用"赐教"。

求人解答用"请问",赞人见解用"高见"。

看望别人用"拜访",托人办事用"拜托"。

宾客来到用"光临",送客出门称"慢走"。

招待远客称"洗尘",陪伴朋友用"奉陪"。

请人勿送用"留步",欢迎购买叫"光顾"。

与客作别称"再见",归还原物叫"奉还"。

对方来信叫"惠书",老人年龄叫"高寿"。

得体的"致谢"会更加温暖对方的心窝,也能使你的语言更加充满魅力。得体的"道歉"是你送给对方的最廉价的礼物,也是调和可能产生紧张关系的一帖灵药……有的人往往容易把应酬、客套、寒暄甚至是聊天这些基础的交往行为看作是虚伪、庸俗和毫无意义的东西,在思想上加以排斥,在行动上加以抵制。这样的人违背了人类的某些本性,在交际上会屡屡受挫,连连吃亏。

客套并不一定是在语言上,一个眼神、一个手势,点一下头,微笑一下,或给对方送些小礼物,凡此种种,都属于客套的范畴。换句话来说,客套是一个比较宽泛的概念,客套是一种礼节,如果客套运用得好,会使你收到意外的惊喜。

日本松下电器公司的松下幸之助是个很讲客套的人。他在交托下属去执行某一件事时,会说:"这件事拜托你了。"遇到员工时,他会鞠躬并说"谢谢你""辛苦了"之类的客套话,有时会亲自给员工斟一杯茶,或者送给员工一件小礼物。就是因为这种客套,员工才毫无怨言地为他尽心竭力。

人类是一种感情的动物,从某种意义上说,人际关系网正是出于人类感情交流的需要。客套是温暖的,能加深对方的了解、亲切关系,增加友谊,彼此之间的关系因为客套而发生变化,心理距离也会随之缩短,感情自然有了呼应和共鸣。

在人际交往中,要想使别人怎么对你,你首先就要学会如何对待别人。客套一下,看似平常,可它却能引起人际间的良性互动,成为交际、办事成功的促进剂。

第二节　抓准说客套话的时机

在交际场合说点客套话是非常必要的。恰到好处的客套话，可以赢得他人的欢心，从而增加彼此的感情。但是，客套话并不是说得越多越好，有时候说客套话也得注意场合。如果不分场合地说客套话，很可能给别人留下轻浮与虚伪的印象。

社会是由人组成的，人与人之间相处、交往是再正常不过的事情了。一踏入社会，应酬的机会就多了，这些应酬包括去别人家里做客、赴宴、会议，以及其他聚会等。不管你对应酬满不满意，场面话一定要讲。

什么是客套话呢？

客套话就是让主人高兴的话。既然说是客套话，可想而知就是在某个"场合"才讲的话，这种话不一定代表你内心的真实想法，也不一定合乎事实，但讲出来之后，就算主人明知你"言不由衷"，也会感到高兴。

客套话是日常交际中常见的现象之一，而说客套话也是一种应酬的技巧和生存智慧。从日常社交来看，你至少需要学会以下几种客套话。

当面赞扬他人的话。你可以称赞别人的孩子聪明可爱，称赞别人的衣服大方漂亮，称赞别人教子有方等。这种客套话所说的有的是实情，有的则与事实存在相当的差距，有时正好相反，但这种话说起来只要不太离谱，听的人十有八九都会感到高兴。

当面答应他人的话——如"我会全力帮忙的""这事包在我身上""有什么问题尽管来找我"等，这种话有时是不说不行，因为当面拒绝客套会很难堪，甚至会得罪人。用客套话先打发一下，能帮忙就帮忙，帮不上忙或不愿意帮忙再找理由，总之，有缓兵之计的作用。

在很多情况下，客套话我们不想说还不行，因为不说，会对你的人际关系造成影响。

到别人家做客时，一定要感谢主人的邀请，并盛赞菜做得精美丰盛可口，并看实际情况，称赞主人的室内布置，小孩的乖巧聪明……

赴宴时，要称赞主人选择的餐厅和菜品，当然感谢主人的邀请这一点绝不能免。

参加酒会，要称赞酒会的成功，以及你如何有"宾至如归"的感受。

参加会议，如有机会发言，要称赞会议准备得周详。

参加婚礼，除了夸奖菜品丰富之外，一定要记得称赞新郎新娘的"郎才女貌"。

生活中的"客套"当然不只以上几种，至于客套话的说法，也没有一定的标准，要视当时的情况决定。客套话切忌讲得太多，要点到为止，太多了就显得虚伪而且令人肉麻。

总而言之，客套话就是感谢加称赞，如果你能学会讲客套话，对你的人际关系必有很大的帮助，你也会成为受欢迎的人。

第三节　如何营造热络的气氛

话题是初步交谈的媒介，是深入细谈的基础，是纵情畅谈的开端。没有话题，谈话是很难顺利进行下去的。要想营造热络的气氛，没话题也要找话题。

不善言谈在交际场中很容易陷入尴尬局面。要想成为求人办事的高手，首先必须掌握没话找话的诀窍。没话找话说的关键是要善于找话题，或者根据某事引出话题。

好话题的标准是：至少有一方熟悉，能谈；大家感兴趣，爱谈；有展开探讨的余地，好谈。那么，怎么找到话题呢？

1. 众人都关心的话题

面对众多的陌生人，要选择大家关心的事件为话题，把话题对准大家的兴奋中心。这类话题是大家想谈、爱谈又能谈的，人人有话，自然能说个不停了。

2. 借用新闻或身边的材料

巧妙地以彼时、彼地、彼人的某些材料为题，借此引发交谈。有人善于借助对方的姓名、籍贯、年龄、服饰、居室等即兴引出话题，常常收到好的效果。"即兴引入"法的优点是灵活自然、就地取材，其关键是要思维敏捷，能做由此及彼的联想。

3. 提问的方式

向河水中投块石子，探明水的深浅再前进，就能有把握地过河。与陌生人交谈，先提一些"投石"式的问题，在略有了解后再有目的地交谈，便能谈得更为自如。

4. 找到共同爱好

问明陌生人的兴趣，循趣发问，能顺利地进入话题。如对方喜爱足球，便可以此为话题，谈最近的精彩赛事、某球星在场上的表现，以及中国队与外国队的差距等，都可以作为话题而引起对方的谈兴。引发话题，类似"抽线头""插路标"，重点在"引"，目的在导出对方的话茬儿。

5. 搭上关系，由浅入深

孔子说"道不同，不相为谋"，只有志同道合，才能谈得拢。我国有许多"一见如故"的美谈。陌生人要能谈得投机，要在"故"字上做文章，变"生"为"故"。下面是变"生"为"故"的几个方法：

（1）适时切入。看准情势，不放过应当说话的机会，适时地"自我表现"，能让对方充分了解自己。

交谈是双边活动，光了解对方，不让对方了解自己，同样难以深谈。陌生人如能从你"切入"式的谈话中获取教益，双方会更亲近。

（2）借用媒介。寻找自己与陌生人之间的媒介物，以此找出共同语言，缩短双方距离。如见一位陌生人手里拿着一件什么东西，可问："这是什么？……看来你在这方面一定是个行家。正巧我有个问题想向你请教。"对别人的一切显出浓厚兴趣，通过媒介物引发表露自我，交谈也会顺利进行。

（3）留有余地。留些空缺让对方接口，使对方感到双方的心是相通的，交谈是和谐的，进而缩短距离。

有经验的记者能通过观察和分析，迅速与对方套上近乎，找到一个可以引起双方话题的共同点，打破那种不知从何谈起的场面。

一位记者去采访一位教师，行前有人说这位老师性格有点古怪，经常三言两语就把人打发了。记者到学校去找时，他正在跟传达室的人发脾气。记者一听他说话的口音是山西人，心里暗暗高兴，因为他也是山西人。后来，他们的交谈就从家乡谈起，越谈越热乎，这一段题外话也为正题做了很好的铺垫。

在交际过程中，谈话时要善于寻找话题，这样才能套上近乎。有位交际大师指出：交谈中要学会没话找话的本领。

第四节　客套话要有情感共鸣点

社交中，要想讨得某人的欢心，使得客套更和谐，就一定要找到对方感情的突破口，只有情感上有了共鸣，才能让谈话继续。

日常交往并不是总在熟人间进行，有时你甚至要闯入陌生人的领地。当进入一个陌生的家庭、环境时，要迅速打开局面，首先要寻找理想的"突破口"。有了"突破口"，便可以以点带面或由此及彼地发挥开去，从而实现让对方在感情上接受你的效果。

纽约某大银行的乔·理特奉上司指示，秘密进入某家公司进行信用调查。正巧理特认识另一家大公司的董事长，这位董事长很清楚该公司的行政情形，理特便亲自登门拜访。

当他进入董事长办公室，才坐定不久，女秘书便从门口探头对董事长说："很抱歉，今天我没有邮票拿给您。"

"我那12岁的儿子正在收集邮票，所以……"董事长不好意思地向理特解释。

接着理特便开门见山地说明来意，可是董事长却含糊其词，一直不愿做正面回答。理特见此情景，只好离去，没得到一点儿收获。

不久，理特突然想起那位女秘书向董事长说的话，同时也想到他服务的银行国外科每天都有许多来自世界各地的信件，那上面有各国的邮票。

第二天下午，理特又去找那位董事长，告诉他是专程替他儿子送邮票来的。董事长热诚地欢迎了他。理特把邮票交给他，他面露微笑，双手接过邮票，就像得到稀世珍宝似的自言自语："我儿子一定高兴得不得了。啊！多有价值！"

董事长和理特谈了40分钟有关集邮的事情，又让理特看他儿子的照片。之后，没等理特开口，他就自动地说出了理特要知道的内幕消息，足足说了一个钟头。他不但把所知道的消息都告诉了理特，又召来部下询问，还打电话请教朋友。理特没想到区区几十张邮票竟让他圆满地完成了任务。

人常说：要讨一个母亲的欢心，那就去赞扬她的孩子。找到情感共鸣，沟通自然会顺畅。

第五节　分清别人说的客套话

客套话大家都在说，但究竟哪些客套话是真的，哪些客套话是虚言的应酬，我们要做到心中有数。

走入社会后很多人就会发现，虽然自己名片盒里的名片越来越多，真正无话不谈的朋友还是那么几个。绝大多数是场面上的朋友，迎来送往，无非是个"你好"加上"再见"。苦恼的是，若是真正的朋友，就算相对无语，彼此也不觉得尴尬。但场面上的朋友就不同了，毕竟从见面到分手之间的一段空白还是要去填的。善于应酬的人，也就是公认的社交高手，总能漂亮地完成使命，让彼此轻松愉悦地度过一段时间；反之，则空留尴尬的笑脸和一段难熬的时间。

一个法资公司的大老板每年环球巡游一次，听各国首席执行官们述职。当然，也顺便见一下各国雇员。只是全球数万张面孔，哪儿记得过来？于是他每年都问同样的三个问题：你是哪个大学毕业的？学的是什么专业？何时来到我们公司的？除了首席执行官们之外，公司其余的人每年要回答一次。

大多数员工对待这三个问题就像对待元首阅兵一样，把答案像口令一样喊出来而已，从不奢望自己能被大老板记住，除了一个信息技术工程师。他每次回答完"我的专业是建筑设计"之后，都会解释一下为何原来的建筑设计师会转行到信息技术领域。这是个漫长的故事，但大老板老是记不住，于是他连续讲了三年。第四年，当他又开始讲第四次的时候，大老板制止了他："好像有个挺长的故事是吗？无论如何，我代表公司感谢你的努力工作。"可怜的人只好把他那感人的奋斗史收了起来。

老板只是在客套一下，谁知他竟当了真。

坐上大老板的位置后，也许不用再花心思设计机灵的客套话；但下属就不同了，场面上反应机敏与否，直接关系到将来的前程。

一次会议的中场休息之后，许多人迟到。大老板面露愠色。大部分人默默地进来，默默地入座，空气十分凝重。只有一个中层女经理人未到，话先到："哎呀呀，卫生间的队好长啊。老板，你怎么雇了这么多女人啊！"一句话把大老板逗乐了。

在一个鸡尾酒会上，有个商人模样的老外过来打招呼，琳达马上放下冰橙汁，与他握手。他笑问琳达："为什么你的手冰冰的呀？"她忙着解释，朝那杯冰橙汁乱指。他马上摇头："不不不，你只需要说'但我的心是热的'就行了。"

一句话提醒了琳达。

其实他并不关心为何琳达的手是冷的，而琳达也并无义务解释为何自己的手是冷的。不过是两个陌生人找个话题混个脸熟而已，什么话开心，什么话可以博个笑脸，就讲什么话。

客套话人人都在说，但究竟所说的客套话哪些是真的，哪些只是基于社交的礼节虚言的应付，我们的心中要有个数，这样就不至于因为没有分清对方的客套话而造成尴尬的局面。

第六节　面对不同人说不同的客套话

不同的人所关注和喜欢的东西也会不同，面对不同的人，我们要学会说不同的客套话。只有投其所好，客套话才能引起对方的兴趣，谈话才能持续下去。

与人交谈时，如果想要达到"交谈甚欢"的境界，最常见的方法就是"投其所好"。如果想要求人办事，那就更得在说话的时候投其所好。要知道，如果你能投其所好，说的话就能深入人心。如果反其所好，只会招来对方的厌恶，甚至还会给自己带来麻烦。有个人们耳熟能详的童话故事就能说明这个道理：

有一个年轻的渔夫，一天收网的时候，发现网里有一个旧瓶子。他把瓶塞打开，突然一阵浓烈的烟雾喷出来，很快变成一个比山还大的巨魔。

这时，巨魔突然笑着说"哈哈！年轻人，你把我救出来，本来我应该感谢你的，可是，你做得太迟了，倘若你早几年把我救出来，你就可以得到一座金山啦！唉，又让我等了500年，我太不耐烦了，我已经许了恶愿，要把救我出来的那个人一口吃掉！"

那年轻人吃了一惊，但立即镇定地说："哟，这么小的一个瓶子，怎么能把你盛下呀，你一定在说谎，你再回到瓶子里让我看看吧！"

那巨魔听后，竟大笑说："哈哈哈哈哈，我不会上当的！《天方夜谭》早把这个古老的故事说过了，我如果再钻入瓶子里，你把塞子塞上，我不就完蛋了吗？"

"你看过《天方夜谭》？真是一个博学多才之士呀！你看过苏格拉底的哲学著作吗？"

"哼！这500年来，我躲进瓶子里，穷读天下的经典著作，苦苦修行，莫说是西方的巨著，连中国的《大学》《中庸》《论语》《孟子》我都念得熟透了。"

"啊！那么《史记》你也颇有研究吧？墨子的著作也有涉猎吗？"

"别说了，经史子集无一不通！"

"不过，我想你一定没有见过《红楼梦》的手抄本，这是一部难得一见的版本呢！"

"哼！你这个小子太小觑我了，这本书的收藏者正是我呀！让我拿出来给你开开眼界吧！"

刚说完，只见巨魔立即又化作一阵浓烟，徐徐进入瓶子里。这时候，年轻的渔夫不再迟疑，连忙用瓶塞堵住了瓶子。

每个人都有可能是他兴趣所在领域的专家，激发对方的兴趣，你不仅会获得新知，有时加以利用，还能够逢凶化吉。年轻的渔夫就是利用这一点降服了巨魔。

与对方能够畅谈的原则，就是能够顺着对方的喜好，投其所好地交谈。心理学家告诉我们，对于不同类型的人要用不同的交谈方式。

1. 人际关系型

如果对方时常提到自己和某个人的关系，或是某个人和另一个人的关系，就代表他对人际关系很感兴趣。如果你让他知道你也懂得人际关系学，那么，他就会很喜欢和你谈下去。

2. 逻辑思维型

如果这个人说话有条理、很利索，而且用词精确，这种人通常喜欢有逻辑性地去思考，谈话滴水不漏。因此在对话时，你不能只是说出自己的感觉，尽量调动自己的"分析"因子，去分析事物背后的道理。

3. 情感丰富型

当你讨论到对于某个人或某件事情的想法，如果对方说出"这个人好可怜……"之类的话，代表他情感丰富，凡事凭感觉，而且好恶分明。面对这种人，不要谈理论、讲求逻辑分析，他对此可能一点兴趣也没有。

4. 艺术欣赏型

这种人喜欢谈论美术或音乐等话题，你可以和对方讨论最近最热门的商品设计或是音乐表演等，请教对方的意见，不仅让对方有一个表现的机会，你也能从中学到一些知识。

有一位学者曾说过："如果你能和任何人连续谈上 10 分钟而让对方产生兴趣，那你便是一流的说话高手。"两个陌生人初次见面，如果不能善用机会，投其所好地找出话题，说不好该说的场面话，必然不能取得交谈的成功。投其所好，谈论别人感兴趣的事物，会使人感觉受到尊重，同时也是一种深刻了解别人，并与之愉快相处的方式。

第七节　公众场合的致辞要体面

不管是什么样的演讲，即兴的还是事先有准备的，说话人都是为了达到一些目的。在公众场合致辞是有一定技巧的，当你掌握好了这些技巧，便会赢得他人的掌声。

在各种正式场合，与会者都要发表演讲，无论何种演讲，说话人都是为了达到一些目的。例如，在欢迎外宾的招待会上，主人要致欢迎辞，外宾要致答谢辞；在宴会上，主人要致祝酒辞，外宾要致答谢辞；在欢送外宾的会议或酒宴上，主人要致欢送辞，外宾要致告别辞等。这些致辞根据各自的特定场合，各有其特定目的和表达方式。

热情洋溢、语言明快、词句精练、全文紧凑是欢迎辞、欢送辞和祝酒辞的特点。当你的言词里流露出朴实的感情，那么一定可以增进宾主之间的友谊，从而为自己树立一个良好的形象。这类致辞常由"引言""正文"和"结语"三部分组成。"引言"部分首先对远道而来的贵宾表示欢迎；"正文"部分根据特定情况，或介绍对方来访的原因、事情的安排，或赞扬对方的才华、功绩，或强调宾主双方的关系等；"结语"部分是再度表示欢迎或祝愿之类的言辞。

答谢辞和告别辞中，"引言"部分对主人的欢迎（欢送）表示感激。答谢辞的"正文"部分应阐明来访者的友好来意和做好某事的愿望；告别辞的"正文"部分应着重说明在访问或出席会议期间受到东道主的欢迎和款待使自己深受感动。最后再次表示感谢或对未来表示良好的祝愿。

1. 迎送致辞

致辞一般由主人或单位领导、集体代表先致，然后由被迎送者致答谢宾辞。欢迎时，主辞可代表组织或在场者表达增新成员的喜悦与日后团结共事的愿望；宾辞则要对热忱的欢迎表示感谢，申明自己希望在大家的支持和帮助下做出贡献的决心。欢送时，主辞应充分肯定被送者的成绩和优点，勉励被送者继续进步，表达依依不舍的心情。需要指出被送者不足之处时，可视对象和会议气氛，有的率尔直言，有的则以提出希望的方式暗示。宾辞则要以感谢大家长期以来的关怀和帮助为主，陈述事实、抒发感情，以惜别之心怀、寄意于未来。无论迎送，致辞均应热情、诚挚，以互相勉励为主。

2. 贺庆致辞

贺庆活动中，通常先致宾辞，表示祝贺与勉励；再致主辞，表示感谢与"百尺竿头，更进一层"的决心。有时，也可倒过来，譬如，在贺庆宴会上，往往先由主人致祝酒辞，尔后再由宾客致答谢辞。贺辞宜热烈而有分寸，祝酒辞须凝炼而不含糊，答谢辞要情意真挚，朴实动人，不说套话。

3. 婚丧致辞

婚丧致辞时，气氛迥然有异。祝贺新婚，宾辞可突出婚姻之美满，并祝愿新婚夫妇相亲相爱，白头偕老。语词可幽默俏皮一些，以增添欢乐气氛，但不要庸俗油滑。主辞则要陈谢意赞友情，由衷而出，落落大方。丧事上，宾辞可深情缅怀死者、激励后人；主辞于答谢之外，要让人看到从悲痛中振作精神的姿态。

4. 联谊致辞

联谊活动的目的在于融洽感情、增进彼此之间的友谊。除了事先已经有安排的情况外，双方都应该争取先行致辞，以示主动。主辞、宾辞要分别为客人的到来与主人的盛情表示荣幸或感谢。同时，都要畅叙友谊，展望未来更密切的合作，祝贺联谊活动圆满成功、与会者健康欢乐。联谊致辞要有鼓动性、语言亦庄亦谐，但"庄"不可说教，"谐"不可无聊，均以"雅俗共赏"为佳。

5. 评聘致辞

主辞一般先致，再答以宾辞。评聘致辞通常以严肃为主，但也不须过于刻板，造成沉闷空气。主辞对受评聘者可多予褒奖，并表示殷殷之期望，使受评聘者从鼓励中看到自身的价值，萌生努力工作的意愿和激情。宾辞则要表达这种感受和决心。必要时，双方可简要提出一些希望或建议。

6. 参观、检查致辞

参观者与检查者身份不同，但"入乡随俗"，都要表示对被参观、检查一方的尊重。因此，宜主辞先致，宾辞后致。主辞表示欢迎，希望参观、检查者多提批评意见，措辞要诚恳，不能有虚情假意。宾辞贵在实事求是，要报以诚挚；多予赞扬，以公正的语言评是论非，同时勿忘感谢热情的接待或对被检查者提出希望。参观、检查致辞，有参观、检查之前与后的区别，致辞内容要考虑这个因素。

致辞是一种公开的表白，你既有表现口才的机会，也有暴露弱点的可能。所以，就是即兴致辞，也要尽量细拟腹稿。致辞时，神态要自然、落落大方，不能扭扭捏捏，也不要故意卖弄。要尽量减少口头禅。

第八节　引起亲切感的客套话

对于初次见面以及了解不深的人，如何借语言消除彼此之间的陌生感，缩短隔阂，以获得信赖，是一门大学问。

借由关心对方的家人或使用流行语引起强烈的亲切感，产生"同伙意识"，别人当然乐意与你交往。自古以来，许多政治家都具有使人觉得亲切的本事。他们懂得利用人性的各项弱点，使人心悦诚服，无条件地接受领导。

河野一郎是日本一位政治家，十分懂得利用人们的微妙心理，借巧妙的场面话使人大受感动。

1959年，他在纽约旅行时，巧遇了多年不见的好友米仓近。他乡遇故知，两人非常高兴地握手寒暄，互道近况，畅谈甚欢。各自回到旅馆之后，河野一郎立刻拨了一通国际电话给米仓近在东京的妻子："我叫河野一郎，是米仓近的老朋友，你先生在纽约一切都很好。"

米仓近的妻子感激莫名，顿时热泪盈眶。一直到后来，米仓夫妇还经常向人谈论起这件事。

人在潜意识里，总是会特别惦念自己的父母、妻子等关系亲近的人，一旦发现对方也在关心着自己关心的人，或者具有相同的关心心态，大都会产生认同感。利用这种共同的心理倾向，先使人产生亲切感，接下来，自然能够成为受人欢迎的人物。

在日常生活中，常把"令尊好""嫂夫人好""孩子们可好"等问候语挂在嘴边，必能使他人觉得备受关心，深深感动。

有位知名播音员非常受观众欢迎，经常率团到各地巡回演出。每到一个新的地方，他一定要套用一两句当地的用语，以拉近和观众之间的距离。

这些事例，都基于同一原则——赢取亲切感。借由关心对方的家人，或是使用流行语、当地的方言，可以引起强烈的亲切感，产生同属一个团体的归属意识，强调"同伴""同伙"的关系，别人当然乐于与你交往。此外，巧妙选择称呼对方的方式，也能够成功营造同伙意识，增加亲切感。

由于工作的关系，日本心理学家多湖辉经常和美国人往来。

在谈话当中，他发现西方人讲话时有一个共同点，就是他们习惯把对方的名字挂在嘴边，例如，"谢谢您，多湖先生""多湖先生，你的英文还不太行呢。""再见了，多湖先生"等。但是东方人多半只喊对方的官衔或职名，在交际应酬中，总是不习惯直呼名字。

两种不同的称呼方式会导致不同效果，在与人交谈时，西方人透过称呼对方的名字，能够轻易获得亲切感，进一步促进彼此之间情感的交流。

称呼别人的名字，不以官衔、地位、职位等面具的虚饰称呼，多能够缩短彼此之间的心理差距，于无形中产生亲切感，是把话说得更巧妙的有效技巧。

第九节　给别人面子就是给自己面子

说话一定要给别人留情面，要知道给别人面子就等于是给自己面子，这样彼此之间才都有面子。

让你有面子的最有效方法：先给别人一点儿面子。

有位文化界朋友，每年都会受邀参加某单位的杂志评鉴工作。这项工作虽然报酬不多，但却是一项荣誉，很多人想参加却找不到门路，也有人只参加一两次，就再也没有机会了。有人问这位文化界人士，为何他能年年有此"殊荣"。他在年届退休，不再参加此项工作后才公开秘诀。

他说，他的专业眼光并不是关键，他的职位也不是重点，他之所以能年年被邀请，是因为他很会给面子。

他说，他在公开的评审会议上一定把握一个原则：多称赞、鼓励而少批评。但会议结束之后，他会找来杂志的编辑人员，私底下告诉他们编辑上的缺点。

因此虽然杂志有先后名次，但每个人都保住了面子。正因为他顾虑到别人的面子，因此无论是承办该项业务的人员还是各杂志的编辑人员，都很尊敬他、喜欢他，当然也就每年找他当评审了。

在现代社会中，面子是一件很重要的事。如果你是个对面子无所谓的人，那么你必定是个不受欢迎的人；如果你是个只顾自己面子，却不顾别人面子的人，那么你必定是个要吃亏的人。

人们可以吃闷亏，也可以吃明亏，但就是不能吃没有面子的亏，要在人性丛林里求生存，必须了解到这一点。这也就是很多老于世故的人不轻易在公开场合说一句批评别人的话的原因。

年轻人常犯的错误是，自以为有见解，自以为有口才，逮到机会就大发宏论，把别人批评得脸一阵红一阵白，他自己则大呼痛快。如此下去，总有一天会吃到苦头。

事实上，给人面子并不难，也无关乎道德，大家都是在人性丛林里过生活，给人面子基本上就是一种互助。

第四章
扬长避短，让别人认可你的自荐语

现代社会竞争激烈，你要想在激烈的竞争中脱颖而出，赢得别人的认可，毫无疑问，良好的自荐语是助你成功的关键。拥有良好的自荐术，你才能在第一时间给别人留下良好的印象；拥有良好的自荐术，你才能让别人了解你都有哪些优点；拥有良好的自荐术，你才能说服别人自己才是真正适合他们的人选。总的来说，良好的自荐术能够助你在众多的竞争者中脱颖而出，让别人先认可你，赢得一个机遇。

第一节　先看清别人想要什么再去自荐

作为自荐的一方一定要弄清楚别人到底想要什么样的人才，这样在面试的时候才能有的放矢。

在找工作时，很多人都盲目地去参加面试。其实，这是非常不可取的做法。在面试前，最好先对要去面试的企业进行一番了解，然后再前往应试。而且，作为应聘的一方一定要弄清楚面试到底想要什么样的人才，而自己又是否正是这样的人才等问题。

所有的面试官只有一个目的，那就是在最短的时间里了解到你最多的信息。其实，各种各样的雇主可能问到的问题中，都能够提炼成 5 个：你为什么到这儿来？你能为我们做什么？你是什么样的人？你与竞争同一职位的人有何区别？你还有什么问题要问我吗？对应到个人身上，你应该自问——这项工作具体是做什么？我有哪些技能符合这项工作的要求？我如何与这些人共事？我能说服他们从多个候选人中选择自己吗？我将来能在这家公司做到什么程度？

1. 你为什么到我们公司来？

两名外语专业的大四学生，同校同班，一同应聘总裁助理职位。甲说："我毕业于某大学外语专业，22 岁，平均学分 90 分，班级排名第一，是校学生会主席，组织过很多社团活动，还是学校义卖形象大使。我爸爸是局长，有广泛的人脉。我的爱好是游泳、看书。"乙说："我关注贵公司很久了，很清楚你们公司的业务。做总裁助理英语必须很好，所以我除了平时在校刻苦学习英语，还利用寒暑假到旅行社实习；我也知道总裁助理的文笔要好，所以一直练习写作，给校广播站和杂志社投稿，现在已发表多篇文章，而且给出版社翻译过外文书。"

或许甲看起来很优秀，但显然乙对公司和职位更有热情、更用心。

2. 你能为我们做什么？

有时候面试官会问你："你在大学都学了哪些专业课？""除了这些，还会什么？"很多人会回答"我会……"其实，对面试官来说，他并不是问你会什么，而是问你能为公司做些什么。如果把回答修改为"我可以帮公司开发或者完善客户系统，让检索更简单""我可以优化公司的管理系统，让全国的数据实现快速共享和更新"，那效果就截然不同了。

3. 你是什么样的人？

这等于是在问：你了解自己吗？你的价值观是否和我们一致？"你必须清楚地知道我把你招进来，能把你用在什么地方。"这个问题还会以"你最害怕的一件事""最不喜欢的工作环境""你最喜欢什么样的老板""你最崇敬的一个人是谁，对你的影响是什么""你的优点和缺点是什么"等形式出现。

4. 你与竞争同一职位的其他人有何区别？

通常这个问题会带着"你的优势是什么""为什么我要雇用你"的面具。时常有学生回答，"我有良好的沟通能力、团队合作精神、人际交往能力、组织协调能力"……这毫无意义，人与人之间的这些差别只差毫厘，所有进入面试的候选人都具备了大同小异的沟通能力、团队合作精神，这根本不是任何人的优势！"所以，在面试的时候，你要讲那些别人没有、只有你有的。

5. 你还有什么问题要问我吗？

一般情况下，很多学生会问工资待遇、培训等问题，事实上这样做并不是很好。招聘者的问题有时间顺序，从遥远的过去递进到最近、到现在、再到未来。这个问题就是个典型的关注未来的问题，你要关注的是工作本身，而不是公司能为你提供什么。所以，"这份工作最大的挑战是什么""如果我被公司雇佣做这份工作，我需要注意些什么"这类问题都是好问题。

第二节　自荐时的"自杀式"提问

面试时有些问题、有些话看似很合理，但却并不适合说出来，因为它会在无形中影响你的自荐效果。

很多人之所以找不到理想的工作，并不是由于自己不够优秀，而是因为这个人从头到尾的"自杀"所致。下面是面试时一些常见的"自杀式"提问，自荐时一定要避免提这些问题。

1. 奋不顾身

面试官提问：请简单介绍一下你自己。

自杀性回答：我是一个很普通的人……

失败理由：面试官给你一个机会，就是让你证明自己的优秀的。每一个人都有闪光点，关键是你如何寻找。

请简单介绍一下你自己：

我今天准备得不太好……

你的意思是：我还可以更好的。面试官听到的意思是：没准备好来干吗，太不尊重我啦！

2. 天花乱坠

面试官提问：说说你的优点。

自杀性回答：我团结同学、尊重老师、热爱生活、兴趣多样，积极主动……

失败理由：最郁闷的就是看到那些云集了中华文明 5000 年所有传统文化的人。优点不是越多越好，而是越真实、越独特越好。什么优点都有的人就等于没有优点。

3. 我要学习

面试官提问：你希望通过这份工作获得什么呢？

自杀性回答：我希望通过这份工作锻炼自己，提升自己的能力。

失败理由：公司又不是学校，是希望你过来干活的，学习的目的也是为了更好的工作。面试官会想，你居然准备拿我们的工作机会练手和锻炼自己？我们还是找一些更靠谱的人吧！

4. 前途钱途

面试官提问：你还有什么问题吗？

自杀性回答：我想问一下工资大概是多少？还能高些吗？

失败理由：在一般情况下，你可以在公司的网站、一般的行业网站找到大概的工资待遇，或者私下里进行沟通。在面试的时候问这个问题不太合适，因为很多雇主会认为，就业是一种双向选择，你还没有展示自己的能力，凭什么就让雇主开价？当然，就这个问题，有不同意见。有人还建议说，当场问显得自己很有信心。

5. 我会努力

面试官提问：你会如何面对你的新工作？

自杀性回答：我会认真努力，尽全力做好。

失败理由：在商业社会中，态度并不等于能力。不管你是全力以赴还是认真努力，没有达到目标，也是无用。即使你是心不在焉，只要最后达到了公司要的结果，那也是好员工。你可以尝试提供你准备的具体行动步骤和目标，否则这个问题基本等于没有回答。

6. 我应该……

面试官提问：如果给你一项任务，你会怎么做？

自杀性回答：我应该能够做好……

失败理由：我应该能够做好，反过来说就是：做不好也不怪我吧！企业是用结果说话的，这是一个责任心的测试。"应该"者失败了。你可以尝试谈谈你会怎么做。如果做到你会怎么样，如果做不到，你会如何调整。

第三节　随机应变，做自荐的常胜将军

自荐时，别人会根据你的情况提出各种各样的问题，面对这些问题，聪明的人一定要随机应变。

对于面试中的考题，只要你能够联系实际工作，随机应变，稍加考虑，便可以给出一个自圆其说的答案。因为考官绝对不会想要故意刁难你，只要你说得合情合理，他们就会欣赏你的创造力和智慧。

有一家公司要招一名市场部副经理，李枫报了名，并且幸运地从几百人中脱颖而出，成为最终进入面试的 10 人中的一个。

面试者们几乎都怀揣着硕士以上的学历，个个志在必得，而只有李枫是本科学历。他们一起被叫进经理办公室。参与主考的都是公司高层领导，连董事长都在。主考官首先问了一些基本情况，然后又问了一些专业问题。

就在面试即将结束时，一直未张口的董事长突然说："我这有几组数字，请说出他们之间的区别。第一组是 1、3、7、8；第二组是 2、4、6；第三组是5、9。"李枫有点蒙，不知道应该怎么回答，其实大家都有点蒙，一个个都不知所措。两分钟后，李枫不知哪来的勇气，试探着回答道："三组数字，它们的声调有区别。第一组读阴平声，第二组读去声，第三组读上声。"主考官们赞许地点点头。最后她被录用了。

也许有人会感到纳闷，这位董事长怎么会问这样的问题呢？更何况这个问题根本就没有固定答案。

很明显，他们要的不是仅仅具备数字思维的员工。因为一个不能从多角度考虑问题，或者说只具备计划性而缺乏处理突发事件能力的人，是不可能成为一名成功的职业经理人的。李枫的回答虽然可能和领导们预想的有些不一样，但至少说明，她的应变能力还是很强的。

当你进入面试场之后，面试官并不急着发问，而只是带着微笑看着你，这使得你不知所措，心里紧张。这时候，你可"主动出击"，以改变这种被动局面。你可以先作自我介绍，并逐渐把重点转移到自己所精通的专业知识上，甚至可以向考官们提出一些问题，以显得自己是位谈吐清楚、头脑灵活、反应敏捷，能够随机应变的人。

当然，李枫的情况是不常见的，但要有所准备，常见的是下面一些情况。

比如，考官知道你报考的是计算机操作员职位，会问你在校时喜欢哪几门功课？如果你的线性代数、高等数学、C语言程序设计等几门课的成绩都是优秀的话，你可说："这三门课我都喜欢，尤其是C语言程序设计。"考官如追问为什么，你可回答："计算机是把数学的思维方式运用到程序设计中去，比简单地应用数学公式更能发挥我的聪明才智。"

又比如，考官问："你注意到没有，首长接见外宾时，除了录音以外还有个人在速记。你认为，有了录音机，速记还有用吗？"这是个基于生活常识的应变能力考题，你可简要回答："我认为是有用的。因为录音机与速记可以功能互补。录音机只能解决声音的记录，需要书面材料时，就要靠速记了。当需要经过特定整理的信息时，采用录音机，就只能是事后整理，而速记可现场加工整理。"

当考官面带微笑地问你："从报名表看，你是甘肃人，一定非常热爱家乡，是否平时经常关心甘肃的变化呢？"你应马上答道："是的，非常关心。"考官接着问："那么请问2000年国家五·一奖章获得者中那些人是来自甘肃的？"这道题的难度相当大，一般人是答不出来的。如果你直接答"不知道"，可能会影响你的面试成绩。当然考官也不指望你将甘肃的多名五·一奖章获得者全部答出来，而是在测试你的随机应变能力。你可这样回答："我看过报纸，2000 年国家五·一奖章获得者甘肃有多名，遗憾的是，我都不认识，也没用心去记。"这样的回答，考官可能会满意的。

自圆其说是指当考官问到的问题没有固定答案时，那你就要风趣、生动地将自己的理由说得无懈可击。

比如，让你从一个创新能手、一个勤勤恳恳功绩卓著的"老黄牛"、一个见义勇为者、一个勤政廉政的好公务员等四个市级劳动模范中，选出两个出席国庆观礼时，只要你把挑选某人的理由讲充分，就不要顾及其他候选人了。

若考官问道："你的条件不错，如果没被我单位录用，你会怎样想？"你可回答："尽管我的条件不错，但离职位的要求还有不小的差距，不能录用，我很遗憾。"你还可回答："尽管我的条件不错，但还有不少比我更优秀的人参与竞争，竞争是残酷的，我有这个思想准备。"

第四节　电话自荐的技巧

要想在电话自荐时让人感到你是一个强有力的求职者，就应该懂得在电话面试时，哪些是应该做的，哪些是不应该做的。

面试，就是当面考试，谁懂得礼仪，谁就拿到加试分，谁就容易拿到高分，谁就最先通过。你在整个发简历、面试过程中就要全套专业，这样才能击败对手，求职成功。现在越来越多的企业在录用员工时重视对其人品的考察。因此在面试时，考官们会随时注意求职者的言行举止。那些举止得体者往往能获得考官的青睐。实际上，在你接到面试电话时，考试就开始了。

要想在电话面试中让人感到是一个强有力的求职者，需要一些和直接面试不同的技巧。通过电话进行的面试，最大的不利就是你也许毫无准备，或没有面试的心情。稳妥的办法是请求面试人晚些时候再安排面试，这样会为你赢得一些时间，去搜集有关公司的信息或是做些简捷的研究。由此可以使你对面试做好充分的思想准备，有备而战，战之能胜。一定要保证把面试安排在不会被打扰的时间——避开孩子、合住伙伴甚至宠物的打扰。

面试之前，在电话旁边放一只钢笔和一叠便笺纸，这样就可以随手记下你想弄清的有关工作或公司的问题。电话里用人单位的人事部门会问些什么问题？这个可能是求职者最关心的问题了。电话面试，用人单位首先要做的是对求职者求职信和简历上的内容进行确认，看看是否有漏洞，是否有不符合事实的地方。在接听电话的时候，可以把自己的简历和求职信放在面前，这样可以对用人单位的问题有个准备。在对简历上内容进行确认以后，用人单位还会在电话里问一些关于工作的问题，比如，你的专业技能、你对应聘职位的个人看法等。有的时候会问得更细节一些，问题会涉及到求职者的人品、阅历、视野等。

如果你曾经花时间去寻找一份工作，你可能有过一到两次的电话面试的经历。如果没有，那么你很有可能会尝试到这种更加有效率的方式，因为越来越多的公司开始通过电话的方式来遴选候选人。

虽然下面这些电话面试的技巧看上去很简单，但是这有助于使你头脑清醒，并提醒你在电话面试中什么是该做的什么是不该做的，以便你不会因为忘记了其中一个要点而丧失了一次机会。

1. 环境

确保你的面试环境是安静的，这样你就不会被弄得心绪不宁或被打断，而且还要保证电话是通的。很明显，你不应该在工作的时候接受一次电话面试。如果面试必须在中午进行，那么你应该让自己尽量少的离开办公室。如果在家里，要确定你的家人是理解你的，让你占用电话并且在你面试的时候不会打搅。把宠物都放到门外面去。还有记住不要关掉，你的移动电话。

2. 工具

在手边放一支钢笔和一张纸。你可能会在面试的时候记上一点东西。把你的履历表放在你的正前方，同时准备一份你应试的问题清单。你还需要整理出一份你所掌握的技术的列表，连同它们相应的时间和地点，这就让你的实力一目了然。

在你的桌子附近放一面镜子来提醒你保持微笑也是一个好主意。如果在整个电话面试中你的面部表情一直是微笑，那么你将给人更多积极乐观的印象。不管怎样，不要闹出笑话。因为没有了肢体语言的优势，你的幽默很容易被误解。

3. 声音

说话要清楚，不要说得太急。感到紧张是很自然的，但是要试着让自己慢慢放松。如果你说得太急，面试者将会很难听懂你的意思。一旦你感觉到很紧张，而且在说某些话时无法继续下去，最好停下来，深深地吸一口气，然后说："对不起，请让我再来一次。"没有人会因为这些细微的紧张就给你下定论。不过你千万不要让紧张的情绪控制了自己。

4. 从容回答

认真地听你被问到的问题。注意面试者的用词，他所说的大部分都是专业术语吗？要让你的答案显示你对那些专业术语是如此的熟悉。不要让你的回答局限于行话之中——要让面试者可以评价你和普通人交流专业知识的能力。不必担心在回答一个问题之前你需要花一点时间去思考。因为面试者不能够看见你，所以你需要给他一些口头的暗示，比如："我希望能够给你一个完整的答案，请给我一点时间来整理一下我所想到的。"

5. 感谢

千万不能忘记，在面试结束的时候要记得感谢面试者占用了他的时间，而且你还要保证面试者有你正确的电话号码，以便在接下来的几个星期里他能找到你。

面试结束后立即挂上电话，写一份关于面试的简短感谢信，尽快发到面试公司的电子邮箱。在你的感谢信里面，重申你对占用了面试者时间的感激是很重要的。如果你发现在面试的时候有很重要的经历没有提到，那么这封感谢信将是补充这些附加信息的最好时机。

一旦邮件发出，你就把大致可以得到反馈信息的时间做记录。留意一下，如果在这之后的一个星期内还没有得到任何答复，也不要以为事情已经到了最糟糕的地步。这时可以去打个电话，但是不要说太多的话。如果仍然没有音讯的话，下一个电话就需要询问关于进行面对面面试的人选是否已经决定，或者你什么时候可以得到答复。如果你能够得到一个预约见面的日期，这证明你就是最好的。

第五节　自荐时要有自知之明

面试，对于一个人的前途有着非常重要的意义。在参加面试进行自荐的时候，一定要实事求地介绍自己，既不要过于谦虚，以免失去机会，但也不要夸大其词，免得名不副实。

在参加面试时，一定要实事求是地介绍自己，既不要过于谦虚，也不要夸大其词。

首先在求职前，必须对自己有一个客观而全面的认识，做到有自知之明。

自我评价受到主观感情的影响，所以评价自己并不是一件很容易的事情。人在自我知觉时，常有一种无意识的自我防御机制处处为自己辩解，从而干扰自我认识：或过高地估计自己，以天下大事为己任，其结果却是志大才疏、眼高手低、一事无成；或者过分贬抑自己，自卑感特别强，最终亦难成大事。这两种状态都可能使求职者在求职时遭到挫折。

对自己必须有一个客观且全面的认识和把握，科学的方法就是通过对自己个人资料的搜集、归纳和分析来实现。求职实践证明，个人资料的搜集整理是求职的前提和必要准备，科学化、系统化的个人资料也可为用人单位提供值得信赖的档案资料。

其次，自荐时的表达要简洁明了，谦逊慎重。表达尽量三言两语，清晰明快，能少说的话，就不要多说。在表达自己的观点时，尽可能先说论点和结论，然后再用实例加以论证，这样可以使表达简明扼要。讲话时尽量不要使用模棱两可的语言，譬如，回答某一问题时不能只说"还行"或"可能很强吧"等。需要注意的是，不要夸大自己的能力，尽量用具体的事例说明问题，避免用"极好""极强"等字眼。因为强中更有强中手，招聘主管对你的期望越高，失望可能也就越大。

此外，还有一些人在面试时侃侃而谈公司应该如何如何，好像是来应聘董事长或智囊团主席的。这类人往往很是聪明能干，并且对公司做过一些调研工作，有备而来。但是，他们忽略了一点：作为一个已具规模的公司，需要的不是半途杀进来的诸葛亮，而是踏踏实实的好员工。每当有人滔滔不绝地发表高见时，那些坐着的真正高级职员嘴角边往往就会泛起一丝微微的嘲笑，因为他们招聘的是下属，而非上司。

什么样的人才是他们所需要的呢？

首先，要有正确的思维方式。

比尔·盖茨经常会问到面试者这样的一个问题："怎样移动富士山？"当被问到出这样的问题究竟意欲何为时，比尔·盖茨回答说："我们要考察应聘者是不是按照逻辑来解决问题。"类似于这样的问题，正确的答案并不重要，重要的是你有没有按照正确的思维方式来思考问题。

其次，要有优秀的人格素质。

计算机业日新月异，你在大学里学的东西再多，也很难是完全合适的"才"。而微软要的是"人"——聪明、好学、踏实、自信，具备良好的道德和较强的团队精神的"人"。谜语题也好，推理题也好，所要考察的，都是冲着这样一个"人"字。一个优秀的"人"，正是名企孜孜以求的，也正是它们这一系列测试"怪题"的指向所在。其实，这些名企并不在乎你的答案，而在乎你的回答所体现出来的人格素质。所以，不管你是否能说出答案来，始终保持冷静、自信和深度思考是最重要的。

要想让考官欣赏你，你必须明确地告诉考官你具有应考职位必需的能力与素质，而只有你对此有信心并表现出这种信心后，你才证明了自己。

应试者在谈到自己的优点时，一定要保持低调。轻描淡写、语气平静，只谈事实，别用自己的主观评论。同时也要注意适可而止，重要的、关键的要谈，与面试无关的特长最好别谈。另外，谈过自己的优点后，也要谈自己的缺点，但一定要强调自己克服这些缺点的愿望和努力。

需要注意的是，在面试时千万不要夸大自己。一方面从应试者的综合素养表现，考官能够大体估计应试者的能力；另一方面，如果考官进一步追问有关问题，将令"有水份"的应试者下不了台。

第六节　自荐时提出自己的要求要委婉

求职自荐时，我们也需要提出自己的要求，但有些要求如果直接提出的话，会影响我们的自荐效果。这时，不妨换一种方式，用委婉的方式提出自己的要求。

当我们在求职自荐的时候，当然免不了对工作的待遇进行讨论。当你觉得对方给出的待遇与自己的能力、工作范围、工作量不匹配时，就要向老板提出自己的标准。要想在团队里面更好地做出自己的贡献，合理的薪资待遇是基本前提。向老板提出修正待遇的要求是可以理解的。在这方面，很多人都不好意思去提出自己的异议，有些人虽然想说出自己的心声，但却不知道如何说出口。大多数人在这个问题上都选择了沉默，因为提好了，皆大欢喜；提不好，反会招致老板的不满，轻则日子不好过，重则丢了工作。

如何向老板提出自己的要求？如何让老板觉得自己的要求是合理的，满足自己的要求呢？这貌似是个棘手的难题，但只要我们学会委婉地表达技巧，自己的要求被老板认可的概率就会大大上升。委婉地说话就是说一种含蓄的、没有风险的、柔软的语言，这样的语言更容易让人接受。

委婉地把话说出来可以让你的语言变得"好听"。因此，在与老板交谈时，如果遇到不和自己心意的条件时，可以采取一些委婉的方式来表述，掌握这种技巧既可以显得你很礼貌，又不至于让老板觉得你是一个"功利"之徒。

间接提示：通过密切相关的联系，"间接"地表达信息。

留有余地：不要把话说绝，从而使自己失去回旋的余地。

比喻暗示：通过形象的比喻让对方展开合理准确的联想，从而领会你所要传达的意图。

旁敲侧击：不直接切入主题，而是通过"提醒"让对方明白你的意图。

不用祈使句：多用设问句。祈使句让人感到是在发布命令，而设问句则让人感觉是在商量问题，所以更容易让人接受。

先肯定，再否定。有分歧的时候，不要断然否定对方的全部观点，而是要先肯定对方观点的合理部分，然后再引出更合理的观点。

总之，委婉说话不仅是一种讨价还价的策略，也是一门艺术。作为一个求职自荐的人，应当有意识地掌握这种表达方式。

第七节　自荐时，怎样说话才能避免话语冲突

并不是所有的面试官素质都很高，自荐时难免会遇到一些素质低的 HR，这时，我们就要学会巧说话，避免与面试官发生语言上的冲突。

素质低、不称职的面试官，要么在面试方面几乎未受到过培训，或者面试经验相当少，要么性格有问题。假如你参加的面试似乎毫无重点，或者你发现自己被问及不道德的，或者与面试毫无瓜葛的问题，或者你面对一个傲慢、冷酷无情而且从不让你发言的面试官，毫无疑问，你落进了素质低并且不称职的面试官的手里。

许多求职者都遇到过脾气较坏，而且不善言辞的面试官。他们没有经验、对面试一无所知，因此表现得不知道该说什么。这类的面试官永远不对面试进行事先准备，他们总是在你走进房间的时候大力地同你握手，并且在你入座后才第一次拿起你的简历瞄上一眼。他们不会对你应聘的职位或公司作些说明，而是立即进入提问大战。当你开始一项接一项的回答问题的时候，这些面试官其实听得并不仔细。他们只在意自己的问题，却很少因为你的回答而中断自己的思路。在你回答了某个问题之后，他们总是会重复提问，或者对问题稍加修改，但很少掩饰。他们会在你还没回答完前一个问题的时候就思考下一个问题。另外，他们的视野狭隘，注意力只集中在你简历的某一部分，探究的也只是你干过的某一个工作的一些情况，而不会对你的全面经历有兴趣。

如何才能完好无损地逃脱这种不专业、低素质的面试官，避免与其发生话语冲突，并且尽可能给其留下最好的印象呢？我们首先先要了解面试官的根本职能和任务是什么。面试官的任务就是面试那些简历已经被认可，在简历中"实在挑不出"可以淘汰的理由的人。因此，面试过程其实就是你避免被"劣汰"、与面试官的博弈过程。大量的面试研究表明，许多应聘成功的人并不是因为优秀，而是因为面试官没有找到淘汰他的理由。用这样一个心理博弈理念去看，面试官一会儿和颜悦色、一会儿凶神恶煞的目的就很清晰了：无非是想让你展示自己的不足。了解了这一点，面对不好对付的低素质面试官，我们也就有一个应对的大概思路，知道该说什么，不该说什么了。

第一招：管好自己的嘴巴，三思而后答

面试场上，面试官经常采用的一个策略就是尽量让应试者多讲话，目的在于多了解一些应试者在书面材料中没有反映的情况。

你在面试时一定要注意管好自己的嘴巴，如果认为已经回答完了，就不要再多讲。最好不要为了自我推销而试图采用多讲话的策略，事实上，这种方式对大多数人来讲并不可取。该讲的讲，不该讲的绝不要多讲，更不要采取主动出击的办法，以免画蛇添足、无事生非。

第二招：留足进退的余地，随机应变

面试当中，对那些需要从几个方面来加以阐述，或者"圈套"式的问题，要注意运用灵活的语言表达技巧，不要一开始就把话说死。否则，很容易将自己置于尴尬境地或陷入"圈套"之中。

第三招：稳定自己的情绪，沉着而理智

有时面试时，面试官会冷不防地提出一个令应试者意想不到的问题，目的是想测试应试者的应变能力和处事能力。这时，你需要的是稳定情绪，千万不可乱了方寸。

第四招：不置可否地应答，模棱而两可

应试场上，面试官时常会设置一些无论你作肯定的回答还是作否定的回答都不讨好的问题。模棱两可的回答，不仅能让自己置于一个有利的位置，而且会让考官领略到你的高明和"厉害"。

第五招：圆好自己的说词，滴水不漏

在面试中，有时面试官提的问题并没有什么标准答案，这就要求应试者答题之前要尽可能考虑得周到一些，以免使自己陷于被动。面试在某种程度上就是一种斗智，你必须圆好自己的说词，方能滴水不漏。

第八节　事关切身利益，要谨言慎语

面试时的自荐话是事关切身利益的话，因此，自荐时一定要谨言慎语。什么话该说，什么话不该说，一定要心中有数。

语言是求职者在求职面试中与招聘人员沟通情况、交流思想的工具，更是求职者敞开心扉，展示自己知识、智慧、能力和气质的一个主要渠道。恰当得体的语言无疑会增强你的竞争力，帮助你获得成功，反之，不得体的语言会损害你的形象，削弱你的竞争力，甚至导致求职面试的失败。所以，在求职自荐的过程中，我们要"三思而后说"，谨言慎语，知道什么该说，什么不该说。那么，在求职面试中哪些是影响自己成功的忌语呢？

1. 缺乏自信

最明显的就是"你们要几个人"，对用人单位来讲，招一个是招，招 10 个也是招，问题不在于招几个，而是你有没有这实力和竞争力。"你们要不要女的？"这样询问的女性，首先给自己打了"折扣"，是一种缺乏自信心的表现。面对已露怯意的女性，用人单位正好"顺水推舟"，予以回绝。你若是来一番非同凡响的介绍，反倒会让对方认真考虑。"外地人要不要？"一些外地人出于坦诚，或急于得到"兑现"，一见招聘人员就说这么一句，弄得人家无话可说。

2. 急问待遇

"你们的待遇怎么样？"谈论报酬待遇，无可厚非，只是要看准时机。一般以在双方已有初步意向时再委婉地提出为宜。

3. 咄咄逼人

小李是广州某重点大学新闻与传播学院的应届毕业生，大三就开始在一家报社实习，一年多下来，有上百篇稿件见诸报端。她觉得自己性格外向，脑子灵活，天生就是干记者和编辑的料。所以某大型国企的内部刊物招聘编辑时，小李毫不犹豫投了简历，自我感觉这个岗位非她莫属。

通过了资格审查和笔试，她一路过关斩将闯进了面试阶段。面试的一个重要环节是小组讨论，十个应聘者一组，由主考官给出一个栏目的策划草案，大家一起讨论一个半小时。小李一心想要显示自己的实力，希望给考官留下一个深刻的印象，于是发言特别积极，一个人就占了半个小时的时间，而在接下来的讨论中，有时候别人一开口就被她打断了，她接过话头就滔滔不绝，遇到有不同意见更是争个不休。看到其他人面露不悦，小李心想：那也没办法，竞争就是这样残酷。讨论完后，她自我感觉还真不错，回到家就开始准备上岗后大显身手。然而几天后，网上公布的录用名单中却没有她。

显然，过分张扬、乱抢话头、咄咄逼人、缺乏基本的讨论礼仪，导致了小李这次面试的失败。"小组讨论"是近年来用人单位大都喜欢采用的一种面试方式，它可以综合考察求职者多方面的素质和能力，如创新策划能力、口语表达能力、交际沟通能力和专业知识水平等。

一言不发固然不可取，但也不是说得越多越好，嗓门越高越好，关键是言之成理，礼貌谦虚。小李应聘的是企业内部刊物编辑，需要编辑人员能够协调多方面的工作，文字功夫和策划能力固然重要，但谦逊、真诚的谈吐和处世之道也是非常重要的。考官很难接受小李这种咄咄逼人的说话方式和过分张扬的个性，她被淘汰出局当然是情理之中的事了。

4. 不合逻辑

考官问："请告诉我你的一次失败经历。""我想不起我曾经失败过。"如果这样说在逻辑上讲不通。又如："你有何优缺点？""我可以胜任一切工作。"这也不符合实际。

5. 报有熟人

"我认识你们单位的××""我和××是同学，关系很不错"……这种话主考官听了会反感，如果主考官与你所说的那个人关系不怎么好，甚至有矛盾，那么，你这话引起的结果就会更糟。

6. 本末倒置

一次面试快要结束时，主考官问求职者："请问你有什么问题要问我们吗？"这位求职者欠了欠身，开始了他的发问："请问你们的规模有多大？中外方的比例各是多少？请问你们董事会成员中外方各有几位？你们未来5年的发展规模如何？"参加求职面试，一定要把自己的位置摆正，这位求职者就是没有把自己的位置摆正，提出的问题已经超出了应当提问的范围，使主考官产生了反感。

7. 不当反问

主考官问："关于工资，你的期望值是多少？"应聘者反问："你们打算出多少？"这样的反问就很不礼貌。很容易引起主考官的不快。

8. 故意卖弄

在全省公务员选拔考试中，小王以优异的笔试成绩进入了"三选一"的面试阶段。面试中，主考官先问了一个常规性的问题："单位要组织五人去外地考察学习，为期三天，由你组织安排，你觉得在哪些方面要重点考虑？"

主考官话音刚落，小王就说："我在学校一直担任学生会干部，组织过很多次大大小小的活动，对于这方面比较熟悉。要组织好一次活动，首先是资金的到位，充足的资金是活动顺利进行的保证……"然后就开始谈他在学校组织的一次语言艺术大赛，在他的努力下，如何拿到了一个服装品牌的赞助……

主考官提醒他："偏题了，请回到面试问题上来。"

小王接下来说："考察学习有特定的目的，但绝不是为了学习而学习，学习过后的行动才是目的……"

最后的结果是：距离成功只有一步之遥时，小王却惨遭淘汰。

主考官问的是问题的具体解决方法，小王却将其当成了展示自己知识面和长处的良机，大谈自己学生时代的得意和辉煌，以为这番表现足以打动坐在对面的考官。其实，针对提问，言简意赅的回答是最重要的，你所说的正好是面试官想知道的，你所展示的能力正好是职位所需要的，这样回答才对路、才有效；而不合题意的滔滔不绝，答非所问，故意卖弄，只会南辕北辙，适得其反。

也许你正为下一次极为重要的自荐机会做准备，也许你正为上次面试中的糟糕表现追悔莫及。前车之覆，后车之鉴，面试中不当的说话方式远不止以上这几种，求职自荐应该学会从这些失败的说话经历中吸取教训，才能早日找到一个适合自己的发展空间，顺利走向社会。

第五章
八方支援成大器，借人船成己事要说的求助话

人是社会的动物，在这个世界上生存，人与人之间需要相互合作。换言之，单凭一己之力是很难成事的，要想干大事，我们需要别人的帮助。然而，求人办事并不是一件容易的事，一句话说不好就会吃闭门羹。这时，说好求助话就显得尤为重要。求助话说得好、说得精彩，别人会更容易接受我们的求助。求助话说不好，别人会对我们的求助不理不睬，甚至会不留情面地当场拒绝。

第一节　未雨绸缪胜过临时抱佛脚

我们经常抱怨机会来得太突然而来不及准备，亦或紧急事件已发生，却不知道如何解决。平时缺少积累，临时抱佛脚是来不及的。所以，做到未雨绸缪，善养天机，就显得尤为重要了。

经验丰富的管理者杰克曾经对他的员工讲过这样一个故事：

随着石油价格的上涨和人们对环境问题的日益关注，美国的汽车工业出现了下滑趋势。这时很多的公司管理者没有仔细考虑，就轻率地做出了决定。汽车制造商的目标是赢利，而出售气派的大轿车显然比销售小型轿车赚的钱要多得多。当人们对小型轿车的需求日益增长时，这些管理者决定制造质量低劣的小型轿车，他们以为这样一来，消费者就会对小型轿车失去兴趣，从而像以前那样购买气派的大轿车。

但是他们忽略了一件事。他们忘记问自己："如果不提供满足市场需求的产品，会出现什么情况？"由于没有把事情前前后后考虑清楚，他们就这样眼睁睁地让那些制造高品质小型汽车的外国公司占领了市场。外国汽车在一夜之间涌入了美国市场。

人们知道哪些汽车制造商能够满足自己的需要。有些消费者从此放弃了对美国汽车的偏爱，甚至有许多人从此不再问津美国汽车。随着时间的推移，这些外来的汽车制造商渐渐加强了在美国的销售力量，建立起自己的品牌形象，有的后来甚至在美国建起了自己的汽车制造厂。有这些坚实的基础做后盾，他们现在已经成为美国汽车行业一支举足轻重的力量。"

与此同时，美国本土各家汽车公司的市场份额却持续下降，在那些公司工作的人也纷纷失业。

现在，比较明智的汽车公司已经开始改善这种做法，但他们要赶上先行者还需要付出很大的努力。

如果那些公司管理者当初就对事情深思熟虑，他们就会发现高质量小型轿车不断增长的市场潜力，进而去努力满足这种市场需求。故事说明了一个道理，做事情开始之前先向自己提出必要的问题，从而做出更好的决定，比等到出现坏的结果后再去纠正那些糟糕的决定要省时得多。

鼹鼠是完全生活在地下的动物，它们擅长在地底挖洞，挖的不只一条，而是四通八达、立体网状的坑道。要挖出这样的坑道当然很辛苦，但一旦完成，就可以守株待兔地等食物上门。同样在地底钻土而行的蚯蚓、甲虫等，常会不知不觉闯进鼹鼠的坑道中，被来回巡逻的鼹鼠捕获。鼹鼠在自制的网状坑道里绕行一周（有时要花上几个钟头），就可以抓到很多掉进陷阱的猎物。如果俘获的昆虫太多，吃不完的就先咬死，储藏起来。

鼹鼠的储藏是一种动物的天性，我们虽无需在家中堆满一年吃的食物，但是在很多事情面前，有准备、深思熟虑总是好的。

做事之前，我们应该思考到这样做的影响，下一步可能遇到的问题，以及应对的办法，只知其一不知其二是万万不可取的，不妨在行动前思考下面的问题：什么结果才能满足我真正的需要？如果我按照某个决定去做，可能会发生什么？然后呢？我害怕得到的最坏结果是什么？我能想到的最好结果是什么？如果面对这两种情况，我分别会怎样做？对我来说，这个结果说明什么？对别人来说，这个结果又说明什么？我有没有对事情深思熟虑？

下雨了再修屋子已为时已晚，生病了再想锻炼身体是事后诸葛亮，深思熟虑，防患于未然，才是我们要记得的。

第二节　求人帮助应说怎样的话

求人帮助前，要说一些别人认同的话，要想说好让别人认同的话，就要时刻关心对方的需要，并且想方设法地满足对方的这种需要。只有立足于对方的需要，才能说出获得对方认同的话。

假如你丢了钱包，身无分文，向路人求助时，很容易想象他们脸上惊讶、害怕甚至有点怀疑的表情。在这个信用些许缺失的年代，我们很难相信一个陌生人的求助。所以，如果要获得他人的帮助，必须要获得他人的认同。

亨廷顿曾指出，不同民族的人们常以对他们来说最有意义的事物来回答

"我们是谁"，即用"祖先、宗教、语言、历史、价值、习俗和体制来界定自己"，并以某种象征物作为标志来表示自己的文化认同。在这里，认同不仅仅指的是文化和民族方面的认同，更重要的是信任感的认同。如果他人对你连起码的认知和信任都没有，又怎么会帮助你呢？

战国时，水工郑国受韩国派遣，到秦国探听情报，不料被秦国逮捕，准备处置。行刑前，郑国要求参见秦王嬴政。他身带重镣，被带到秦廷。秦王嬴政喝问："奸细郑国，你承认有罪吗？"郑国说："是的，我的确是韩国派来的奸细。我建议您兴修水利，确实是为了消耗秦国的民力，延缓韩国被吞并的时间。然而兴修水利，难道不是对秦国万分有利吗？"秦王嬴政想了想，觉得此言确实有理，郑国又说："现在，关中水利工程即将竣工，何不让我将它完成，以造福万民呢？"秦王嬴政沉吟半晌，终于同意了他的要求。在郑国主持下，一项伟大的水利工程郑国渠终于完成了。

秦王嬴政的残暴是闻名于世的，想在他的刀口下活命都不容易，更何况得到他的支持？但由于郑国抓准了他的心理，取得了嬴政的认同，终于打动了他的心，不仅保住了性命，还得以完成了自己心目中的伟大工程。

信任感是认同的基础。如何获得他人的信任和认同呢？以下几点可供借鉴：

必须注意自我修养，善于自我克制；做事必须诚恳认真，建立起良好的名誉；应该随时设法纠正自己的缺点；行动要忠实可靠，做到言出必有信，与人交易时必须诚实无欺，这是获得他人信任的最重要条件。

勤奋刻苦，脚踏实地。夸夸其谈的人给人以不安全感，说得好不如做得好。时间一长，你的浮夸将被人看穿，恐怕肯向你伸出援助之手的人也就敬而远之了。

很多人能获得成功靠的就是获得他人的信任。今天，仍然有许多人对于获得他人的信任一事漫不经心、不以为然，不肯在这一方面花些心血和精力。这种人可能用不了多久就要失败。

要获得他人的信任，除了要有正直诚实的品格外，还要有敏捷、正确的做事习惯。即使是一个资本雄厚的人，如果做事优柔寡断、头脑不清、缺乏敏捷的手腕和果断的决策能力，那么他的信用仍然维持不住。一个人一旦失信于人一次，别人就再也不愿意和他交往或发生贸易往来了。

人类仿佛有一种共同的心理，那就是如果有人能使我们感到高兴喜悦，即使事情与我们的心愿稍有相悖也不太要紧。求人帮助时，你要学会针对别人感情的弱点，与别人产生共鸣，只有这样，你的求助才能达到预期的结果。其实一件事情，能做的人是很多的，但智商水平很高的人往往却做不了，原因在于他们过于相信自己的智力，而忽略了对方的感情。

能博得他人的欢心，获得他人的信任，是求人帮助时必不可少的。要想做到这一点，首先一条就是要有一种令人愉悦的态度，脸上带着笑容，行动轻松活泼。无论你内心中是否对别人有好意，但如果人们从你的脸上看不到一点快乐，那么谁也不会对你产生好感。

第三节　软话更容易催人行动

倘若你能够站在别人的立场上，设身处地为对方着想，全面分析双方的利弊得失，适时地说一些软话，那么你便能够成功地打动对方的情感，从而达到自己的意愿。

由于说话态度不同，语言既可以成为建立和谐人际关系的强有力的工具，也可以成为刺伤别人的利刃。语言可以表现出一个人的人格。即使是语言比较笨拙的人，只要具有发自内心地关怀对方的心情，其感情就能在话语间充分流露出来。相反，如果没有发自内心的关怀的心情，即使用再多华丽的语言，也会被对方看穿。所以满怀真诚是最重要的。

在洽谈生意或求人办事时，应用真诚的说话态度，容易招人喜欢，被人接纳。入情入理的话，一方面显示说服者坦诚的态度；另一方面又尊重对方并为对方着想。这样无论在交易原则上，还是在人的情感上都达成了沟通，扩大了双方的共识，促使双方合作成功。

松下幸之助推销产品时碰到了一位杀价高手。他告诉对方："我的工厂是家小厂。夏天，工人在炽热的铁板上加工制作产品。大家汗流浃背，却努力工作，好不容易制出了产品，依照正常利润的计算方法，应当是每件××元承购。"

对方一直盯着他的脸，认真地听他说话。当松下幸之助说完之后，对方展颜一笑说道："哎呀，我可服你了，卖方在讨价还价的时候，总会说出种种不同的话。但是你说得很不一样，句句都在情理之中。"

松下幸之助为什么会成功呢？其实，这在于他真诚的说话态度。他强调自己是依照正常的利润计算方法确定价格的。自己并无贪图非分之财之意，同时也暗示对方无讨价还价的余地。这就使对方调整角度，与其达成共识。

松下幸之助是一个煽情高手，他的语言充满了情感。他描绘了工人劳作的艰辛，创业的艰难，劳动的不易，语言朴素、形象、生动，语气真挚、自然，唤起了对方切肤之感和深切同情。正如对方所说的，松下幸之助的话"句句都在情理之中"，接受其要求自在情理之中。

一个人是成功还是失败，一个人的命运是一帆风顺还是曲折不断，跟他的处世方式有着极大的关系。只要你会说话，将说话与处世的方法有机地结合在一起，就能建立良好的人际关系。真诚说话不应是一种技巧，而应是人在社会上的立身之本，在这种本位下，说出的每句话都是闪烁着朴实的光泽的，易于被人接受。

在我们与人交谈时，必须秉持着一颗"至诚的心"，不要流于巧言令色、油嘴滑舌，要根据时间、场所和对象的不同，将自己最好的一面通过"说话"表达出来，如此才能建立良好的人际关系，使自己融入群体之中。

许多年以来，奈佛先生一直想把燃料卖给一家大型连锁店。但是这家连锁店一直向外地购买燃料，运货的路线正是从奈佛先生办公室的门口经过。奈佛先生有一天在卡耐基的课堂上大发劳骚，并大骂这家连锁店。

当他向卡耐基说出自己的心事后，卡耐基建议他改变战略。首先，他们准备在课堂上举行一次辩论会，主题就是连锁店的广布，对国家害多益少。于是卡耐基建议奈佛先生加入反方，他同意了。由于要为连锁店辩护，奈佛便去拜访他原本瞧不起的连锁店经理，告诉他"我不是来推销燃料的，我是来找你们帮个忙"。他说清来意后，并特别强调："我来找你，是因为我想不出还有其他人更能提供给我事实。我很希望能赢得这场辩论，无论你提供什么给我，我都十分感激。"奈佛先生后来回忆说："我原先只要求这位经理拿出一点儿时间，所以他才同意见我。当我把事实说出之后，他指着一张椅子要我坐下，我们聊了一个多钟头。他还请来另一位主管——这位先生写过一本有关连锁店的专论。他觉得连锁店提供了最真实的服务，他也以自己能够为许多社区服务为荣。当他侃侃而谈的时候，两眼发亮，我也不得不承认他的确让我明白了许多事。他改变了我整个心态。

"在我离去的时候，经理陪我走到门口，用手揽住我的肩膀，祝我辩论得胜，并且让我再去看他，让他知道辩论的结果。最后，他对我说：'春天来的时候请再来看我，我很愿意向你买些燃料。'这真是奇迹，他居然主动提起买燃料的事。由于我对他们连锁店的关心，使他也转而关心我的产品，从而能在这两个钟头里，达成十年来所不可能的目标。"

倘若你能够站在别人的立场上，设身处地为对方着想，并且全面分析双方的利弊得失，语气亲切随和、态度真诚、不卑不亢、入情入理，那么你便能够成功地打动对方，从而达成自己的意愿。

第四节　求助时，话语中要避免过于功利

求人帮助时，要斟酌好说什么样的话，尤其是向亲朋好友求助时，话语中更要避免过于功利化。

人在社会上不可能是孤立地生存，我们有亲人、有朋友、有同事，有千丝万缕的人际关系。同样，我们有欢乐、有痛苦，我们奉献爱心，有时也需要别人的帮助。向他人寻求帮助，不要显得太功利，否则会惹人反感。试想，如果一个很久未与你有联系的昔日同事，突然打电话请你帮他贷笔巨款，恐怕你感到的不仅是为难，心中还有极大的不悦吧？

俗话说："在家靠父母，出门靠朋友。"多一个朋友多一条路。要想人爱己，己须先爱人。时刻存有乐善好施、成人之美的心思，才能为自己多储存些人情的债权。这就如同一个人为防不测，须养成"储蓄"的习惯，这甚至会让各位的子孙后代得到好处，正所谓"前世修来的福分"。

有人说，人生如戏，工作单位是一个大舞台，演戏的人不仅要台上功夫过硬，台下也少不了查漏补缺，打点准备。只有台上台下配合默契、相得益彰，才能真正获得掌声与喝彩。很多"走红"的"演员"常会利用舞台外的时间进行相关活动，希望回到台上后可以讨些好处。

中国人串门落座之后常爱说"无事不登三宝殿"，言外之意是有事相求。其实这正是台下功夫不到家的一个明显例子。会唱台下戏的人常常"无事也

登三宝殿"，平日很注意与人保持联系——哪怕是一个电话也好，让别人知道，他人在自己心目中占一席之地，如果非到有事才找人，未免显得太过功利主义，惹人反感。8小时之外常到同事家做做客以加强联系、沟通有无，看来还是必要的，但却要把握一定的分寸，懂得做客的学问。

在一次会议上，小王邂逅了一位久未谋面的老朋友。休会期间，他们热情地攀谈起来。聊着聊着，小王不禁对他抱怨起来："我打过很多次你的手机，但一直都是停机。你也是的，这么长时间，怎么也不跟我联系？"朋友嘿嘿一笑，从嘴里蹦出四个字："又没啥事。"

一日，小王接到了这位朋友的电话，心中一阵惊喜。电话接通后，朋友一开口便要请小王帮他推销产品。说了一大套关于产品的介绍之后，朋友又开始给小王开出所谓的"好处费"。小王也并非不知道"朋友多了路好走"的道理，但就是这个电话，把他们的友谊击得粉碎。

这个故事就很说明问题，不要在需要帮助的时候才想起别人，朋友不是一日交的，关系不是一日确立的。

第五节　暗中智取，让他人无法拒绝

学会说话，从而使他人无法拒绝我们的请求。

一个法律系的教授告诉他的学生："当你盘问证人席的证人时，不要问事先不知道答案的问题。"因为辩护律师如果不事先知道答案就盘问证人，会为他自己惹来很多麻烦，同样的情形也适用于向人求助时。因此，绝对不要问只有"是"与"否"两个答案的问题，除非你十分肯定答案为"是"。

例如，金牌销售不会问客户："你想买双门轿车吗？"他会这样说："你想要双门还是四门轿车？"

如果你用后面这种二选一的问题，你的客户就无法拒绝你。相反，如果你用前面的问法，客户很可能会对你说："不。"下面有几个二选一的问题：

"你比较喜欢3月1号还是3月8号交货？"

"发票要寄给你还是你的秘书？"

"你要用信用卡还是现金付账？"

"你要红色还是蓝色的汽车?"

"你要用货运还是空运的?"

面对这样的提问，无论客户选择哪个答案，业务员都可以顺利做成一笔生意。你可以换个角度站在客户的立场来想这些问题。如果你告诉业务员你想要蓝色的车子；你会开票付款；你希望 3 月 8 日请货运送到你家之后，就很难开口说："噢，我没说我今天就要买。我得考虑一下。"

养成经常这样说的好习惯："难道你不同意……"这样，在求助别人，想要借别人的力量成我们的事时，我们就可以脱口说出这样的话，让对方难以拒绝。

例如："难道你不同意这是一部漂亮的车子?""难道你不同意这块地可以看到壮观的海景?""难道你不同意你试穿的这件貂皮大衣非常暖和?""难道你不同意这价钱表示它有特优的价值?"此外，当客户赞同你的意见时，也会衍生出肯定的回应。

其实，在进行推销活动时，如果能及时问些需要客户同意的问题，将会产生特别的效果。

当某家的先生、太太和十二个小孩共乘一辆车子上街买东西时，一位汽车的推销员问这位太太："遥控锁是不是最适合你家?"她通常会同意销售员的看法。

接着销售员继续说："我打赌你也喜欢四门车。"因为他们是个大家庭，他知道他们只能考虑四门车。而夫人会说："哦，是的，我只会买四门车。"在一连串对车子性能的探讨之后，这位先生猜想他太太有意买车，因为她对销售员的看法一直表示赞同。

如果你面对的是两个以上的客户或一群生意人时，先说服有支配权的那个人，是非常有效的方法——如此一来，其他人也会跟着点头同意。

其实，你在分析判断谁才是这群人的"领导者"之前，你就应该掂量掂量每个人的分量。一般情况下，他是唯一一个你需要说服的人。当你说服了他时，那么你的生意也就算成功了。

第六节　迂回委婉地说出你的需求

即使你向别人提出的要求是正当的，也要有技巧地、迂回委婉地说出来，这样才会让他人更容易接受。

即使你向别人提出的要求是正当的，你也得讲究时机和技巧，不然将不会被人重视，甚至被理解为无理取闹。如果你认为你的薪水与你的能力没有成正比，想让你的老板给你加薪的时候，你会用什么样的方法提出自己的想法呢？你会随随便便地提出要求吗？聪明的你肯定不会这样做。有技巧地说出自己的要求，才会让他人更容易接受。

乔治是华盛顿储蓄银行的一名出纳，他就是采用迂回的方法挽回了一位差点失去的顾客。

"有位年轻人走进来要开个户头，我递给他几份表格让他填写，但他断然拒绝填写有些方面的资料。我从一开始就决定诱使他回答'是，是的'，于是，我先同意他的观点，告诉他，那些他所拒绝回答的资料，其实并非非写不可。"

"但是，假如你碰到什么意外，是不是愿意银行把钱转给你所指定的亲人？"

"当然愿意。"

"那么，你是不是认为应该把这位亲人的名字告诉我们，以便我们届时能够依照你的意思处理，而不致出错或者拖延？"

他再一次回答道："是的。"

这个时候，他的态度已经缓和下来，知道这些资料并非仅仅为了银行而留，而是为了他个人的利益。所以，他不仅填写了所有资料，而且在我的建议下开了一个信托账户，指定他母亲为法定受益人。当然，他也填写了所有与他母亲相关的资料。

在这个故事中，这个聪明的出纳一开始就让客户回答"是，是的"，这样反而使客户忘了原本问题的所在，而高高兴兴地去做你建议的所有事情。所以，我们得到他人愈多的"是"，就愈能为自己的意见争取主动权。推销商品也好，其他一切需要他人信服、支持的事情也罢，这一法则是很有效的。

曾经有一位年仅25岁的法国将军竟然能够使衣衫褴褛、饥肠辘辘的意大利军队听命于他。这到底是怎么回事呢？起初，他抓住了士兵们对衣食上的迫切需求，开始鼓励他们："我将把你们从这个衣不蔽体、食不果腹的世界带到一个最富足的地方去，在那儿，你可以看到繁华的城市和富饶的乡村，你们可以过上衣食无忧、逍遥自在的生活。"在占领了一个重要城市之后，他又改变了说法，这时，他转而在士兵们的自尊心上下功夫，用热烈而优美的词句赞美他的士兵："你们是历史的创造者，当你们荣归故里时，你们的乡亲会热情地指着你们，说：看，他曾经服役于那伟大的英勇的意大利军队。"由于他总能够把军事计划和士兵们的欲望紧紧地联系起来，所以他的军队一直都支持他、效忠于他，英勇作战，义无反顾。他就是拿破仑·波拿巴。

所以，当我们想要借助别人的力量时，如果不知道如何才能说服对方支持你，也没有想过要观察他的兴趣和思想，他怎么会支持和帮助我们呢？请不要毫无准备地闯入他的办公室，这种做法是非常不明智的，你不如在他的办公室外先考虑几个小时，然后再去敲门。

谈判专家之所以能解决棘手的问题，是因为他们懂得有技巧地表达自己的意图。销售大王之所以能取得好的业绩，是因为他懂得有技巧地沟通。我们听听一个销售大王的经验：销售人员与客户之间的沟通有时表现为相互进攻，有时表现为各自坚守阵地，更多的时候，是进攻与防守的结合运用。例如，销售人员说："如果购买量达不到100箱的话，那就不能享受八折优惠。"（"100箱的销售量"属于进攻行为，"八折优惠"为防守策略）客户说："如果这种产品的价格不能享受七折优惠的话，那我就只能选择其他产品。"（"七折优惠"是进攻行为，"不购买产品"为防守策略）

在进攻与防守策略灵活运用的各个沟通环节当中，销售人员应该学会掌控整个沟通局面，而不要让自己围着客户提出的种种条件团团转。要想掌控全局，在每次与客户沟通的过程中，销售人员都需要在关键问题上事先确定一个合理的底线，比如，产品价格不能低于多少、不符合某种购买条件时不提供某种免费服务、客户最晚不能超过多长时间付清货款等。

主办第23届洛杉矶奥运会的重任落到了彼得·尤伯罗斯身上，他面临着一个非常重要的问题：必须把奥运会有关项目的赞助权销售出去，才能获得资金筹备奥运会。彼得·尤伯罗斯担心的事情是：如果这些"赞助权"不能被成功销售出去，或者销售费用太低，那么洛杉矶奥运会的顺利举行将会受到严重掣肘。为此，尤伯罗斯为饮料业赞助商投标时，设置了自己的最低心理底线——400万美元，给媒体行业的电视转播权投标时，他又定了2亿美元的天价。在当时，这些价格都是前所未有的，当得知尤伯罗斯确定这样的价格底线时，很多商家都表示坚决要退避三舍。然而，尤伯罗斯知道很多商家的声明都是一种策略，没有一个商家不希望自己能够获得奥运会的赞助权，只要他们有这样的实力，就一定会认真考虑的。

就这样，尤伯罗斯一次又一次地与各个行业的商业巨头在谈判桌上进行沟通，他游刃有余地周旋于各大商业巨头中间，和商业巨头们展开了形式多样的沟通和交流，而且他表现得相当灵活。但是每当涉及投标价格的讨论时，尤伯罗斯都表现得相当坚决，到后来，他甚至在价格方面已经不做任何解释了。

当尤伯罗斯在价格问题上几缄其口之时，各大商业巨头之间展开了明争暗斗。结果，尤伯罗斯从可口可乐公司那里得到了1260万美元，从美国广播公司那里得到了2.25亿美元。

在商场中，当你与他人进行谈判时，可以考虑尤伯罗斯的做法，确定合理的底线，进攻和防守兼而有之。向老板提出加薪也是同样的道理，在适当的时间说适当的话。

第一次世界大战后，美国总统威尔逊为了重建国际新秩序、组织国联而游说欧洲各国。他来到了法国，他非常清楚地知道要说服法国这个欧洲大陆的第一强国，就得先说服绰号"法国老虎"的克里蒙梭。要让他同意国联的计划十分艰难，但威尔逊在经过深思熟虑后，还是决定与克里蒙梭会晤。在交谈中，威尔逊首先提出了海洋自由的问题，因为这个问题是法国当时急需要解决的问题，接着他就提出了国联的计划，这个计划能够解决海洋自由的问题。结果，克里蒙梭对组织国联的计划十分感兴趣，后来他终于支持成立国联。威尔逊之所以能够赢得"法国老虎"的支持，原因就在于他告诉克里蒙梭国联可以满足他的某种需要。

在出席一个集会之前，我们会不会总是要先考虑到自己应该说些什么话？我们是否应该顺着对方的兴趣来表达自己的意见？是否能够顾及他的需求？

在向上级汇报时，在见一位顾客之前，在与一个同事交谈之前，在召见一个下属之前，有多少人会真正考虑过对方的立场呢？孔子的学生子贡曾经问他："有没有一个字可以作为终生奉行不渝的法则呢？"孔子回答："其恕乎！己所不欲，勿施于人。"这里的"恕"是凡事替别人着想的意思。自己不喜欢做的事，不要强加在别人身上。我们可以把这句话看成为人处事的基本修养，如果你能够做到这一点，那么便可以建立良好的人际关系。"恕"的核心是用以己度人、推己及人的方式处理问题。这样可以造成一种重大局、尚信义、不计前嫌、不报私仇的氛围，以及成就双方宽广而又仁爱的胸怀。其实，对于日常生活小事的处理，又何尝不是如此呢？按照"己所不欲，勿施于人"的原则，反求诸己，推己及人，往往会有皆大欢喜的结果。

　　有句话是这样说的：人同此心，心同此理。人们的思想总是有着某种共同的规律的，在获得他人支持的努力中，积极发掘这种共同的规律，寻找事物的关联之处，先自觉地解剖自己，再由己及人，以求得双方在思想上的共鸣。若要人敬己，必先己敬人，你敬人一尺，人敬你一丈。人际交往就是有这样的互补性报偿，报偿是一种自觉不自觉的社会动机，只有尽可能地尊重一个人，才能尽可能地要求一个人。

　　如果你求人办事，用尽了各种招数却仍受到了别人的拒绝，此时你应该怎么办呢？

　　不要过分坚持。对方既已拒绝，必有原因，如果过分坚持自己的要求，不但会使对方为难，而且也使自己陷于进退两难。

　　不要过分追究原因。的确，任何人都想知道拒绝的原因，但是如果非问清原因不可，往往会破坏双方感情。

　　做任何事，眼光都要放长远、心胸都要宽广。真挚的友情是长期培育建立起来的，也能经得起漫长岁月的考验。如果求之于人时，一好百好；事成之后，过河拆桥，一锤子买卖，友谊哪能长久？如此寡情少义，关键时刻，又怎能奢望别人的真诚相助？

　　当我们想求他人为自己办事时，不要总是想着自己的利益，我们也应该考虑一下他人的想法和可能的回应。

第七节　获得帮助后，不要吝于说感恩的话

正所谓："滴水之恩当涌泉相报。"当别人给予我们帮助后，我们一定不要吝于说感恩的话。让别人觉得你是一个懂得感恩的人，那么当你再一次需要帮助时，别人会更愿意伸出援助之手。

中国人重感情，但是很多人又向来是不善于表达感情的，有的人甚至连"谢谢"都不会说。实际上，很多人不是不想表达他们的感激之情，只是不知道该如何开口，而只好选择了沉默。还有些人，他们充满感情地表达却让对方感到不自在。其实，表达你的感激之情，并不是什么太难的事情，因为这样的表达总是让人感到愉快。"谢谢"能在一瞬间赢得一个人的好感，经常说"谢谢"，不仅能赢得友谊和尊重，更能助人成功。

大学毕业后，小田进入了一家外资公司工作。当初和小田一起参加面试的还有一个同学，但最终只有小田一个人被录取了。

在面试过程中，小田和他的同学都给面试官留下了深刻印象。面试结束后，他们焦急地等待着结果。但两个星期过去了，他们仍然没有接到通知。"即使没录取，也该发封邮件、打个电话说一下啊！"在抱怨中，小田的同学放弃了等待，转而寻找新的工作机会去了。

同学的决定让小田产生了动摇，但思前想后，他还是有些不甘心。于是，小田按照面试官名片上的邮箱地址发了封邮件。在信中，他真诚感谢这家公司给了他面试机会，表示公司再有招聘指标将前去应聘。没想到，第二天，小田就接到了这家公司人力资源部的录取电话。

进入公司半年后，一个偶然的机会，小田问那位面试官："能告诉我您当初录取我的原因吗？"老板笑了："你很有实力，但更重要的是，在所有求职者中，你是唯一一个写来感谢信的人，虽然那封信来得有点迟。"

"谢谢"有如此重要的作用，那么在日常交际中应该怎样说"谢谢"呢？

1. 直视对方

专家说，在互相注视的时候，交流通常比较容易进行。所以，表达你的

感激之情的时候，最好是专注地注视着对方，这样你的话才显得是出于真心的，你的感情才显得真挚。

2. 态度要诚恳

一定要记住：表达你的感激不是表面文章，而是你真的要感激。这种感激应当是来自你的内心。所以，你表达自己的感激之情的时候，一定要真诚。握住对方的手，发自内心的一句"谢谢"，远比你长篇大论地展示语言技巧的演讲更能让人感动。

3. 表达要自然

表达你的感激之情的时候，你的话一定要清晰自然，不要吞吞吐吐，含糊其辞，那样会给对方做作的感觉。你需要表达感激之情时，一定是别人做了对你有帮助的事，你是受益者，所以你的感情应当是充满快乐的。

4. 用上对方的名字

在感激的时候，不要忘记加上对方的名字。"谢谢你！"和"谢谢你，小张！"两种效果是完全不同的，尤其是你们并不是太熟悉的时候。

大多数人都有一个弊病，用人前好话说尽；事成后，半句问候也不言。让人觉得世态炎凉，伤透了被求者的心。求人办了事之后，即便你事先送了礼，也别忘了再道声谢，这是结尾处最圆满的一笔。如果事前卑躬屈膝，事后旁若无人，将会堵死你以后的路。

登门致谢，不同于有事相求，你不必重"礼"相加，多送几顶"高帽子"，多说几句感谢话，温暖一下他的心就够了。

表示谢意，可以这样做：开门见山地表示谢意，"那件事多亏了你从中帮忙，如今都办成了，我特意感谢您来啦！"一句话，让对方心中阳光灿烂，话题由此发挥。少了丝功利，多了份悠闲，彼此更容易沟通。还可以这么说，"您看，上次让您帮忙，没少麻烦了您，如今事情办得差不多了，我心里却总觉得过意不去。这不，今天过来跟您坐一坐，聊一聊……"相信，听了你的话，他的心会很快被你捕获。

社交中，话怎么好听怎么说，事怎么得体怎么做。成功后的相处更能拉近彼此的距离。说不定，你还常有意外收获。被求者感动之余，有时会不用你相求，主动为你解决困难。

第八节　用恰当的语言请求帮助

请求帮助的话要说得恰到好处。如果你不停地对对方说："劳你大驾，请你帮忙。"这样只会让对方感到不耐烦。

做任何事都有它的技巧性，只要掌握了一些求人的技巧，并灵活运用它，相信所求之人会按照你的意愿去做，会心甘情愿地帮助你。

你要想把自己的请求向对方说明，就应该先拿出愿意听取对方讲话的姿态来，有倾听别人言谈的诚意，别人才会愿意听你说话。

求人时，说话的话题应该视对方的情形而定，再好的话题，若不符合对方的需要，都无法引起对方的兴趣，最好的办法是引出彼此共同的话题，才能与对方聊起来，然后再设法慢慢地把话题引入自己所要谈论的范围里。

谈话的材料不要总是老生常谈，惹人生厌。也不要夸夸其谈，显示自己什么都懂，毕竟你是在求人家，常言说得好："人在屋檐下，不得不低头。"所以，你一定要保持谦逊的态度。

我们在平常与人交谈中，一般都是说些身边的琐事，这或许是想向对方表示亲切。但在求人办事时最好不要把妻子、儿女当作说话的材料。有些人习惯在讲几句正经话后，就把话题扯到妻子、儿女的身上，像这种总不免给人一种不务正业的感觉。

求人时，谈话可以从政治、经济等比较严肃的主题开始，然后再涉及文学、艺术、个人的兴趣方面等比较轻松的话题。总之，将自己的观点见解堂堂正正地公布出来，使得彼此都能有共同的思想，才是最好的谈话。

谈话的语言要视对方的修养而选择，做到能雅能俗，才不会让人对你有格格不入的反感。一个善于求人的人，一定很注重礼貌，用词考究，不致说出不合时宜的话，因为他知道不得体的言辞往往会伤害别人，即使事后再想弥补也来不及了。相反，如果你的举止很稳重，态度很温和，言词中肯动听，双方自然就能谈得投机，分别后也彼此怀念不已。

为了要使对方对你产生好感，必须言语和善，讲话前先斟酌思量。不要不动脑筋，想到什么说什么，以至引起了别人反感而自己还不知道为什么。那些心直口快的人平时要多培养一下自己深思慎言的作风。

既然求人，大多是工作生活出现了困难和危机，比如，家人生病、婚姻不睦、事业不顺等。这些因素都会使人心力交瘁，丧失信心，不仅影响情绪，而且影响和周围人的交往。在处于情绪低潮，请求别人给予关怀时，千万不要把过度沮丧的情绪带到别人面前。求人办事，总是一副哭丧脸，会使人感到晦气。

总之，求人办事，说话的技巧有着不可估量的作用，它可以使你更顺利地达到目的。

第九节　因人制宜地与不同个性的人共事

有的放矢地与人合作，是一个人才智、能力的体现，对事业的成功有很大的益处。在你不得不与个性不同的人相处、求其办事的时候，如果参考以下原则，会提高你成功的机会。

1. 与"两面派"共事

办事过程中免不了会遇到这样的人，他当面奉承你，转过身去却嗤之以鼻；他为了取得你的喝彩，事先就送上一两下掌声；为了取得你的"庇护"，他成天低声下气地围着你打转；他对你心怀不满，但当面总是笑脸，背后却到处拨弄是非……这类人，有着两张脸皮，有着双重人格。与这样的人打交道，你可能会感到艰难，对付这种人若处理失当，很可能会使交往"触礁"。

对于这样的人，在与之办事的过程中，尽量不要去伤害他的自尊心，不去损害他们费心保护的那个"面具上的自己"，尽量不去得罪他，也不可简单地拒绝其肉麻的奉承。简单拒绝只会伤害对方的自尊心，加速你"触礁"的进程。

与这样的人共事，你要谨防被他的别有用心所利用。这就需要在与之交往的过程中，谨慎地划出一条界线，剔除那些非原则的、损害他人的成分，抹去那些具有强烈私欲的色彩，在正当的利益上尽量满足他，使他的自尊心、荣誉感也逐步地有所体现，并促使其良知自现。这样就可以利用他的能量来为自己办事。

2. 与性格冷淡的人共事

生活中常常有这样一些人，他们往往是我行我素，对人冷若冰霜。尽管你客客气气地跟他寒暄、打招呼，他却总是爱理不理，不会做出你所期待的反应。和这类人打交道，的确让人感到不自在、不舒服。但出于工作的需要，我们往往又不得不与他们来往。那么，在这种情况下，为了维护自己的自尊心，要不要也采取一种相应的冷淡态度呢？

从形式上看，似乎他怎样对你，你当然可以以同样的方式去对待他。但是，这种想法是不恰当的。他们的这种冷淡并不是因为他们对你有意见而故意这样做。实际上这是他们本身的性格，尽管你主观上认为他们的做法使你的自尊心受到伤害，但这绝非他们的本意。因此，你完全不要去计较它，更不要以自己的主观感受去判断对方的心态，以至于做出一种冷淡的反映，这样，常常会把事情弄糟。

尽管性格冷淡的人一般说来兴趣和爱好比较少，也不太爱和别人沟通，但是，他们还是有自己追求和关心的事，不过别人不大了解而已。所以，在与这类人打交道时，不仅不能冷淡，反而应该多花些功夫，仔细观察，注意他的一举一动，从其言行中寻找出他真正关心的事来。一旦你触到他所热心的话题，对方很可能马上会一扫往常那种死板冷淡的表情，而表现出相当大的热情。

另外，与这种人打交道，更多的是要有耐心，要循序渐进，要设身处地为他们着想，维护其利益，逐渐使他们去接受一些新的事物，从而改变和调整他们的必态。这样，遇到事时，托到他们头上也不会轻易碰钉子。

3. 与清高傲慢的人共事

在日常交往中，有些人往往自视清高，目中无人，表现出一副"唯我独尊"的样子。与这种举止无礼、态度傲慢的人打交道，实在是一件令人难受的事情。可是，如果我们不得不与这种人接触，又该怎么办呢？

有人说，对这种人就必须以牙还牙。他傲慢无礼，我便故意怠慢他。这种做法在适当的时候也许是必要的，但它只是一种从感情出发的表现。似乎对方的傲慢清高对我们是一种侮辱，于是，我们也要用这种方式去回击他。

而当我们用理性很好地思考一下自己的目的和处境时，则应该寻求某种更适当的交往方式。因为，如果他傲慢，你怠慢，便很可能使交往无法进行下去，这显然对双方都是不利的。所以，我们应该从如何使自己办事成功出发来选择自己的行为方式。

对此，最合适的方法有三条：

首先，尽可能地减少与其交往的时间。在能够充分表达自己的意见和态度、或某些要求的情况下，尽量减少他能够表现自己傲慢无礼的机会。这样，对方往往也会由于缺少这样的机会而不得不认真思考你所提出的问题。

其次，语言简洁明了。尽可能用最少的话清楚地表达你的要求与问题。这样，让对方感到你是一个很干脆的人，是一个很少有讨价还价余地的人，因而约束自己的架子。

最后，你还可以邀请这种人从事一些无法摆谱的活动。例如，请他去跳跳舞，聊聊家常，上卡拉 OK 唱唱歌，等等。当对方一旦在你面前表现出其生活的原色之后，在以后的交往中，他往往不再会对你傲慢无礼。这样你就可以从容地与他共事了。

4. 与沉默寡言的人共事

与不爱开口的人交涉事情，实在是非常吃力的，因为对方太过沉默，你就没办法了解他的想法，更无从得知他对你是否有好感。

对于这种人，你最好采取直截了当的方式，让他明确表示"是"或"不是""行"或"不行"，尽量避免迂回式的谈话，你不妨直接地问"对于 A 和 B 两种办法，你认为哪种较好？是不是 A 方法好些呢？"

5. 与私心较重的人共事

所有的人在社会交往中，都讨厌那种自私自利、只顾自己的人。因为这种人心目中只有自己，凡事都将自己的利益摆在前头，从不肯有所牺牲。

自私自利的人尽管心目中只有自己，特别注重个人的得失和利益，但是，他们往往也会因利益而忘我地工作。我们对他们不必有太高的期望，没有必要希望他们能够像朋友那样以义为重，以情为重。与这类人的交往关系可以仅仅是一种交换关系，干多少活，给多少利；干得好坏不同，利也不一样。

从另一个角度看，自私自利的人也常常有他们的特点——精打细算。如果我们能够通过适当的方式将他们的这种特点加以升华，运用到某些比较合适的地方，也可以发挥其优势。

6. 与好出风头的人共事

在社会交往中，好出风头的人也不少。这种人狂妄自大，自我炫耀，自我表现欲非常强烈，总是力求证明自己比别人强，比别人正确。当遇到竞争对手时，总是想方设法地挤兑人，不择手段地打击人，力求在各方面占上风。人们对这种人，虽然内心深处瞧不起，但是为了顾全大局，不伤交往中的和气，往往处处、事事迁就他、让着他。这样的做法是不合适的。

中国人总是追求一种和谐，谓之"和为贵"。这无疑是人际交往中一个重要的标准和目标。为了顾全大局，求大同，存小异，在某些方面作一些必要的退让，应该说是一种比较高尚且聪明的交往方式。"和"无疑是必要的，但如何去获得"和"，则有不同的方式。"让"是一条途径，"争"也是必要的方式。通常，一些争胜逞强的人并不能理解别人的谦让，而以为真是自己了不起，由此而变本加厉地瞧不起别人，不尊重别人。对这样的人，就不能一味地迁就，而应使他知道天外有天，山外有山。迁就只适合那些比较有理智的人，而对于不明智的人，不妨给他点儿厉害，挫挫其傲气。

还应该看到，争胜逞强的人当中，有属于性格方面的原因，也有属于不够成熟者。后者常常是年轻人，对于他们，更多的应该是正面的引导和点拨，开拓其眼界，增长其见识。这类人一旦成熟，一旦对社会有了初步认识，便会改变过去那种争胜逞强的态度。

7. 与性情暴躁的人共事

所谓性情暴躁的人，通常指的是那种好冲动，做事欠考虑，思想比较简单，喜欢感情用事，行动如疾风暴雨的人。和这种人打交道，应该谨慎，否则稍有得罪，他便捶胸顿足、怒不可遏，甚至拳脚相见，实在是不划算。也正是因为这样，许多人都不愿意和这种人来往。其实，这是一种对人认识不足的偏见。

当然，性情暴躁是一个缺点，它容易伤害人，并且常常表现为蛮横无理。但是，这种人也有优点，而这正是我们与之交往的重要基础。

首先，这种人常常比较直率。心里有什么都表现出来，不会搞阴谋诡计，也不会背后算计人。他对某人有意见，会直截了当地提出来。所以，与其和那些城府较深的人相处，还不如与这种人打交道。

其次，这种人一般比较重义气、重感情。只要你平时对他好，尊敬他，视之为朋友，他会加倍报答你，并维护你的利益。所以，和这种人交往，不一定非要那么客套，或讲什么大道理。你只要以诚相待，他必定以心相对。

最后，这种人还有一个特点，即喜欢听奉承话、好话。所以，在与其交往中，宜多采用正面的方式，而谨慎运用反面的或批评的方式。这样，往往可以取得更好的效果。

8. 与草率决断的人共事

这种类型的人，乍看好像反应很快：他常常在交涉进行到最高潮时，忽然做出决断，给人"迅雷不及掩耳"的感觉。由于这种人多半性子太急，因此，决定就会显得随便而草率。

这样的人，经常会"错误地领会别人的意图"，也就是说，由于他的"反应"太快，每每会对事物产生错觉和误解。其特征是：没有耐心听完别人的谈话，往往"断章取义"，自以为是地做出决断。如此，虽然交涉进行较快，但草率做出的决定，多半会留下后遗症，招致意料不到的枝节发生。

倘若遇到上述这种人，最好把谈话分成若干段，说完一段（一部分）之后，马上征求他的意见，没问题了再继续进行下去，如此才不致发生错误，引发不必要的麻烦。

9. 与城府深的人共事

城府很深的人一般都工于心计，他们在和别人交往时，总是把真面目藏起来，希望多了解对方，从而能在交往中处于主动的地位，周旋在各种矛盾中而立于不败之地。通常，要么受到过别人的伤害，要么经受过挫折和打击，才会对别人存有一种戒备和防护的心态。这种人对事不缺乏见解，但不到万不得已，或者水到渠成的时候，他绝不轻易表达自己的意见。

和城府很深的人打交道，你一定要有所防范，不要让他们完全掌握你的全部秘密和底细，更不要为他们所利用，或陷在他们的圈套之中而不能自拔。

10. 与口蜜腹剑的人共事

口蜜腹剑的人，又称"笑面虎"，"明是一盆火，暗是一把刀"。如果你遇到这么一位同事，不管做什么事情，都要多点头，少摇头，唯唯诺诺是最佳选择。但你要多一个心眼，万一他要你做的事是一个圈套，你也不必当面翻脸，只需只说不干就好。

　　碰到这样的同事，最好的应付方式是敬而远之，能避就避，能躲就躲。办公室里他要亲近你，找一个理由立即离开，做事不要和他搭伴儿，实在分不开，每天记下工作日记，日后好有一个说法。

第六章

征服众人心，让
公开演讲更精彩

让自己的演讲更成功、更精彩是很
多人梦寐以求的事。没有勇气和信心的
支撑，一个人甚至没办法当众进行演讲，
即使有了勇气和信心的护航，如果不懂
得在演讲之始就制造悬念，也很难抓住
听众的心。这就需要演讲者在演讲之前
做好充分的准备，力争演讲之始就抓住
听众的心，从听众的立场出发，不卖弄
技巧，用真诚和热心打动听众。同时也
要适量地举一些实例和数据，让自己的
演讲听起来更有理有据。此外，还要辅
以恰当的态势语，让自己的演讲听起来
更真诚，更有说服力，进而引起听众情
感上的共鸣，使自己的演讲征服更多的
人，达到预期的演讲目的。

第一节 当众演讲时，让勇气和信心为你保驾护航

没有谁是天生的大众演说家。要获得自信、勇气和面对公众时冷静而清晰思考的能力，并不像大多数人所想象的那么困难。

当众说话，并不是一件容易的事。没有信心，就容易把话说得结结巴巴，前言不搭后语。一旦晕场，就容易把那些记得熟练的观点、词汇忘得一干二净。然而，无论参加会议还是当众演说，都必须当着大家的面，说出自己的观点，证明自己的观点，还要让别人接受自己的观点，甚至要在他人反驳之际站稳自己的立场、感染听众。这一切的工作，最基础的是必须树立自己当众演讲的勇气和信心。

众多成功的演说家并非一开始就是成功的，多数人在登台之初都产生过恐惧和焦虑，而且不少人还有过失败的经历。但是，他们最终却成功了，他们能从失败之中找到成功的梯子。很多人是从一次次当众说话的实践中获得的信心。其实，每当你取得了一点点胜利时，你的身心就会充满着胜利感，带着这面目一新的胜利感，你会更有信心和勇气迎接生活中的困扰和挑战。即使是那些难解的境况，也会给你的生活增添情趣和挑战的愉悦。

在人类社会中，没有人天生就能够战胜恐惧。当我们对自己有了充分的认识、足够的自信时，恐惧便会离我们而远去。在生活中，有许多人在平时能说会道，处理起事情来亦干净利落、毫不拖泥带水。可是，一旦上台演讲，却有如泄气皮球，往昔的睿智与锐气瞬间消逝得无影无踪，前后判若两人。无论是重要会议上的演说，或亲朋知交前的意见表达，或董监事会上的报告，只要是站在众人面前谈话，许多人往往两腿发软，高举白旗。

人之所以畏惧害怕，大多都源于内心深处的自卑感，认为自己才疏学浅，或认为职位卑微，或自认没有站到台上演讲的资格。事实真是如此吗？绝对不是！切勿太低估自己的能力与存在价值，你之所以被邀请上台演讲，正表示你有此资格与才气，亦正是对你价值的肯定。

哥尔特是一位成功的企业家。在卡耐基的培训班中学习了一段时间后，有一天他与卡耐基共进午餐。吃饭时他说："卡耐基先生，我曾经有许多在公

众面前说话的机会。但在潜意识中，我总是试图躲避与人的正面交流。现在我是大学的董事会主席，这个职务要求我必须经常地主持各种会议。你看我已这么大年纪了，能学好吗?"当时在班上有很多像他这样的人，卡耐基向他们保证：经过一段时间的训练，他们一定会成功。

三年后，在一次企业家俱乐部吃饭的时候，哥尔特与卡耐基遇上了。当时他们又说起以前的话。当卡耐基问哥尔特的保证是否实现时，他微微一笑，从口袋里掏出一个小笔记本，上面安排着近几个月来他的演讲日程。他边让卡耐基看，边自豪地说："我现在最高兴和满足的事就是：我已经有能力获得演讲的成功，并且能为社会做更多有意义的事了。"同时，他还得意地告诉卡耐基，他负责的教区已经邀请英国首相前来公开演讲了，而负责向听众介绍这位杰出政治家的人就是他本人。

哥尔特如此成功，是否有什么秘诀?没有，像哥尔特先生这样的成功事例还有很多很多……

几年前，劳伦斯大夫到佛罗里达州度假。度假地离著名的巨人棒球队的训练场地不远，他是一位铁杆球迷，经常去看他们练习，渐渐地就和球员们成了好朋友。一天，他被邀请参加球队的宴会。吃饭前，一些著名的客人被请上台讲话。在毫无心理准备的情况下，他只听见宴会主持说："今晚有一位医学界的朋友在场，我们欢迎劳伦斯先生就棒球队员的健康问题谈一谈自己的想法。"

劳伦斯是专门研究卫生保健的，他行医也已三十多年。本来，主持人提的这个问题，他完全不用任何准备就可以侃侃而谈。可是，当听到主持人提自己的名字时，他的心跳就加速了，他简直不知所措。他努力想使自己镇静下来，可于事无补，他的心脏仿佛就要跳出胸膛。这时参加宴会的人都在鼓掌，全都注视着他。怎么办?思虑再三之后，他摇摇头，表示拒绝。但却引来了更热烈的掌声，听众也自发地呼喊起来："劳伦斯大夫，演讲!演讲!"

劳伦斯心里清楚，在这种极其沮丧的情绪支配下，自己一旦站起来演讲，肯定会失败。他站起来，背对着朋友，默默地走了出去，心中充满了难堪和耻辱。

一回到布鲁克林，他马上就去了卡耐基的培训班。他再也不愿陷入这种哑口无言的困境中了。

老师最喜欢求知欲高的学生，就像劳伦斯一样。因为他迫切希望提高自己的公众演讲能力。正是这种迫切性，使他毫无怨言地刻苦学习。一个月的训练结束了，他的紧张情绪就消失了。两个月后，他已成为班上的演讲名家，并开始接受邀请，到各地去演讲。

劳伦斯告诉别人，自己非常喜欢演讲时的那种感觉以及所获得的荣誉，更让他高兴的是，在演讲中结交到了更多的朋友。

能自信地站在台上面对很多听众，并且清晰而有逻辑性地公开演讲并不难。只要有信心和恒心，人人都能发挥出自己的潜力。只要你积极进取、不断努力，就一定会取得成功。你必须对自己在大众面前说话的努力结果持轻松乐观的态度。要在每个句子，甚至每个词语上都烙上决心的印记，并且竭尽全力地来培养这种能力。无论任何人，如果他希望迎接语言的挑战，使自己能言简意赅地讲话，就必须具备坚强的决心。

克劳莱斯·毕拉德在读大学时，有一次进行老师规定的五分钟演讲，可他还没讲到一半，就脸色发白，匆匆走下讲台。这是他人生中的第一次公开演讲，结果失败了。但他不甘心被这次失败击倒，于是立下决心，一定要做一个优秀的演讲家。他没有失言，最终他成为了美国政府的经济顾问，为世人所仰慕。在他写的《自由的信念》一书中，提到了他当众演讲的情形："我的演讲时间安排得非常紧。要参加商务部、商协会、基金募捐会、校友会以及其他团体举办的各种集会。我曾在密歌根州的艾斯肯纳发表爱国演讲，让自己慷慨激昂地投身一次世界大战；我曾和米吉·劳尼做慈善演讲、与哈佛大学校长詹姆斯·布朗特·柯南和芝加哥大学校长罗伯特姆·侯欣斯下乡宣传教育；我甚至还以极糟糕的法语做过一次演讲。我想，我十分了解听众想要听什么，也知道他们喜欢听到它被如何讲出来。我之所以知道这些，是因为我更知道：只要自己愿意去学，就没有学不会的。"

确实，演讲成功的关键是要有成功的决心。要想获得演讲成功，一定得有强烈的欲望保持热忱，有坚定的毅力解除困难；最重要的是相信自己一定会成功。

一般情况下，大部分人上台之时，都会面临"一堵高墙"，那就是紧张。有了紧张这根导火索，就对自己开始不自信起来，心里会一遍遍地问"台下那么多双眼睛齐刷刷地看着我，我能行吗"？很多问题接着就会出现：心跳加速、呼吸沉重、结巴忘词、语速过快等。卡耐基非常注意培训人们当众说话，经过多年的训练工作，总结出了一些行之有效的办法，来克服人们上台时的恐惧。

1. 自己问自己：害怕当众说话，是我一个人的心理吗？

当自己在问自己的时候，你就发现，你害怕当众说话并不是特例，你给自己的答案就是：害怕当众说话，是再正常不过的事情了。就在自己的一问一答之中，你的信心开始探出头来跟你的恐惧较劲。

紧接着你可以鼓励自己：一定程度的登台恐惧感对我来说反而有用，因为我们天生就有能力应对环境中不同寻常的挑战。当你想到第二步的时候，你的信心就会增加。

再接着，你就藐视一下你的"同行"：许许多多的职业演说家，从来就没有完全祛除登台的恐惧。这是你的第三步，从"打击"你的"同行"中找到一些勇气。

第一次登台，你可以会因为紧张言辞不畅、肌肉痉挛，这个时候你不要恐惧，只要在当众演讲的次数多了，这种登台的恐惧程度就会很快减弱。

2. 在充分的准备中强化自己的信心和勇气

在准备中，用不着逐字逐句地记忆，记住几个"关键词""主题词""概念词"就可以了。

在准备中，将自己将提及到的观点、理念进行逐条的整理。这个工作有助于理清自己的思想。

当你脱离了那些准备用的纸张，对要演讲的内容了然于胸时，你的自信心就产生了，勇气也就跟着出来了。

如果还对自己没有把握的话，对着镜子，自己为自己讲演一遍，欣赏一下自己的风采，自信心就更强了。

3. 上台前为自己打气

上台前在心里不停地告诉自己："你准备的很好，一切尽在掌握中，完全没必要紧张。"上台前深呼吸，紧握自己的拳头然后松开，这样重复几次可以转移自己的注意力。

只要自己准备充分，完全可以做一次出色的演讲。你所要做的就是要控制你的紧张，记住是控制而非消除。

4. 在演讲台上表现得信心十足

上台时，要注意仪表着装，好的仪表让人自信。如果现场灯光较暗，最好选择亮色衣服，这样可以吸引听众注意力。

演讲时正面面对你的听众，不要侧身或者背身。将身体站直，用眼光和你的听众交流，然后开始信心十足的讲话。演讲的语速要适中，不能过慢，也不能过快，过快和过慢都是不自信的表现。同时，演讲时加进一些手势或身体语言能让你的演讲更有感染力，当你听到台下的掌声时，你的信心和勇气就彻底战胜恐惧了。

5. 精心准备一份引人注目的开场白

演说一开始，一下子就能吸引听众，这样的想法不切实际。然而，开场之时，如果不能尽快地吸引听众，对刚刚鼓起来的那一点信心将是一个致命的打击。因此，准备一个漂亮的开场白，尽可能于演说伊始就让听众凝神谛听。

其实，这样的开场白并不是没有，基本的技巧就是设计一个别出心裁、语出惊人的开场。

一般来说，戏剧性的事件作为演讲的开场白能迅速吸引听众的注意力；亲身经历的离奇故事也能撼动听众的心胸。

如果你能在演说的开端就做到了有声有色，你的信心就会越来越强，你的演说就会越来越精彩。

第二节　提前做好充分的准备，当众演讲不慌乱

事前打好演讲的腹稿，并进行一些必要的提前排练，演讲时心中有数，自然不会太慌乱。

好的开始是成功的一半。在即将参加演讲的前夕，要事先经过一番思考，根据参加活动的不同情况，拟写不同的底稿提纲，为做好下一步成功的演讲打好基础。你得搜集有价值的演讲材料，注意演说稿特有的用词技巧，在需要的情况下，还得准备一些演讲用的道具。重要的演讲，你得花点时间做排练的准备，甚至去演讲场地熟悉环境。准备的充分是成功的基础。

演讲之前，演讲稿的准备是一个重要的工作。哪怕是一个简短的会议讲

话，或会议主持，你都应该花些时间来准备文字稿。

准备的第一步工作当然是搜集材料。演讲的材料不外乎两个方面，一是事实，一是观点。两者缺一不可。无论是事实还是观点，都必须围绕演讲的主题进行。观点的来源不能仅限于自己搜肠刮肚，可以记下自己的突发灵感，可以跟同事、朋友进行讨论，碰撞出一些思想的火花。重要的演讲稿准备，甚至可以请专家、学者座谈讨论。材料的来源常有剪报、文件、网络以及职务部门提供的数据、具体的工作汇报等。有的需要自己动手去搜索，如上网搜索；有的需要向有关部门索要，如向财务部索取财务数据，向技术科、工程处索要工作计划，向行政部索要相关文件，向档案部索要相关的会议纪要等。

准备的第二步是决定演讲的内容。要明确演讲的目标：是劝说听众采取某一个具体的行动，还是鼓动听众积极投身于某一项改革；是动员听众参与某一项重大决策的试验，还是激励听众参与某一决策的全面推广实施。

在决定演讲内容时，要遵循"事不过三"的原则。因为听众在听同一次演讲时，不可能一次接受三个以上的新思想，所以，你要把你的观念简化到三个，但你要力争把这三个观念讲清、讲透，讲得有煽动性、有感染力。那些企图把自己的想法、自己知道的事儿一股脑儿扔给听众的做法是错误的。

演讲的内容明确之后，就可以进入准备的第三步，即构造演讲稿的"腹稿"，也就是进入写稿的结构构思了。

良好的结构，能使你思路顺畅，讲话具有连续性，让听众对部分与总体的关系有一个清晰的认识。讲话与文章一样，也分开头部分、中间部分和结尾部分。开头部分要能吸引听众的注意力，激起他们的兴趣，鼓起他们的自信心。中间部分要做到论点鲜明，事实清楚，论证过程明晰。在这个阶段，可以制作一些明晰自己思路的小卡片，将论点与事实记录下来。为了保证听众能在长时间内始终保持注意力，就必须进行阶段性总结，反复提及要点，强调陈述的观点，最后使结论水到渠成。听众在中间部分容易听疲倦了，当他们听到结尾时，由于认识到讲话即将结束，因此这时往往精神又重新抖擞起来。所以，在结尾部分要注意做到使听众情绪激昂。在这个准备过程中，可以多准备几个开头、结尾进行对比，找到最好的。

演讲的时间一般在40分钟以内为宜，时间太长，听众的注意力难以长时间集中，随着时间流逝，他们的兴趣渐减，收不到良好效果。在这个过程中，要注意做好各观点的小结性语句，注意设计好观点与观点之间的过渡性语句。

这些工作做好之后，就可以进入准备工作的第四步：写作讲话稿。在写作讲话稿时，可以清楚地写明开场白、过渡、小结、结尾这样一些标志性的词语，将它们标注在旁边，来提醒自己。在稿件的用词上，尽可能做到口语化，并标示出重要的概念词、主题词、关键词。

下一步就可以进行准备的第五步了：准备道具。演讲中常用的道具有简图、简表，也有准备实物的道具，必须根据实际的需要。现代演讲中，人们采用投影仪比较多，因此，可制作演讲中用于展示主题或思路的提示性的电子版本的文字、符号、图片等。这类材料，除非是用于教学，其它场合则不宜过多，否则就会冲淡主题、影响气氛。特别是图片，应尽量赋以个性、特色。

作为准备工作的第六步，排练也很重要。它能够增强演讲者的自信心，有助于对演讲时间的准确把握，还能够检验开头与结尾部分的效果，能协调好演讲者与投影仪播放之间的关系。排练的地点最好选择在实际场所，对实际场所的熟悉，能很好地减少怯场，有效地防止声音走样。排练时台下最好有几位朋友当听众，请他们分散到前、后排听声音的大小。在自己的家里对着穿衣镜练习也是一个不错的方法，还可以请家人来提意见与建议。

准备工作的最后一步，就是要去现场检查音响、幻灯机、电脑及投影仪设备，要提前进行必要的校准、调试。如果是幻灯机，就要注意防止影像上下倒置、顺序错误。要对演讲过程中可能出现设备故障做好心理准备，并做好预案。如果过分地依赖现代化的声电辅助手段，一旦设备出现故障，将导致你的演讲无法完成。因此，在预案中，可以考虑尽可能减少对视觉辅助手段的依赖。

在开始演讲之前，应该检查一下演讲稿、视觉辅助手段的排列顺序是否正确。讲话中，最为糟糕的情况，莫过于把讲话稿的顺序弄乱了，特别是当你的演讲稿使用了卡片的时候；或者讲的过程中，半天找不到你要放映的某一张幻灯片……讲话前几分钟把这些资料应该放置在桌面上，以免到时不知所措。

第三节 第一句话就充满悬念，抓住听众的好奇心

把握好了最初的 10 秒钟，你就掌握了有利的情势。如果演讲者想引起听众的兴趣，有一点必须记住：开始便进入故事的核心，制造一个充满悬念的开头，在演讲之始就抓住听众的好奇心。

经常有这种情况：本应获得听众兴趣的开头，往往成了演讲中最枯燥的部分。比如说这样一个演讲："要信赖上帝，并且相信自己的能力……"这样的开头就像开水煮白菜，说教意味太重。演讲者接着说："1981 年我的母亲新寡，有三个孩子要养育，但却身无分文……"这第二句话就渐渐有意思了。演讲人为什么不在第一句就叙述寡母领着三个嗷嗷待哺的幼儿奋斗求生的故事呢？

正如一位演说家所说，我们开始说话的前 10 秒钟最能吸引听众。原因是：在这最初的 10 秒钟内，每个人都会有意无意地来表达自己的真实感觉，所以，你如果抓住了这 10 秒钟，整个说话的场合就会形成一种有利于你的情势。那么，演讲时怎样做才能把握住这最初的 10 秒钟呢？

1. 用吸引人的故事或幽默开头

感人的故事（尤其是真人真事）或能够使观众们发出会心一笑的幽默言语，能够一下抓住观众的心，即使前面发言者已使观众思绪分散，也仍然能起到把握全局情绪的作用，引起听众的兴趣，从而使自己很快被听众接受。

罗素·凯威尔的著名演讲《怎样寻找机会》进行了 6000 多次，收入多达百万美元。他的这篇著名的演讲是这样开头的：

"1870 年，我们到格利斯河游历。途中我们在巴格达雇了一名向导，请他带领我们参观波斯波利斯·尼尼维和巴比伦的名胜古迹。"

他就是用了这么一段故事来做他的开场白。这种方式最能吸引听众。这样的开场白几乎万无一失。它向前推进，听众紧随其后，想要知道即将发生的事情。

即使是缺乏经验的演讲者，只要运用这种讲故事的技巧，那么照样也能

成功地制造出一个精彩的开场白，引起听众的注意力。

2. 用一些物品吸引听众

一张图纸、一个战场上带回的实物或是一张相片，因其能够直观地反映一定的主题，因而能很快地把听众吸引过来。如果讲者乐意，他还可能将自己的话题抽象成一幅画——根本不必去追究它的艺术性，或者随便写几个有趣的大字。别出心裁的举动也能一下集中听众的注意力，只要物品有助于谈话者借题发挥就行。

3. 不妨用提问来开头

提问，是有趣的开头法。在问题提出以后，几乎所有感兴趣的人都会去思考，并产生一种要求知道正确答案的欲望，而这将使听众的注意力迅速地集中——他们等着用你说出的答案去验证自己的判断。但是要注意，提出的问题不要过于简单，要能引起思考，或能给听者以收获。

4. 制造悬念

可以通过听众的求知欲而造成悬念，采用此种开头方法时可能需要一些"内幕"消息。无疑，这也是一种很好的吸引听众的方法。

弗兰克·彼杰就是这样做的。他写了《我怎样在销售行业中奋起成功》一书。在美国商会的赞助下，他曾经在全美做巡回演讲，谈论有关销售的事情。他总是能够在第一句话就制造悬念，简直堪称"悬念大师"。他演讲《热心》这个题材的开始方式，真是高妙无比，叫人佩服得五体投地。他一不讲道、二不训话、三不说教、四无概括的言论，一开口便进入核心。

"在我成为职业棒球选手后不久，我便遇到了一生中最使我感到震惊的一件事。"

现场听众听到这个开头后，立刻就来了兴趣。每个人都迫切地想听听他遇到了什么事，他为什么会震惊，他是怎么办的……

5. 从听众的利益和关心的焦点出发

有经验的谈话者往往善于将自己的讲话与听众的切身利益联系起来，即使牵强一些。为了吸引听众，谈话者有时不得不有策略地绕个弯子，待听众兴趣已起时再转入正题。

6. 从与听众的共鸣说起

共同的经历或遭遇、共同的研究专业和方向、共同的希望和展望等，都是能够引起听众共鸣的话题，以此种方式开场，常常更易于使自己被听众

"认同"。

7. 用一句名言开场

名人名言是很好的开场白。心理学研究认为，公众具有崇拜权威（名人是人们自认的权威）的共同心理。名人的话对听众来说总是具有一种特殊的魅力，因而也最易于将听众的注意力集中起来。

8. 先赞扬听众

世人都爱听赞颂之辞。因此，具体的赞扬会使听众很注意听，同时，讲话者也会被认为是和蔼可亲的人而被听众接受。

第四节　当众演讲的话要有根有据

说话有根有据，才能让别人信服。要想让听众对于你的演讲产生共鸣，让听众相信你所说的话，演讲的话更要有根有据。

"立屋要有梁，说话要有根据。"知识是口语表达的物质基础，上至天文，下至地理、乡土人情、风俗习惯、历史典故、轶闻趣事，信手拈来，皆成妙趣。另外，本行当的专业知识也要熟悉。那么如何增长演讲时所需的知识呢？

多看书看报。世界动向、国内形式、科学动态、影视作品等皆可从书报中了解到。它们可以扩展你的谈话内容和谈话题材。

勤做读书摘录。在阅读时，随时随地都要把遇见的名言警句，好词华章记录在摘抄笔记上，久而久之，这些经验与知识将成为你说话的本钱。

必要的写作训练。要想口中有，一定不能胸中无。俗话说："胸有诗书气自华。""胸中墨"来源于阅读和写作的积累。一个人会说话，善长演讲，可巧妇难为无米之炊，劣等稿怎么能展示优秀演讲者的风采呢？

勤学苦练。多向生活学习，多揣摩有经验人士的讲话，分析其优点，取其长克己之短。相信经过一段时间的训练，展现在大家面前的一定是个全新的你。

有了一定的知识储备后，演讲者在演讲时要保证所说的话有根有据，还必须掌握一些能够体现演讲有根有据的讲话方式和技巧。统计数字通常能给听众留下深刻的印象，并且极具说服力。然而，数字本身是很让人厌烦的，所以使用时要明智而审慎。

在演讲中，如果演讲者把统计数字和我们熟悉的事物放在一起进行比较，收到了加强印象的效果。

如果只提起数字、数量本身，是不会给人留下深刻印象的，它们必须辅以实例。倘若可能，还必须加上我们自己的经验来讲述。比如可以使用类比的技巧。

在南北战争期间，林肯为回答批评他的人，做了一次演讲。在演讲中也使用了类比的手法。

"各位先生，我想让各位来做一番假设。假设你所有的财产都是黄金，你把它交到著名的走索家帕罗丁手中，让他从绳索上带过尼亚加拉瀑布去。当他走在瀑布上时，你会不会摇动绳索，或是不断地对他喊：'再俯低些！帕罗丁，走快些！'相信谁都不会这样做。你肯定会屏住呼吸，肃立一边，直到他安全地去。现在美国政府就是这种情况。它正背负着极大的重量，越过波涛汹涌的海洋，它手中有数不尽的财宝，请不要打扰它，只有我们都保持安静，它才能安然渡过。"

我们都知道，支持演讲重点的方法，就是凭借故事或是自己生活的经验，使听众去做演讲人要他们去做的事。事件或意外是一般演讲者最常用的方法，但不是可以支持要点的唯一方法。演讲者还可以使用专家的证言，这样权威的力量会增强你的说服力。

第五节　适量的实例和数据让演讲更真实

演讲越真实就越容易征服听众，那么究竟怎样做才能让你的演讲更真实呢？毫无疑问，适量的实例和数据会把抽象的说教转化为具体，使听众产生共鸣。

演讲最忌的是空洞。空洞的说教或口号，没有多少感染力，很难调动听众的激情，很难吸引听众的注意力。演讲者提出某种看法，听众会期待着他能提出有力的事实加以证实。演讲中，人们普遍能够接受的事实论据可以是个人亲身经历的事实、调查研究的报告、权威机构的数据等。

演讲的力量来自于哪里？是演说者提出的理论，还是现实中存在的事实？不少人认为，说理比事实更重要，然而，事实却比理论更有份量。

丘吉尔任首相之后，首次对英国百姓发表公开演说。他说道：

"我在此首次以首相身份对各位发言，我要对各位说，现在是我们国家、我们民族、我们盟邦，还有自由信念的危急存亡之秋。"

为了说明如何处于危急存亡的关键时刻，唤起民众对投入战争的动员准备，丘吉尔紧接着用了一连串的事实：

"德军已经突破法国的防线；德国的轰炸机、战车和其他装甲车队正在往英国逼进；在这些机动部队后面，他们的步兵正踢着正步往前迈进"。

在列举一连串事实的基础上，丘吉尔指出要保持对德国高度的警戒："若想掩饰此刻的严重情况，那就太愚蠢了。"

丘吉尔拿出来的一连串的事实让过惯了太平日子的英国人顿时警醒过来。他没有用空洞的说教或口号召集英国人抵抗敌军的进攻，他让事实站出来说话，事实让他的演讲更有力，一下子揪住了英国人的心。

既然事实对于演讲的成功有着如此大的作用，那么究竟怎样的事实才有说服力，才能引起听众的警觉？首选是自己身边发生的事实。就地取材的事实，既形象又生动，使现场的听众不由自主地投入到演讲中来。

需要注意的是，选用的事例中，讲远的不如讲近的，讲别人的不如讲亲身经历的。

其次，一连串的事例比孤单的事实更有说服力。多个看上去不相关的事例，被演说者摆放在一起，就形成"社会现象"，会引起听众的关注。

1838 年 5 月 16 日，美国的安吉莉娜·格里姆凯在费城的演说里就引用了一连串的事实来说明奴隶制的罪恶。她说道：

"作为南方人，我感到今晚我有责任站出来为奴隶制作证。这是我亲眼所见的，这是我亲眼所见的！我知道它是如何无法形容地令人毛骨悚然。我是在它的羽翼下长大的。多年来，我是目睹了它是如何使人道德沦丧、如何毁灭着人间的快乐。我从来没有见过一个快乐的奴隶。诚然，我见过奴隶戴着镣铐起舞，但他们并不快乐。"

在安吉莉娜·格里姆凯的演讲里，人们的眼前似乎出现了一群又一群的奴隶，他们之中没有一个人是快乐地生活在这个世界上。这是一幅多么悲惨的情景。

在演讲里，数字也有着神奇的威力，运用得好，能达到一般的事例达不到的效果。

1972 年，来自纽约的一位女国会议员贝拉·伯朱格发表了一场呼吁给予妇女政治生活中平等地位的演讲，她说道：

"几个星期前，我在国会倾听总统向全国发表讲话，在我周围落座的有700 多人。我听到总统在说，'这里云集了美国政府的全体成员，有众议员、参议员，还有最高法院的成员和内阁成员'。我环顾四周，在 700 多名政府要员中，只有 17 人是女性，在 435 名众议员中，只有 11 位是女性，100 名参议员中，只有一个是女性；内阁成员中，没有女性；最高法院中也没有女性。"

不能不佩服，国会议员贝拉·伯朱格用身边的事例，用了一连串的数据，深深地揭露了美国的政治生活中女性地位严重不平等的现实。

在运用数字作论据论述观点时，首先要了解事实的真相，否则一切就会成为空话，一旦有听众提出异议，可能会让自己处于尴尬的境地。

要提醒注意的是，列举事例是为了说明问题，不是点缀，不是卖弄学问，不是故弄玄虚，也不是典故用得越多越好，太多的事例，太多的数据，反而会让听众觉得不知所云，无论数据还是事例，一切要做到"恰到好处"。

第六节 当众演讲要真诚，不要卖弄技巧

演讲技巧固然重要，但比演讲技巧更重要的则是灵魂的沟通，是真诚。仅仅具有沟通的技艺、演讲的技巧，而没有一颗真诚的心，那样的演讲，就是欺骗。

演讲中，听众如果感觉你是在为演讲而演讲，而不是用一颗真诚的心在演讲，听众对你的感觉立刻会由敬仰变为憎恶，对你演说的内容由将信将疑变为怀疑。让听众感觉到自己的真诚，必须拿出实际的行动来，比如说，在演讲中敢于暴露自身存在的问题，而不是着力掩盖自己的毛病或缺陷。

所谓演讲时的真诚就是将真实的情况说出来，既说正面的"阳光"，也说出背面的"阴影"，不能只让听众盲目地看到"大好形势"，却掩饰自身存在的问题。真诚就是一切从实际出发，实事求是，不虚夸，不缩小。

尼克松受到诽谤时，他选择用真诚的演讲来赢得选民的支持。

1952年，尼克松还是个年轻的参议员，艾森豪威尔是他的竞选伙伴。正当尼克松为着竞选四处演讲之时，《纽约时报》上突然刊载了一篇抨击他在竞选中秘密受贿的文章。

如果不能及时进行危机公关，尼克松的名声就会一落千丈，选民也会抛弃他。为此，尼克松来到电视台，发表了半个小时的电视演讲。

下午6时半，当他出现在电视屏幕上时，整个美国都安静下来，大家都想知道，他们心目中的候选人是否真的是一位政治受贿者。

在电视演说中，尼克松一反常态，采取了别人在演说中罕见的行为。他把自己的财务史完全公开，不遮遮掩掩。面对电视观众，他从自己的家产，一直谈到他的每一笔欠债。随后，他的话锋又转到了自己个人的经济收入，他一一做了详细说明，甚至自己如何花掉每一分钱，他都一一告诉观众。尼克松认真地讲起了花了多少钱为孩子矫正牙齿，花费多少款项来改装自己家的锅炉，以及他车子加油的费用清单与汽车跑的里程数等。

他还告诉听众，这次竞选提名之后，他的确有幸收到一件礼物，那就是德克萨斯州有人送给他孩子一只小狗。当尼克松演讲完走出广播间时，处处传来欢呼声，尼克松胜利了。

面对秘密受贿的指责，尼克松采取公开一切的方法，虽然容易被人抓住把柄，冒着一定的危险，但他以极大的勇气公开真相，以最真诚的方式，证明自己的清白，达到了就事论事、辩明该事真相所达不到的效果。

第七节 从听众的立场出发，用热诚打动听众

人都是情感动物，如果演讲时能从听众的立场出发，以情动人，再加以热诚的辅助，演讲会更容易深入听众的心灵深处，引起听众的心灵共鸣。

演说之所以能受到听众的欢迎，在于演说者的话代表了听众的心声。演

说者正是从听众的立场出发，为听众立言，代听众扬声，替听众明志，所以才得到了听众的支持，获得了听众最热烈的响应。如果演说者抛开听众，只是力图将自己的观点灌输给听众，听众就不会买他的账，演说者就很难得到大众的回应。

成功的演说，往往是从听众的立场出发，关乎听众的需求。

历史上最杰出的演说之一，马丁·路德·金的《我有一个梦想》，让听过的人无不愿意为马丁·路德·金描述的梦想而奋斗。马丁·路德·金的成功，就在于他冲破阻挠，喊出了100多年来压抑在美国黑人心底的声音。他说道：

"一百年前，一位伟大的美国人——我们就站在他象征的庇荫下——签署了解放宣言。这一重要的法令犹如灯塔把辉煌的希望之光带给千百万饱受屈辱、处于水深火热中的黑人。它就像欢迎黎明的来临，结束了奴隶被囚禁的漫漫长夜。

"然而一百年后的今天，我们不能不面对这一悲剧性的事实，即黑人仍未获得自由。一百年后的今天，黑人的生命仍惨遭种族隔离桎梏和种族枷锁的束缚。一百年后的今天，黑人仍生活在物质繁荣的汪洋大海所包围的贫穷孤岛上。一百年后的今天，黑人仍蜷缩在美国社会的偏僻角落，感到自己是自己国家里的流放者。因此我们今天来到这里，以引起人们对一种骇人听闻的情况的注意。"

马丁·路德·金为黑人解放的呐喊，站在了受压迫的黑人的立场上，得到了无数黑人与废奴者的支持，因而受到了听众最热烈的欢呼。

那么作为演说者，如何才能站在听众的立场上呢？

首先，要树立"听众就是上帝"的思想。有了这一思想，就能从时代需求出发，感受时代的最强音；就能想听众之所想，感听众之所感。把他们的需要看成自己的需要，把他们的痛苦看成自己的痛苦，把他们的幸福看成自己的幸福。无论事实的收集、观点的提炼、感情的浓缩，都能站在时代的潮头，成为新时代、新形势、新需求的代言人，得到听众的欢呼、支持、敬仰。

其次，要有"为上帝服务"的手段。民众并非把他们的疾苦写在自己的脸上，并非把他们的幸福挂在自己的嘴上，作为演讲者，有必要深入到民众之中去，了解他们的需要，感知他们苦乐。只有跟他们坐在一起，战斗在一起，才能真正感受到他们内心的创伤，真正领会他们的情感，才会言中有物，才会得到他们的支持。坐在办公室里，听秘书报告，收集网络资料，这样的手段，很难得到听众的真情实感。只有看到他们的辛酸眼泪，看到他们甜美的笑容，你才能切身感受到他们需要的是什么，你才能形成自己真实的体验，你的演说才能让听者动容、动情，才能撼动他们的心房。

演说时间不长，一般不到一个小时，在这有限的时间里，演说者如何将自己于民众中的感受表达出来，达到为听众立言的目标？毫无疑问，在了解大众的需求之后，有必要将时代有代表性的需求用一个或数个最精炼的词语或短句概括出来，用最有力的形式表达出来。

马丁·路德·金就用"我有一个梦想"这样一个短语非常形象生动地概括了一百年来黑人的痛苦和时代的需求。他说道：

"我有一个梦想。我梦见总有一天这个国家将站立起来，实现它的信条的真谛：'我们认为这些真理不言自明：人人生而平等'。

"我有一个梦想。我梦见有一天在佐治亚的红山上，原先的奴隶的儿子们与原先奴隶主的儿子们坐在一张桌子旁共叙手足之情。

"我有一个梦想，我梦见有一天甚至密西西比州遭不公平和压迫的酷热煎熬的沙漠将变成自由和公正的绿洲。"

聆听过马丁·路德·金演讲的人，被"我有一个梦想"这样简短的语句所激励，有的人终身难忘。这样简短的语句很快传遍全美国，听到的黑人为之欢呼。

站在听众立场的演说者，于演说之间，更要表达出听众的情感。埋藏于听众心里的那份情感需要演说者表露出来，用更热烈的方式，让听讲的人感受到他的激情，从而激荡起听众内心的情感诉求。

在"我有一个梦想"演说里，马丁·路德·金就用形象的语言描述了他内心的感受。他说道：

"我今天有一个梦想。

"我梦见有一天，每一条山谷都升高，每一座山头都降低，地势崎岖的地方变得平坦，弯弯曲曲的地方变得笔直，而上帝的光辉得到展现，让所有的人都看得见。

"这是我们的希望。正是怀着这一信念我回到南方。怀着这信念我们将能从绝望的大山中开凿出希望的石块。怀着这信念我们将能把我国的一片嘈杂吵闹声变为一曲华丽的兄弟友谊的交响乐。"

马丁·路德·金用一连串的"梦想"表达了希望梦想能变成现实的强烈情感，这情感犹如中国的"海枯石烂"的誓言一样，让听众的心里颤动。

情感冲动是人类特有的行动动机。比如，在人类的购买行为中，有学者统计过，事先并没有一定的规划，仅仅是由于一时的情感冲动而产生购买行为的占68%。触发人们的情感领域，使其产生某种有利于自己的行为，相对于触动人们的理性领域产生某种冲动行为而言，前者投入低而产出高。"热诚"是人们触动对方情感领域最重要的"工具"。即使再冰冷的心肠，遭遇"热诚"人的"攻击"，也会变得柔软起来、变得温热起来。成功的演说，往往正是演讲者的热诚叩开了听众的心灵，触动了听众的情感神经。

1863年11月19日，亚伯拉罕·林肯在葛底斯堡发表了一篇著名的《葛底斯堡演说》，这是一场庆祝军事胜利的演说，歌颂那些为理想献身的人们。林肯用他最热烈的情感，赞美了那些做出牺牲的人们。林肯当年的热诚，让我们今天读起这篇演讲稿来，仍然热血沸腾。

"87年前，我们的祖先在这个大陆上创立了一个孕育自由的新国度，他们主张人人生而平等，并为此献身。

"现在我们正在进行一场伟大的内战，这是一场检验这一国家或者任何一个像我们这样孕育自由并信守其主张的国家是否能长久存在的战争。我们聚集在这场战争中的一个伟大战场上，将这个战场上的一块土地奉献给那些在此地为了这个国家的生存而牺牲了自己生命的人，作为他们的最终安息之所。我们这样做是完全适当和正确的。

"可是，从更广的意义上说，我们并不能奉献这块土地——我们不能使之神圣——我们也不能使之光荣。因为那些在此地奋斗过的勇士们，不论是活着的或是已死去的，已经使这块土地神圣了，远非我们微薄的力量所能予以增减的。世人将不大会注意，更不会长久地记住我们在这里所说的话，然而，他们也将永远不会忘记这些勇士们在这里所做的事。相反，我们活着的人，应该献身于勇士们未竟的工作，那些曾在此地战斗过的人们已经把这项工作英勇地向前推进了。我们应该献身于他们为之奉献了最后一切的事业——我们要下定决心使那些已死去的人不致白白牺牲——我们要使这个国家在上帝的庇佑下，获得自由的新生——我们要使这个民有、民治、民享的政府不至于从地球上消失。"

亚伯拉罕·林肯对那些为了自由而逝去的人们热情地颂扬，对他们为之追求的事业热诚地赞颂，让每一个听了他的演讲的人，不自觉地受到感染，为这些伟大的人骄傲，为自由的国度而自豪。

演说者在演说过程中表现出来的热诚，并不是一下子就能达到一定的高度，它要经历一个过程。在这个过程中，首先往往是情感的铺垫。如亚伯拉罕·林肯在《葛底斯堡演说》里的第一段和第二段。这个铺垫里往往做一些情感的交代，让听众缓缓进入状态。

随着一些背景情况、思考动机交代完毕，就要进入情感的展开阶段。在这个阶段，往往更多的是演讲者讲清自己的观点想法，列举相应的事例，让听众的情感渗透到演说者论及的各个领域，从而催生出情感的波澜。

当理性的交代完毕之后，演说者就得引导听众进入情感的高潮。如亚伯拉罕·林肯在《葛底斯堡演说》里第三段述说的内容，它引导了听众产生出高昂的情绪。在这里，我们听到了演说者呐喊的声音，听到了演说者为他的国度、牺牲的英雄强烈的情感的呐喊。

有的演说者为了强化听众的情感，让听众被鼓动的情感有一个强烈的宣泄，让听众之间有一个情感互动的平台，常常会主动地带头喊一些口号，或请他的现场辅助人员带头喊一些口号，让听众在口号声中将热诚迸发出来。

有的人故意将热诚的高潮部分安排在演讲的结尾，对于那些要求听众立即采取行动的演说来说十分有用，比如，号召大家购物或投票。有时某一位听众在听了演讲之后虽然触动很大，但他很可能还在犹豫不决，这时，异乎寻常的号召力促使他最后下定了决心。

有的演说者为了加重自己的"情感输出"，还会配合一定的手势来表示自己激动的感情、坚持的态度、必胜的信心。

第八节　空洞，说教式的当众演讲没有说服力

当我们有了演说的主题时，首先就是要形成一定的理论。然而，这些理论大部分是空洞的，它们的说服力往往是苍白无力的。因此，演讲者要想抓住听众的心，就要避免空洞的、说教式的演讲。

当我们有了很有价值的演说主题时，往往激动不已，围绕这一主题便有了丰富的联想，产生了一个又一个有意思的想法，并急切地想把这些想法告诉听众。最直接、最原始的方式，就是将这些观点、看法原原本本地告诉他们。殊不知，这种做法最直接的结果，就是向听众灌输了一个又一个空洞的观念——演讲者的信息传送到了听众的耳边，然而，听众却并不乐于接受。也就是说一旦形成抽象的理论之后，作为这一"正确观点"的推动者，常常便坠入了用这些理论直接去指挥别人的深渊，较少考虑到接受者的心态。那么，怎样的演讲才有说服力呢？怎样的演讲才是真正考虑到了接受者的心态呢？

1. 让听众从理性上接受演讲

指听众通过对演讲者理论的科学感知而认可。这样的接受方式有点像挑剔的女性购买衣服：当看中了某一件衣服之后，便要对这件衣服的质地、款式、大小、做工、品牌、穿着场合、生产厂家进行一一的考核，而且尽可能量化。经过认真的比较、分析之后，决定是否购买。

理性的授受方式就是这样，听众对演讲者提出的观点一一进行对比分析，觉得合理、正确，就认可它，否则，就会抛弃它。

听众的分析过程，往往是将自己已认可的知识与演讲者提出来的看法进行比照。如果二者之间的差距较小，就容易为听众接受。

如果演讲者只能提供空洞的理论和说教的话，听众就很难从自己的脑袋里联想到相应的参照物，很难找到与之相关联的事实根据。因而，那些空洞的理论容易失去基础，结果也就可想而知。

因此，有经验的演讲者除了拿出理论、观点、看法外，一定会拿出一些支持性的事实根据，做到言之有物，让听众找到接收这些信息的参照物。通常，用不着听众自己去找那些参照物，演说者已经为听众准备好参照物了。

有位演讲者，为了说明美国电视中危害青少年身心健康的节目之多，就拿出了一系列具体可感的数字，他这样说道：

"调查表明，从一年级到十二年级的青少年学生，大约有一万多个小时是在听摇摆音乐中度过的，这比他们在校 12 年度过的全部时间只少 1 800 个小时。有专业的机构做过调查，平均每个观众一年里从电视节目中可看到 8700 个表示性行为的镜头，暴力场面达 19 600 个。一般学生到高中毕业时，观看电视 2 万小时，就可以看到 1.2 万起谋杀。"

这位演讲者成功地运用了数字的威力，使听众深切认识到青少年学生受到的毒害之深。如果这位演讲者去掉这样一些事实或数字式的参照物，听众就很难接受演讲者的青少年受电视毒害的观点。

因此，在演讲中，我们不能只是讲一些空洞的理论、提一些说教式的要求，同时应该为听众提供有力度的"参照物"——事实或数字，只有这样，演讲才有说服力。

2. 让听众从感性上接受演讲

这是人类另一种接受信息的方式。这种方式，是把别人提供的信息进行情感处理，如果听众的情感受到演讲者强烈地震撼，听众就能将演讲者提供的信息转化为自己的切身感受。

这种信息接受方式的前提是"情感震动"，也就是听众的情绪必须受到演讲者的干扰。如演讲者在演讲时声泪俱下，听众也听得泪流满面，这时听众的情感被演讲者撼动，演讲者的看法、观点、主张，深深地嵌入了听众的心中。

空洞的观点，抽象的说教是无法"侵入"听众的情感领域。听众只有在看到某一具体可感的情况，听到某一具体的让人情绪高涨的事实，才会产生共鸣。演讲者在讲说这些事实时，还得倾注自己强烈的情感，来引导听众情感的变化。

听众情绪的变化，往往有一个过程，演讲者首先要进行情感的铺垫，让对方的情绪进入某一个特定的场景。而这个铺垫的过程，必须用眼前的事实，人们只有在看到那些惨烈的局面或激动人心的场面时，情感的门才会缓缓打开。

二战之初，丘吉尔为了动员全国人民迎战法西斯的进攻，向全国人民发表了战争演说，他说道："陆军必须扬弃躲在水泥防线或天然防线后面抗敌的念头，同时必须了解，只有靠猛烈而无情地进攻，才能够在战争中抢得主导地位。不只是最高指挥部，每一位战士都必须服膺这样的精神。"

在这里，听众能听到丘吉尔发出的清澈响亮的呼声，能听到他吹起战斗的号角。丘吉尔描述了具体可感的对敌方式，来引导听众的情绪向着他预定地方向前进。没有了"水泥防线、天然防线、无情的进攻"这样具体可感的形象，只有空洞的战争或说教式的战争要求，能让听众感受到战争就在自家门口吗？

听众情感的变化，需要事实的铺陈。用有力的事实告诉听众他们眼前发生的一切，听众的情绪就被你鼓动起来了。

第九节 完善当众语言表达的技巧

演讲时的语言表达并不是一件简单的事，完善的语言表达往往能为你的演讲增添不少光彩。想要做一个成功的演讲家，就要在平时的生活中注意锻炼语言表达的技巧。

语言看似简单，然而在演讲中，妙用语言却能收到意想不到的效果。成功的演讲是改变别人对你的看法最为有效的手段之一，有许多著名的演讲家，都是在用语言打动人们的心灵，实现自己的目的。那么究竟语言表达有哪些技巧呢？

良好的语言表达，首要的条件是正确的发音。讲一口流利的普通话，在大众演讲中是必须具备的。

一家公司的技术顾问多年习惯讲方言。年底公司会议上他到公司指导工作，为各部门主管做一场演讲。演讲中，他仍然用了熟悉的方言说话。但是，演讲过后，各部门主管却纷纷向经理反映没有弄清他讲的是什么，其中最大一个原因便是大家听不懂他的方言。

讲好普通话，需要语言环境与练习。平时注意听别人的谈话；在听广播看电视时，注意听播音员的咬字发音，也是一个很好的途径。

演讲时，说话的速度不宜太快。语速过快，演讲者讲出来的观点，浮光掠影一般，不能给听众留下什么印象，起不到演讲的效果。如果对比一下中老年人跟青年人的讲话速度，你就会发现，年龄越大者，说话速度越慢。也就是说，如果演讲者语速太快，给听众的第一印象往往是演讲者"年轻不稳重，思想不成熟"，这就会给演讲的效果大打折扣。

演讲中，重音的运用很重要，也很讲究。演讲者讲到某一个词语或某一句话时，故意加重音量。运用重音，能够在需要加重情感时，即时将某一特别的感情"放大"处理，让听众知晓你对某一感情地激烈反映。在演讲的初始，不要用重音，只是为后半部重音的出现作铺垫。在收尾部分可恰当地运用重音，让听众的感情一再提升。值得注意的是，重音不能滥用，否则，会让听众反感。

变调也是成功的演讲者常用的重要语言技巧。所谓变调，是指声音随着感情的不同发生变化。声音有粗犷与婉约之分，有沉闷与高亢之分。擅长运用变调的演讲者会根据需要进行必要的变化。

语言中，除了声音的要素外，词语的因素也很重要。在语言中，一部分词语是明确的，一部分词语是模糊的。演讲中，明确性的词语能够让我们具体地讲明要表达的意思，但是，我们也应该利用语言的模糊性来运作表达的灵活性。

演说的时候，那些不需要或不适宜表达明确的地方，就应该把话说得模糊一些。我们以日常生活为例。比如说，你的女友买了一件衣服，兴冲冲地跑到你的身边，向着你说："这件衣服漂亮吗？"根据你的审美观点，那衣服怎么看怎么不漂亮，但你又不能扫女友的兴，你就可以用模糊的表示方法，说"嗯，还可以，还好"，你这样的说法，相比"40％好看，60％不好看"这种明确界定的讲法就艺术得多。

有时，为了把话说得留有余地，或不便直言明说的地方，也需要借助模糊语言。

一次中国的教师代表团访问日本一所学校，访问中，在酒会上双方答谢致辞时，日方的校长突然向中国一所学校的副校长提出"我们中学愿意和贵校结为友好学校"。在当时的情况下，副校长不便立即表示接受，也不能立刻推辞。于是，中方的校长就用了模糊的方法来作答："校长先生对于我们中国人民，对于我们学校的全体师生的友好情谊，我代表全校师生向您表示感谢。关于您提出的友好愿望，我回国以后一定转达给校长先生和我校的全体教师，谢谢。"这样的回答，既表示了诚意，又不失礼仪。

语言风趣也是演讲中重要的语言技艺。比如，有人这样来形容自己某个时候的心境：我走到门外，猫一见到我，就爬到树上；鸟一见到我，就从树枝上飞走了。风趣的语言需要我们的想象力、联想力，也在于我们平时做个有心人，来收集这些有趣的话语。夸张的语气运用于演讲之中，能产生一种引人注意的效果。恰当地运用夸张，将增大你的语言张力，让演讲的某些个性更突出，特色更丰富。

中国的谚语非常丰富，表现力也强劲。适当地运用谚语，对于演说者提高自己的语言表达技艺而言非常有效。在适当的地方，运用一两句谚语，立刻让语言变得生动有趣。不要小看了"猪鼻子插葱——装象""豆腐掉进灰——拍又不能拍，吹又不能吹"的作用，它们的妙用会让你的演讲顿时生色。

语言运用中，也要防止出现毛病。有的人喜欢使用"非常""极其""很"等副词，这类词的运用一定要注意程度的恰当，如果用过了头，就可能超越了现实的程度，因此要学会适可而止。否则，你辛辛苦苦的演讲在听众的心中就变成了"那人又开始了""又在发牢骚了""不对着大家发一通牢骚看来是不罢休的"，这样的演讲效果就很悲惨了。

由此可见，演讲中，用词就跟说话一样，要切合实际，分清场合，看好对象，灵活运用，方能收到良好的效果。

第十节　当众演讲要有独特的风格

演说过程中，演讲者显示出自己鲜明的个性特色，演讲则更有吸引力。演讲者一旦形成了个人的演讲风格和特点，给听众的印象就会非常深刻，有助于演讲者个人影响力的扩散。

不同类型的演讲有相对固定的风格特色，如政治性演讲，应该表现出严肃、庄重的特色，演讲者应该精心推敲字句，采用宣读方式较为合适。个人的演讲风格应该体现其演讲类型的要求，同时结合演讲者个人的演说风采。如列宁的演讲深刻尖锐，手势动作富有鼓动性；鲁迅的演讲富有旗帜鲜明的战斗精神，语言幽默，发人深省。从演讲类型来看，有四种相当固定的演讲风格：

第一，宣读式演讲风格。演讲者将演讲稿向听众宣读，如总经理在公司年会做的"公司年度工作报告"。它没有跟听众进行情感交流，只适宜严肃、庄重的场合。

第二，背诵式演讲。这种演讲往往是演讲者事先将演讲稿背熟，适宜于初学者。它能较好地表现出原稿的思想及语言水平，但有着明显的表演痕迹。

第三，提纲式演讲。这类演讲只根据演讲提纲进行演讲，是演讲家和演讲老手常用的演讲方式，它的特点是：中心突出，层次分明，易于发挥，便于交流。

第四，即兴式演讲。往往是演讲者有感而发，它具有灵活性、生动性的特点，对演讲者的要求较高，演讲者应具备扎实的思想基础，丰富的演讲经验。

演讲的个性必须符合演讲类型的特性，同时体现演讲者个人特有的语言表现、形体展示等。演讲者应该根据演讲的内容与听讲的对象、环境来决定自己的演讲风格。

一般情况下，演讲者总是站在演讲台上，而你除了在台上演讲外，还可以于演讲中走下演讲台，与听众进行互动和交流。跟某个年轻听众握手，问一下他对你所提出的某个观点的看法；站在某个老年听众旁强调某一观点；在台上挥动手臂强调自己的某一主张，这样，你演讲的"互动性个性"就塑造出来了。

在演讲还没有开始之前，你就可以跟听众进行互动，交流情感。比如说，讲堂较大，不少人碍于面子坐在后排，前排并没有为某些重要的嘉宾安排特殊的座位。这时，你就可以走下台来，走到后排的听众前，热情主动地跟他们打招呼，并请他们到前排就坐。这样，你就已经开始与部分听众进行情感交流，找到了一些潜在的支持者，或许在后面的演讲中，他们之中有人会积极地跟你互动，对你的某些提示进行回应。

为了突出自己的形象，不让后台背景吸引听众的注意力，你可以在演讲之前亲临后台布置设计，让它们尽可能简约，甚至只安排一幅深蓝色的天鹅绒幕布，再打上几盏暖色调的灯光。这样，在演讲环境上，你就为自己营造了一个简约的个性特征，它能直接影响到听众的感受。

你的穿着打扮对你的演讲个性影响也比较大。当你戴上一幅眼镜，西装革履出现在听众面前时，你为自己的形象添上了"学者"的特色符号。当你穿着军装、运动装、白大褂或其他职业装出场时，你的个性形象又加进了职业特色。不论如何，你一定不能忽视你的衣着，合适的衣着服饰，会提高听众对你的尊重。

人们总是有这样的感觉，当演讲者的外表穿着显得成功时，演讲者的思想也比较容易成功。可以想象出这样的情况，如果演说者是位不修边幅的男士，穿着松垮垮的裤子，皱巴巴的外衣，口袋里的一张报纸把西装的外套弄得鼓鼓的；或者演说者是位女士，一个又大又旧的手提包放在演讲台的一角，衬裙露在外面……当听众面对这样的演说者时，还会有什么信心吗？看到演说者乱七八糟的着装，听众一定会在心里嘀咕，那演说者的观点一定会象那乱蓬蓬的头发、未经擦拭的皮鞋、胀得鼓囊囊的手提包一样让人不可接受。

你上台时完全可以带上几张卡片，演讲不一定非得要脱稿。有时卡片里写上名人名言，在演讲时你就用得着。当你故意当着听众的面，认真地宣读卡片上的名言的时候，你演讲时那种"认真"的风格就体现出来了。

手势是形成个人演讲风格的重要部分，至于什么样的手势更符合你，没有硬性的规范可循，但是，也不是演讲时随意的发挥。在演讲之前，对着镜子，做几个手势看看，从中固定两到三个你自己认为有力量、有个性、能体现热情的手势，把这个手势练习好，演讲时你就会有过人的表现。演讲的时候，在不同的时段，可以将手势重复运用，每运用一次，加重一层意义。你的那几个固定的招势会将你的印象镶嵌进听众的脑海中。

第十一节　通过当众演讲推销自己

每一个人都希望有展示自己、体现自我价值的机会，其中，演讲是一种有效、集中展示才华、智慧、能力、知识、信息的机会，是最有效的推销自己的机会之一。

为了很好地把握演讲这个机会，你可以分两部分来考量这次自我推销，第一部分是你的准备阶段，第二部分是你的现场发挥阶段。忽视准备阶段就会产生致命的失误，这一阶段的工作对你的推销起着关键性作用。

演讲稿是一个重要的"推销工具"，它将你的知识、信息、才华、思辨能力融于一炉。有的人习惯于准备一个演讲提纲，即便不写一份完整的演讲稿，除了这个提纲之外，还得搜集相关的材料，并将这些材料进行必要的加工与整理，从中抽出一些关键性的词语，形成某个专业性的"概念"。这些工作，都是你的知识与才华的表现，它能直接体现在现场发挥之中——准备得充实，你的现场演讲才有滋有味；准备得不足，你的演讲会让听众感觉索然无味。

为着表现你的才华，你的演讲稿可以在以下几个方面下功夫：

准备 10 个专业术语。比如，你是一位设计师，要向 100 多位准备装修房子的业主做一次房屋设计的演讲，你的"专业性"体现在哪里呢？如果没有专业术语，你全部用的是大白话，业主会相信你的专业设计能力吗？一旦"动线中心""视觉中心""韵律美""电视主题墙"等这些专业术语从你的嘴里说出来，听众就会觉得"演讲者是专业的"。

准备一个有吸引力的开场白。当你走上讲台，开口讲话的时候，就是听众对你的第一印象形成的关键时刻。如果开场白没有准备好，你后面精彩的演讲就没办法发挥，因为听众已对你"不感兴趣"了。准备一个三分钟的开场白非常重要，其影响力将延续至整个演讲过程。

准备 3 个有意思的提问，并为每个问题准备 3 个可能的答案。如果你的整场演讲没有听众的参与，没有你与听众的互动与交流，你演讲的吸引力将大打折扣。一旦你与听众互动，你就有机会展示你的应变能力。你的提问将为你提供一个又一个互动的机会。

准备好道具，比如，演示稿、幻灯片等。你可以通过网络资源、朋友资源找到演示稿用的有个性的图片，这些声光辅助手段让你的才华更好地展示出来。

你的穿着打扮也是准备阶段的有价值的工作。面部特征、肢体语言、服饰穿戴，虽然是一群不会讲话的"哑巴"，然而，从你一走上演讲台的那一瞬间，它们就同听众进行着不间断地"交流"。重视它们的作用，让它们为你打造个人的"品牌形象"做出贡献。

演讲现场起作用的关键是临时发挥，你的一举手一投足，你的语言运用、幽默睿智，全都在现场一一展现出来。在现场发挥时，提醒你做好以下几点：

1. 注意眼神的运用

不要眼看天花板，或眼睛望着窗外，或只看黑板或屏幕，要把眼光朝向你的听众，让你的"心灵的窗户"跟听众交流。

2. 有收有放

演讲时不要只说演讲的主题，每隔 15 分钟讲几句题外话，或向听众提一个问题，或讲一个准备好的笑话，这正如演戏中偶尔让丑角出台露相一样。它们能很好地活跃演讲的气氛，不至于让整个演讲都死气沉沉的。

3. 注意做好小结

每讲完一个主旨要项，做一个小结，将前面讲述的主要内容或主要观点提出来强调一下，让听众能更好地理清思路，让大家感受到你"层层推进"的明晰的演讲脉络。

4. 把握好演讲时间

演讲时间不能过短，否则该讲的话题讲不清；演讲时间也不能过长，否则听众就会感到疲惫。总体时间一般以 45 分钟为宜。将整个主题分成三个层面，一个层面大约 10 分钟，每讲完一个层面，给听众 3 分钟互动或调节气氛的时间，最后应该留 5 分钟的时间跟听众交流，听听大家的意见与反映。

5. 做到游刃有余

演讲现场可以制造出一点幽默的笑声；有时还可以走下演讲台来站在听众之间讲上几句，不要呆在演讲台上；做几个有意思的手势，也可以让听众跟着一起以某种特有的方式挥动手臂；对主办方、听众、重要嘉宾表示感谢，给重量级嘉宾讲话的机会，为自己造势；让自己的亲友团做你演讲的啦啦队，让他们带头为你鼓掌喝彩；为了感谢在场听众的聆听，也可以准备一些小礼物，现场派送给听众。当你有了充足的准备，便有了强烈的自信心；让台下掌声不断，会让自己有超水平的发挥，你的精彩为你的成功推销增添一抹亮丽的光彩。

总的来说，演讲稿里积聚了丰富的知识、辩证的思维、厚积的词汇谚语等，演讲时的现场发挥更能表现出灵活变通的能力，你的衣着服饰体现出君子风范，你的手势体现出你的自信心，你抑扬顿挫的语言，加上你的眼神等等，将你的力量充分地展现出来。通过演讲，你可以更有力地推销你自己。

第十二节　简短的演讲要主题明确

简短的演讲忌讳的是模糊主题，让听众抓不住演讲者的主要意思。因此，对于这种类型的演讲来说，演讲者一定要明确自己的主题，在最短的时间内抓住听众的心。

任何当众讲话，不论自己知道与否，一定都有着 4 种主要目标中的一个。这些目标分别是说服或获取行动；说明情况；增强印象，使人信服；欢娱人们。

卡耐基曾分别在芝加哥、洛杉矶和纽约举行会议，向所有的老师请教。他们当中有许多人是在名牌大学演说系执教的。另外一些人，则来自快速扩展的广告促销界。卡耐基希望结合这些背景和智慧，得出演说结构的新方法——一个合理的、能反映出时代所需要的、合乎心理学的方法，以影响听众，让他们采取行动。

苍天不负苦心人。从这些讨论当中，终于产生了讲演建构的"魔术公式"。

这个"魔术公式"就是：一开始讲，便把你的实例细节告诉人们，让这件事生动地说明你希望传达给听众的意念。第一，以详细清晰的言辞说出你的论点；第二，陈述缘由，也就是向听众强调，如依你所言去做会有什么好处。

这个公式，非常适合如今快节奏的生活方式。演讲人再不能溺于冗长、闲散的绪论什么的。听众皆由忙碌的人们组成，他们希望讲演者以率直的语言，一针见血地说出要说的话。利用这个"魔术公式"，可以确定必能得到听众注意，并可将焦点对准自己言语中的重点。

这套"魔术公式"也可运用于写商业书信和对员工及属下做指示。母亲可以利用它来激发孩子，而孩子借它向父母要求事情也很灵。你会发觉它是一把心理利器，在每日生活当中，你也可以用它把自己的意念传达给别人。

第七章

运用语言魅力，
展示自己的优势

无论是公众场合还是私人场合，人人都想做最出众的那个，都想做人群中身价最高的那个，而要想做这样的人，显然离不开"自卖自夸"。换言之，就是要运用语言魅力，展示自己的优势。

第一节　展示自己的优势

口才好、能说会道的人往往能在与人交流中更好地展示自己，无形中抬高自己的身价，给别人一种更深刻的印象。

"味甘而补，味苦而清，药辛发散解表，药酸宁神镇静。任何事物都有它不同的特点，也有它不同的作用。"听到这样的话语，你会有什么样的感觉呢？我们一定认为：不是医生还懂医药知识，真不简单。可以说，在谈话中，适度、自然地引用一些具有文化色彩的词汇，能起到改善自己形象的作用。

在日常交际中，关键在于感觉。对方感觉好，就会看好你。

某知名英国作家的儿子只有 16 岁，可他在随父亲与丘吉尔见面时，竟当了一次首相的"语文老师"。他回忆了 1949 年在"玛丽亚王后"客轮上难忘的一幕：

那天，我跨进丘吉尔的舱房时还有点迷迷糊糊。我如释重负地发觉丘吉尔不在房内。客人很多，丘吉尔夫人开始替人作介绍，这时屋里一下肃静下来。我转身一看，丘吉尔本人竟站在屋里，抽着一支硕大无比的雪茄烟。他穿着我从未见过的奇怪服装，是条灰色的连衣裤，用类似帆布的料子做成，前面装了条直通到底的拉练。后来我才知道，这是他在大战时的战地服装。

他从人群中走过，边走边同人握手致意。接着他挽住我父亲的胳膊，大步走到屋子的另一头。就在这时，丘吉尔恰巧朝我的方向瞥了一眼。他莞尔一笑，招手示意我过去。我走到他们跟前时，父亲迅速对我使了个眼色，我不会误解其含义：你必须绝对沉默！

丘吉尔谈起他在密苏里州的富尔顿大学所作的演讲，他在这次演讲中首先使用了"铁幕"一词。我父亲说："你的预言又一次实现了。英国和西方之间存在着可怕的分歧，你准备怎么做呢？"

丘吉尔没有立即回答。他看了我一眼，仿佛在看我是否听得懂这番话。接着他扫视了一下屋里的其他人。"哦，现在，"他提高声音，字斟句酌，一字一顿地吐出下面的话来，仿佛在议会中发表演说似的，"现在，你是在要求我踏上把陈辞滥调和信口开河分隔开的那道鸿沟上的独木小桥。"

人们哄堂大笑。自从进屋后，我还是第一次感到自在。我感到如此自在，竟不觉开口说话了。我问道："丘吉尔先生，如果俄国人研制成原子弹，你认为他们会对使用它犹豫吗？"

我父亲眨了眨眼睛，猛地一晃脑袋，盯着我看。我立刻后悔自己不该多说话。可是丘吉尔似乎挺高兴。他说："嗯，那得视情形而定，不是吗？东方可能会有3颗原子弹，西方则可能有100颗。但是，假如反过来呢？"我父亲刚要开口，可丘吉尔继续只顾自己往下说。"你明白——"他照旧字斟句酌，一字一顿，声音逐渐增大，"你明白——就原子弹而言（屋里又安静下来）这全是一个——"

他似乎想不出精确的词来圆满阐述他的想法。我当时没看出他仅是在等待屋里所有的人都凝神静听，却只觉得丘吉尔忽然苦恼不堪地没有能力表达自己的意思，而我父亲不知为何并不打算去救他出困境。

"先生，"我说，声音似乎嘶哑了，"你的意思是不是说，这全是一个均衡的问题？"

我父亲睁大了眼，惊慌地凑上前来，可是丘吉尔举起一只威严的手，拿那支令人敬畏的雪茄指着我说："就是这词儿，千真万确！'均衡'是个很好的词，可是无论在战争时期还是和平时期，这个词经常被人遗忘。年轻人，你每天早上一醒来就该说这个词，每次站在镜子前刮胡子时，就该对自己说这个词。"

听了这番话，我的头都发晕了。我看出父亲不再生我的气了，不觉释然，于是得意洋洋地默然静听他们继续交谈……

这个孩子并非什么博学之辈，关键是他敢于说话。其实只是个风险不大的问句而已，却非常抢眼，给全场留下了深刻印象。

第二节 让别人折服于你的语言魅力

顺着人心说话效果可说是事半功倍。脾气再大、城府再深、主观性再强的人也吃不消这一招。顺着人心说话能让你凭借三寸不烂之舌就征服别人，让别人拜倒在你的语言魅力下。

一般来说，一个人的性格特点往往通过自身的言谈举止、表情等流露出来。快言快语、举止简洁、眼神锐利、情绪易冲动的人，往往是性格急躁的人；直率热情、活泼好动、反应迅速、喜欢交往的人，往往是性格开朗的人；表情细腻、眼神稳定、说话慢条斯理、举止注意分寸的人，往往是性格稳重的人；安静抑郁、不苟言笑、喜欢独处、不善交往的人，往往是性格孤僻的人；口出狂言、自吹自擂、好为人师的人，往往是骄傲自负的人；懂礼貌、讲信义、实事求是、心平气和、尊重别人的人，往往是谦虚谨慎的人。当我们面对不同性格的谈话对象时，一定要具体分析，区别对待。比如，对待傲气十足的人，如果他把面子看得很重而讲究分寸，你不妨从正面恭维入手，让他飘飘然。

不过，这里并不是要你做一个没有"自我"的人，如果你真的如此，那你就成为别人的影子了。"顺着人心"只是方法，而不是目的，你如果能成熟地运用这个方法，别人就会在不知不觉之中受到你的影响，甚至接受你的意志。那么，如何顺着人心呢？

1. 倾听

很多人都有发表欲，如果他在社会上已有一些成就，更有不可抑止的发表欲，当他滔滔不绝的时候，你就做一个倾听者。一则，你的倾听可以满足对方的发表欲，他一满足，对你就不会有恶感；一则，你可在倾听中了解他的个性和观念。然后，你要顺着他的谈话，发出"赞同声"，还可以在恰当的时机提出一些问题让对方说明。如果你这样做了，你便能赢得对方的好感，甚至使对方更加相信你。

2. 不要辩论

如果对方说的话你不能同意，你也不要提出辩驳。即使你们是好朋友，如果你和他的交谈另有目的，也不宜和他辩论，因为有些事情并不能辩得明白，而且很可能越辩越气，最后不欢而散；如果你辩倒对方，那更有可能造成关系的中断！

3. 称赞

喜欢赞美是人类的天性，其实赞美也是一种爱抚。赞美什么呢？你可赞美他的观念、见解、才能、家庭……反正对方有可能引以为荣的事情都可以赞美，这种做法所费不多，效果却非常惊人。

诸葛亮对关羽，便采取此法。马超归顺刘备之后，关羽提出要与马超比武。为了避免二虎相斗必有一伤，诸葛亮给关羽写了一封信：我听说关将军想与马超比武。依我看来，马超虽然英勇过人，但只能与翼德并驱争先，怎么能与你美髯公相提并论呢？再说将军担当镇守荆州的重任，如果你离开了造成损失，罪过有多大啊！关羽看了信以后，打消了入川比武的念头。

4. 引导

这是最重要的方法，如果你一番"顺着人心"的功夫另有目的，尤其需要"引导"这一招。也就是说，你要在对方已经满足时，才把你的意思显现出来，但显现的方式还是要顺着人心，不要让对方感到不快，例如，你应该说"我很同意你的观点，不过……"或"你的立场我能了解，可是……"，先站在对方的立场，再提出自己的观点，把对方的意志引到你希望的地方去。

这样的方法可以用在平时与人相处，可以用在说服别人，也可以用在带领下属，效果可说是事半功倍。

第三节 巧用妙语，打好圆场

巧妙地说好贴金话，其实就是打好圆场。想要事事有个圆满的收场，就得锻炼自己的口才，提高自己的"语商"。

不管做什么事情，我们都渴望能有个圆满的收场，这就需要我们平时多多读书，多多磨炼，头脑充实，机智敏捷，反应灵活，并且平日持之以恒。与此同时，还要注意培养敏捷的表达能力，以及逻辑与语言修辞素养。

有一个销售员在一家百货商店前推销他那些"折不断的"梳子。为了消除围观者的怀疑，他捏着一把梳子的两端使它弯曲起来。突然间，那把梳子啪地一下断了，销售员顿时惊得目瞪口呆。这个时候，只见他把它们高高地举了起来，对围观者的人群说："女士们，先生们，这就是梳子内部的样子。"

如果一个人平时总是思考如何应付复杂局面和临场突发情况，临战自然不会仓促和不知所措。

有一个卖瓦盆的人，为了能够早点把瓦盆卖出去，便当着顾客的面用旱烟锅子敲了起来。他边敲边喊："听这瓦盆啥响声啊！"可是，令他意想不到的是瓦盆被敲破了。旁边看热闹的人忍不住笑出了声。他忙指着瓦片对身边的人说："你们看这瓦茬子，棱是棱，角是角，烧得多结实呀！"

参加面试时，主考官所问的问题并不一定有什么标准答案，只要能"自圆其说"便算是成功。

有一个年轻的小伙子来面试，主考官问了一个问题："你为什么要离开现在的企业。"他回答："在那家企业没有前途。""那么怎么样才算有前途？"主考官接着问。"企业蒸蒸日上，个人才能得到不断提高和发展。""你们公司的产品在市场上的占有率名列前茅，员工收入也很高，这是有口皆碑的，怎么能说在这个企业没有前途呢？"这位求职者被问倒了，为什么会出现这种情况呢？那是因为他不清楚随着问题地不断深入，他先前的论点将无法成立，这样就不能自圆其说了。

我们常常会遇到这样的提问："你最大的优点是什么"和"你最大的缺点是什么"。这两个问题看起来很简单，可是要回答好却不是一件很容易的事情，因为接下来主考官有可能会问："你的这些优点对我们的工作有什么帮助？你的这些缺点会对我们的工作带来什么影响？"然后还可以层层深入，"乘胜追击"，求职者是很容易陷入不能"自圆其说"的尴尬境地的。几乎所有的面试问题都有可能被主考官深化和挖掘，所以在回答问题之前一定要先考虑周到，然后再给予回答，这样才不致于使自己陷入被动的局面之中。

在日常生活中，我们不需要过于自夸，但在某些场景中，便需要好好运用自己的口才，把话说得巧妙高超。

第四节　说话要扬己之长，避己之短

想要抬高自己的身价，说好给自身贴金的话，就要懂得扬长避短的道理，多说一些自己的长处，少说一些自己的短处。

古人云："梅须逊雪三分白，雪却输梅一段香。"在常人的眼睛里，每个人或多或少总会在某方面存在一定的缺陷，就算是伟人也毫不例外：拿破仑个子矮小、林肯其貌不扬、罗斯福小儿麻痹，而这些都没有阻挡他们极其辉煌自信的一生。

瑞士银行中国区主席兼总裁李一，在1988年最初去美国迈阿密大学留学时，学的是体育管理专业。他发现那是"富人玩的游戏"，于是在离毕业还有半年时，毅然报考沃顿商学院。

美国沃顿商学院是世界首屈一指的商学院，李一考得并不轻松，前后面试了三次，仍没结果。最后一次面试，他干脆在考场上直截了当地问主考官："如果我没有被录取，最可能的原因是什么？"

"很可能是因为你没有工作经验。在美国，商学院录取的前提条件是要有商务工作经验。"

李一做出的反应不是承认自己的不足，或者是如何改变自己的缺点，而是立刻反驳："按你们的招生材料所说，沃顿作为世界最优秀的商学院，肩负着培养未来商务领袖的重任。但世界各国发展很不平衡，如果按你们现在的做法，商务成熟的国家会招生特别多，像中国这样的发展中国家可能一个也不招，这跟沃顿商学院的办学宗旨是自相矛盾的。"

出人意料的是，李一的反驳得到了主考官的欣赏。面试出来后，招生办主席秘书给李一打了一个电话："主席对你的印象特别好，说你很自信，与众不同。"后来，在当年52个申请该校的学生当中，李一成为唯一被沃顿商学院录取的中国学生。

李一的自信赢得了主考官的欣赏，为自己铺垫了人生道路上的一块重要基石，更重要的是，他战胜了自己，他能够扬长避短，主动出击。著名管理学家德鲁克博士曾在1999年的《哈佛商业评论》中发表观点：对于一个集体，需要克服的是"短板定理"；而对于个人，发挥自己的长处，比努力去补齐短板更为重要。

我们都知道田忌赛马的故事，对手的每一匹马都有相对应的绝对优势。但没有关系，不需要补齐短板，只要注重自己能够形成优势的策略，简单地进行以长击短的顺序调整：上等马对中等马，中等马对下等马，下等马对上等马。就能获得完全不同的结局。

其实，每个人都有自己的可取之处。你也许不如同事长得漂亮，但你却有一双灵巧的手，能做出各种可爱的小工艺品；你现在的工资可能没有大学同学的工资高，不过你的发展前景却比他的好，等等。这并不是一种吃不到葡萄就说葡萄酸的心理，因为世界这么大，永远没有绝对的好，只有相对的好，永远没有绝对的失败，而只有相对的成功。

这世界上的路有千万条，但最难找的就是适合自己走的那条路。每一个人都应该努力根据自己的特长来设计自己，量力而行，根据自己的环境、条件、才能、素质、兴趣等确定发展方向。不要埋怨环境与条件，应努力寻找有利条件；不能坐等机会，要自己创造机会；拿出成果来，获得了社会的承认，事情就会好办一些。每个人都应该尽力找到自己的最佳位置，找准属于自己的人生跑道。当你事业受挫了，不必灰心也不必丧气，相信坚强的信念定能点亮成功的灯盏。

每个人都有自己的特质和特长，所以不要怀疑自己，更不要轻易地否定自己。认清你自己的优势与弱点，如果你身上有暂时或是永远无法补齐的"短板"，那么不如去吸引别人注意到你身上其他的闪光之处。每个人都有自己的发光点，只要你善于利用，就能扬长避短，形成制胜的优势。

第五节　善意的交谈让你更容易为人接受

与人交谈时，如果态度良好，更容易赢得别人的好感，你也就更容易为人所接受。

"善待他人就是尊重自己。"给别人一片晴朗的天空，就是给自己一片明媚的天空。当你由衷发现他人的优点、好处、能力时，人家同时也发现了你的优点、好处、能力。善待他人就是善待自己，这是做人的基本原则。

孟子曾经说过："君子莫大乎与人为善。"那些慷慨付出、不求回报的人，往往容易获得成功。而那些自私吝啬、斤斤计较的人，不仅找不到合作伙伴，甚至有可能成为孤家寡人。有人可能会问：怎样才算与人为善呢？与人为善说起来很简单，做起来却不是一件容易的事，它包括相当广泛的内容。如：关心他人，当朋友遇到困难的时候，主动伸出友谊之手；尊重他人，不去探究他人的隐私；不在背后议论、批评他人；善于和别人沟通、交流；善于和那些与自己兴趣、性格不同的人交往；承认对方的价值和努力，对于错误要负起自己该负的责任……总的说来，善待他人的最重要原则就是"己所不欲，勿施于人"，凡事要从对方的角度来考虑。如果你能遵从这个原则，你将获得许多好朋友、好伙伴。

战国时代的名将吴起很懂得与人为善就是善待自己这个道理。《史记》中载有一个关于吴起的故事：他爱兵如子，深得士兵们的爱戴。有一次，一个刚刚入伍的小兵在战争中负了伤，因战场上缺医少药，等到打完仗回到后方时，那位小兵的伤口已经化脓生疮。吴起在巡营的时候发现了，他二话没说，立刻蹲下来，用嘴为那位士兵吸吮伤口、消炎疗伤。那位小士兵见大将军竟然如此对待自己，感动得热泪盈眶，说不出一句话。其他士兵们看了，也深受感动。而那位士兵的母亲听说了这件事后，却大哭起来。大家都以为她是感动而泣，可她却说："我是在为我儿子的命运担心呀！你们有所不知，当年，吴将军也曾为他的父亲吸吮过伤口，结果他父亲感念吴大将军的恩情，舍生忘死英勇杀敌，最后战死在沙场上了。"正因为吴起如此善待士兵，所以士兵们个个英勇善战。

可见，与人为善是我们在寻求成功的过程中必须遵守的一条基本准则。在当今这样一个合作的社会中，人与人之间更是一种互动的关系。只有我们先去善待别人，善意地帮助别人，才能处理好人际关系，从而获得他人的愉快合作。

我们静下心来仔细思考一下，会发现自己很少会赞美他人。我们跟他人比较时，总是会找到对方的缺点，总是会说谁谁谁又做错了，某某某很笨，遇到人家做成功什么事情后，我们会心里说："这有什么，要是我肯定能做的比他好。"而当一个人做事情失败后，我们中间很多人又会在内心里说："瞧瞧，他多笨呀，不行就是不行……"凡此种种，其实就是我们在内心深处不愿意看到他人的长处，不懂得善待他人的结果。

生活总是千差万别的，人的能力也是各种各样的，其实这跟我们的十个手指头不可能一样齐是一个道理的。当一个不如自己的人，通过努力在做一件事情，我们用自己由衷的言语赞美一下，对于我们这可能不算什么，但是如果我们想象自己就是他，听到这赞美之词，会是一种什么样的心情呢？当一个强于自己的人，轻易完成一件事情后，我们给他赞美的同时，我们也会发现他成功的原因，我们会在关注他的同时，发现他强于我们的原因，我们会要求自己朝着他成功的方向去努力的，这总比我们嫉妒他、不服气他要好多了吧？当遇到一个做错事情的人，特别是那种做错事情又伤害我们的人，如果我们宽恕他，给他改过的机会，我们得到的肯定不再是气愤之类的感觉；当一个人遇到困难的时候，我们尽力帮助他，善待他，试想一下，当对方说谢谢的时候，我们得到的又是什么呢？

皖南山区某县有一个青年农民，他种的水稻品种好、产量高，他总是将自己的优良水稻品种无偿地送给村里的人。村民问他："你这样做不怕我们超过你吗？"这位青年农民回答："我将好种子送给你们，其实也是帮助了自己。"他知道，周围的人们改良了他们的水稻品种，可以避免自己的水稻品种产生异变，导致减产。

生活中常是这样：对人多一份理解和宽容，其实就是支持和帮助自己，善待他人就是善待自己。如同有句话说的那样：授人玫瑰，手留余香。

可见，善待他人是人们在寻求成功的过程中应该遵守的一条基本准则。在当今这样一个需要合作的社会中，人与人之间更是一种互动的关系。只有我们先去善待别人，帮助别人，才能处理好人际关系。

有人说良好的人际关系不单单是行动上做出来的，更是从心底里"流"出来的。这句话很有哲理性，它告诉我们在人际交往中要以诚待人，用"心"和他人交往。

在追求成功的过程中，任何人都离不开他人的合作。尤其是在现代社会里，如果你想获得成功，就应该想方设法获得周围人的支持和帮助。只有你真诚地对待别人，对方才会与你真诚合作。请记住：善待他人也就是善待自己！

第六节　人际交往之始，如何说能让自己鹤立鸡群

熙熙攘攘的人群中，有人虽然飘然而过，却让你久久回首，难以忘记；社交聚会中，每个人都明艳照人，使尽浑身解数博取注意力，而有人却独领风骚，这和他们的说话方式不无关系。

在角色多如牛毛的社会舞台上，总有一些人一出场就能赢得满堂彩，一抬手、一顿足就能彰显与众不同，惹人注目。我们大多数人，仿佛注定了默默无闻，我们的平凡无奇，仿佛是无力改变的。你甘心一辈子只做"绿叶"吗？你难道不想当一回社交圈中的明星，风光一回吗？你难道不想让别人对你过目不忘、艳羡不已而崇拜吗？

以下就是令你轻轻松松"鹤立鸡群"的一些秘诀，只要你真正掌握，并举一反三，就能实现这些愿望。

1. 说话时善用手势，令别人对你过目不忘

令别人对你过目不忘的第一秘诀是妙用手势。手势是人际交往中不可缺

少的动作，是最有表现力的一种"体态语言"。手势语言，可以使所说的话给人以立体感、形象感，帮助对方理解所说内容；还能强化所要表达的感情，激起对方的共鸣；手势语言还能传达有声语言所不能很好传达的微妙感情，令"一切尽在不言中"；同时，还有助于自己在交谈中做到同步思考。

总之，手势若使用恰当，不仅能很好地表情达意，而且能增加你的社交魅力，突出自己的个性。经研究证明，人们更容易记忆自己亲眼看到的动作，而对听到的声音，则因情、因境、因人各有不同，所以，在说话时巧妙地使用手势，更容易给对方留下深刻的印象，令人对你过目不忘。

恰当地运用手势，可以使你的形象更加生动鲜明，但是，手势的使用应该以帮助自己表达思想为准绳，不能过于单调重复，也不能做得过多。反复做一种手势会让人感觉到你的修养不够，有些神经质；不住地做手势，胡乱做手势，更会影响别人对你说话内容的理解。所以，手势要用得恰到好处，有所节制，否则，就会产生适得其反的作用。

2. 谈话时利用记事本，让别人做出"你很成功"的判断

也许，你和同事小王每天做同样的工作，拿同样高的薪酬，取得一样的成绩。可是不知为什么，小王好像就是比你成功，至少别人是这样以为的，有时你也会有同感。为什么呢？原来"成功"不仅是实质的工作、薪酬和成绩，对别人来说，"成功"更加来自你的社交形象，你在社交中能展示"成功"的一些小细节，而在这些细节表现当中，最具效果的，莫过于随时利用记事本这一道具。

与人约定时间时，我们一般会有两种反应：一种是表示什么时间都可以，而另一种则表示要翻一翻记事本，看看哪个时间可以。常常，对于第一种"友好和善"的人，我们会不置可否；而对于"不近人情"的后者，反而印象深刻，认为对方一定是一个业务繁忙的成功人士。

在人们心目中，成功人士都是很忙的，日理万机，所有的日程一般在几天前就已订好，而且由于所见的人物都非同寻常，要处理的也都是重大事项，不能随便更改。所以，如果你有这些细节表现，人们就会认为你很成功、很能干。

事实上，"成功"人士就算知道自己某一天有空闲，在与人约定时间时，也会掏出记事本装作要确定自己那天是否有时间，以使对方对他的"业务繁忙""事业成功"产生很深的印象。而且，边看记事本边约定时间，还可以给对方留下做事谨慎、重约守信的好形象。

当我们看到写满姓名、电话、地址及预定行程的记事本时，往往会被它吓一跳，并自然地产生这个人交际很广、工作能力很强的印象。同样，善用这一道具，我们也可以令别人对我们产生这种印象。需要注意的是，要自然随意地拿出，不能过于做作，让别人看出是在"作秀"。

3. 令你魅力倍增的说话方式

急事，慢慢地说。

遇到急事，如果能沉下心思考，然后不急不躁地把事情说清楚，会给听者留下稳重、不冲动的印象，从而增加他人对你的信任度。

小事，幽默地说。

尤其是一些善意的提醒，用句玩笑话讲出来，就不会让听者感觉生硬，他们不但会欣然接受你的提醒，还会增强彼此的亲密感。

没把握的事，谨慎地说。

对那些自己没有把握的事情，如果你不说，别人会觉得你虚伪；如果你能措辞严谨地说出来，会让人感到你是个值得信任的人。

没发生的事，不要胡说。

人们最讨厌无事生非的人，如果你从来不随便臆测或胡说没有的事，会让人觉得你为人成熟、有修养，是个做事认真、有责任感的人。

做不到的事，别乱说。

俗话说"没有金刚钻，别揽瓷器活"。不轻易承诺自己做不到的事，会让听者觉得你是一个"言必信，行必果"的人，愿意相信你。

伤害人的事，不能说。

不轻易用言语伤害别人，尤其在较为亲近的人之间，不说伤害人的话。这会让他们觉得你是个善良的人，有助于维系和增进感情。

伤心的事，不要见人就说。

人在伤心时，都有倾诉的欲望，但如果见人就说，很容易使听者心理压力过大，对你产生怀疑和疏远。同时，你还会给人留下不为他人着想，想把痛苦转嫁给他人的印象。

别人的事，小心地说。

人与人之间都需要安全距离，不轻易评论和传播别人的事，会给人交往的安全感。

自己的事，听别人怎么说。

自己的事情要多听听局外人的看法，一则可以给人以谦虚的印象，二则会让人觉得你是个明事理的人。

尊长的事，多听少说。

年长的人往往不喜欢年轻人对自己的事发表太多的评论，如果年轻人说得过多，他们就觉得你不是一个尊敬长辈、谦虚好学的人。

4. 令你魅力倍增的说话主题

谈谈梦想。假如你对别人说："我希望将来能住在国外，最好在澳大利亚买一个农场……"虽然有人会觉得你幼稚无知，但多数人都会觉得你天真可爱，充满了浪漫的生活情趣。

假如你的梦想不只是超现实的幻想，而且是你的人生目标和事业规划，那别人就会觉得你这个人不同寻常，拥有远大目标，总有一天会梦想成真、出人头地。而且，与有梦想的人在一起，人们也会感染他们的积极、乐观和热情。因此，也会乐于和他们接近、交往。

来点幽默。具有幽默感，不仅能给你的事业带来极大的好处，而且会使你的形象更有魅力。幽默可以消除紧张情绪，创造一种轻松愉快的工作氛围，从而使你的事业更为成功。它同样也是塑造完美社交形象的一个因素，每当面临人际选择时，绝大多数人都愿意与那些有幽默感的人打交道。

在当今社会中，竞争异常激烈，人际关系日趋复杂，人们的压力和紧张情绪比任何时候都明显，许多人灰心丧气、精神抑郁。在这种时候，幽默感就显得越来越重要。如果你天生就有幽默感，那一定要发扬它，这会令你的社交魅力倍增，人们因此乐于与你共事。

第七节　初进职场，怎样说能让自己脱颖而出

在当今激烈竞争的职场中，对于新人来说，要实干，更要会"表功"。

职场新人的贴金术有如下几点：不经常闪光，却能总有新鲜才华示人，让人觉得你是不可多得的宝贝；有粉向脸上抹，平时便多找机会，看似不经意地露一手，或敢于说一鸣惊人之语；得不到的东西既然最好，你便应深居简出，保持神秘，不随便允诺请求，让他人"胃口"常开；发掘自身特点，所谓"不沾富贵就讲品位"，扬己之长，避己之短。除此之外，职场新人也要

在说话上多注意，利用说话让自己在同事中脱颖而出。

1. 说清细节

人的精力有限，生活中的一些不起眼小事、微不足道的历史趣闻、某大作中的小人物，往往被人们忽略和忘记了。如果你能在交往的节骨眼上与别人清楚地谈起，别人就会以为你学富五车，才高八斗。如果你说"我市有300多万人口"，别人并不怎么留下深刻印象。假若你知道人口数是301.2万，那么就请你将这带尾数的数据一气说出。这样的话，别人就会被你的严谨所折服。

2. 用万能的形容词

有许多描述词句都能运用到其他任何事物上。当被问及你对一本著作、一部影片或者一段音乐的看法时，你也许对它一无所知，这时就可以说"我更喜欢他（作者）此前的作品"，或者"我更喜欢他以后的作品，因为那些更成熟"。

3. 发表难以辩驳的观点

在交谈中，肯定有人会转向你，并询问"您的看法呢"，你此刻也许并不想说出你的真实想法，因为你的注意力根本就不在这儿。这时，可以用三种与任何主题都有关而又不产生矛盾的说法作为你的观点："这得依情况而定""也不能一概而论""在不同的情况下也许就不是这样了"。

第八节 学会保持神秘感

如果你渴望在社会交往中在保持良好的人际关系的同时，得到更多仰望的眼光，那么就要掌握与人保持适度距离的技巧。保持适当的神秘感，会让你更有吸引力。

人们总说，得不到的东西是最好的，在没有得到之前，总有丰富的想象空间和追逐目标的快乐过程。狮子般的人一旦与人亲近，便失去了威严。这就是重要人物总是为保持神秘感，减少在公众场合的露脸次数的原因。所以保持适当的神秘感，会让你更有吸引力。

有一种情况最适用于恋爱中的人们。心理学中有一种升值规律，即越是得不到的东西，越是值得朝思暮想。两个刚认识不久的人一定会非常迫切地希望知道对方的事情，尽管这是理所当然的愿望，却也会造成不利局面。对方一旦了解你的全部事情，对你的兴趣也会随之急速冷却。因此，要使每次约会都有新鲜感并使他对你持续抱有兴趣，一定要在恋爱期间保有一点神秘感。

不要说太多关于自己的事情，如果从自己出生开始到现在的一切，你都对他说得一清二楚，那你对他就根本没有神秘感可言。因此，若提到自己的事也要坚持不说某一时期或某些话题，留出一段空白的岁月。

他若邀请你外出游玩，不妨告诉他，你很想去，可惜先有其他约会。这种做法，必然可以刺激他对你的兴趣，男孩子大都喜欢去追一个炙手可热的女孩，竞争者愈多，他愈感到兴趣盎然。得到这样的女孩，他才会觉得越荣耀。没有人在意的女孩，男孩子是不会感兴趣的。

绝对不让他送到家门口。男女约会后，通常男方会送女孩回家。这时候你可以特别指定只让他送你到车站或巷口，且绝对不跟对方说明理由。这种做法也能制造神秘感。

保持神秘感，并不是指拉远距离，隔着十米远说话。保持神秘感，也要注意保持合适的距离。

一位心理学家做过这样一个实验。在一个刚刚开门的大阅览室里，当里面只有一位读者时，心理学家就进去拿椅子坐在他的旁边。试验进行了整整80人次。结果证明，在一个只有两位读者的空旷的阅览室里，没有一个被试者能够忍受一个陌生人紧挨自己坐下。这个实验说明了人与人之间需要保持一定的空间距离。任何一个人，都需要在自己的周围有一个自己把握的自我空间，它就像一个无形的"气泡"一样为自己"割据"了一定的"领域"。而当这个自我空间被人触犯就会感到不舒服，不安全，甚至恼怒起来。

我们看到，这样的距离是让人不能承受的，它侵犯了人的私密空间。专家提醒我们正常的交往范围：

亲密距离：近范围是 15 厘米之内；远范围是 15～44 厘米之间。这是人际交往中的最小间隔，即我们常说的"亲密无间"，彼此间可能肌肤相触，耳鬓厮磨，以至相互能感受到对方的体温、气味和气息。远范围身体上的接触可能表现为挽臂执手，或促膝谈心，仍体现出亲密友好的人际关系。

个人距离：近范围是 46～76 厘米；远范围是 76～122 厘米。这是人际间隔上稍有分寸感的距离，已较少直接的身体接触，能相互亲切握手，友好交谈，这是与熟人交往的空间。

社交距离：近范围为 1.2～2.1 米；远范围为 2.1～3.7 米。这已超出了亲密或熟人的人际关系，而是体现出一种社交性或礼节上的较正式关系。一般在工作环境和社交聚会上，人们都保持近范围程度的距离。不同的情境、不同的关系需要有不同的人际距离。距离与情境和关系不相对应，会明显导致人出现心理不适感。

公众距离：近范围约 3.7～7.6 米；远范围在 7 米之外。这是公开演说时演说者与听众所保持的距离。这是一个几乎能容纳一切人的"门户开放"的空间，人们完全可以对处于空间的其他人"视而不见"，不予交往。这个空间的交往，大多是当众演讲之类，当演讲者试图与一个特定的听众谈话时，他必须走下讲台，使两个人的距离缩短为个人距离或社交距离，才能够实现有效沟通。

如果你在渴望社会交往中在保持良好的人际关系的同时，得到更多仰望的眼光，那么就要掌握与人保持适度距离的技巧。距离产生的神秘光环一定会让你更加富有吸引力。

第八章
对症下药，让别人
心悦诚服的说服术

与人交往中，争得话语权并不是最重要的，重要的是如何使你的话语赢得更多人的信服。要想在话语上征服别人，无疑需要行之有效的说服术。这就需要我们在与人交往中，对症下药，根据实际情况适用不同的说服术。这一章，我们为大家介绍了一些说服别人的方法。

第一节　让诱导成为说服的第一手段

要想说服别人，我们就要想办法让别人认可我们的想法，而诱导术无疑是让别人认可我们的想法的有力的劝导术。

与他人理论时，你的想法必须得到对方的认可。为了达到成功说服的目的，我们必须采取一些方法及手段，而诱导，正是在这一过程中必须采用的手段之一。诱导说理，心平气和，步步引导，耐心商讨，别人易于接受。诱导技巧的关键在"诱"字，立足在"导"字。要诱得巧妙，导得自然，应做到四点：

1. 有目的地诱导

要有明确的说明目的，有的放矢，所有的诱导内容，都要紧紧地为总目的服务。

古时候，有一位父亲得知儿子染上了赌博的恶习，便给他写了一首戒赌诗，以诗说理规劝。诗曰："贝者是人不是人，只因今贝起祸根。有朝一日分贝了，到头成为贝戎人。"儿子看后，不解其意。父亲给他一一指道："贝者是赌，今贝是贪，分贝是贫，贝戎是贼。赌、贪、贫、贼是每一个赌博之徒的必由之路。"儿子听了，立刻幡然醒悟，弃赌从良，自食其力。

这位父亲劝子戒赌的方法巧就巧在：第一，以诗劝子方法新颖，让儿子去思考其中的含义；第二，当儿子百思不得其解时，一语道破诗意，道出"赌博必定贫穷，强盗出于赌博"的道理，使儿子恍然大悟。这种有目的地诱导方法往往能收到较好的劝说效果。

2. 有步骤地诱导

既有总体设计，又有分步计划。每一步怎样诱导，怎样发问，谈话前都要经过深思熟虑，胸有成"话"。这样，环环紧扣，步步深入，最后矛盾凸显，诱使对方在无法解决的矛盾面前自我否定。

某饭店服务员小刘捡到顾客遗失在店内的手机，想悄悄据为己有，被领班董大姐发现了，让她上交，可小刘说："手机是我捡的，又不是偷的，更不是抢的，不上交也不犯法。"董大姐说："小刘，你知道什么叫做'不劳而获'吗？""不知道！"小刘嘟着嘴回答。董大姐："你看，不劳而获是不经过劳动而占有劳动果实。说得确切点是占有别人的劳动果实！""你什么时候学会咬文嚼字了？"小刘有点不耐烦了，董大姐耐心地问："你说，抢别人的东西是不是'不劳而获'？""是的。""你说，偷别人的东西是不是'不劳而获'？""当然是。""那么，捡到别人的东西据为己有是不是'不劳而获'呢？""这……"小刘顿时语塞。董大姐顺势教育道："拾到别人的东西据为己有，和偷、抢得来的东西，在'不劳而获'这一点上是相通的，除了国家法律，我们还应该有一定的社会公德，再说店里也有工作守则，拾到顾客遗失的物品要交还，你可不能犯糊涂啊！"经过董大姐的教育，小刘终于认识到自己行为上的错误，把手机交了出来。

在这里，董大姐避开小刘振振有词的歪理，而是有意和她弄清楚一个看似与论题无关的"不劳而获"的意义，再诱导她由大及小，从面到点，步步推进，最后才切入实质性问题：拾到东西据为己有，同偷、抢一样是"不劳而获"，是同样可耻的行为。一席话使小刘受到了教育。

总之，说服的过程是说服者对被说服者攻心的过程，也是被说服者心理渐变的过程。运用"层渐递进"的说服技巧，从理论上讲，符合心理学的基本规律，从实践中看，只要运用得恰当巧妙，就能取得理想的说服效果。

3. 有预料地诱导

在诱导之前要考虑到对方会怎样讲，可能有几种讲法，怎样随机应变。这样才能使自己的诱导不会变成"哑炮"，一个人唱独脚戏。要使自己的诱导能引出对方的话，开启其思路，就要作通盘打算。

新转入某班的方方同学，做作业马虎、潦草。老师把他叫到办公室，拿出一本字迹工整的作业递给他说："你看这位同学的作业写得怎么样？"方方看了一眼，没说什么。老师又拿出一本字迹潦草、错误较多的作业给他看，并说道："你看这本作业怎么样？"方方看了一眼，说："跟我的作业差不多。""你再看看这两个作业本上的名字。"老师温和地说。这一回，方方疑惑了："都是李林的？"老师抓住时机，耐心地说："差的一本是李林同学去年的作业，这一本是他现在的作业。你现在的作业和李林同学去年的作业差不多，但这不能说明你永远是这样。李林同学经过半年的努力，能写出工整漂亮的作业，老师相信你一定会像李林一样。用不了多长时间就能将作业写好。"老师这段谈话，言此意彼，既维护了学生的自尊，又起到了指出其不足，勉励进步的目的。

方方的老师已经预测出他的每一句问话方方会怎样去回答，然后，他根据方方的回答顺势劝导，起到了较好的说服效果。

4. 有诚意地诱导

诚恳开导，不讽刺，不挖苦，这样才能使得对方心悦诚服。此法的好处是容许被说服者在接受说服的过程中，存在一个认识过程，获得一些全新的知识。

用诱导技巧说服人，要认真构思，事先把各个关节想清楚，谈话中又要针对实际情况，灵活应变。

第二节　充满感情的话语才能打动他人

劝说，必须在"晓之以理，动之以情"上狠下功夫。而在劝说者与被劝说者之间矛盾尖锐、情绪对立时，说理往往难以奏效，这时就需要"动之以情"了。换言之，用充满感情的话语更容易赢得别人的尊重和信服。

简单的事情、小道理，用一两个典型事例，再加上简明、扼要的分析，就可以讲清楚。但是，复杂的事情、大道理，涉及多方面的因素，触动一点就牵动全局，则必须全方位、多层次、多角度地进行一系列的说服工作，从多方面展开心理攻势，并辅以严密的逻辑推理，而后才能水到渠成地得出结论。这个结论最好是不要由自己单方面推断出来教给对方，应当以征询意见的口气引导对方同你一起来推理，共同探讨得出结论。让他把你的意见、主张，当作自己寻求的答案，自愿接受，自动就范。这样的说服才是高明的说服。因为对于经过自己头脑思考发现的真理，人们更坚信不疑。晓之以理，要满怀信心，争取主动，先取攻势。当对方已明确、坚决地表示不同意见之后，再说服他，就要付出加倍的努力。当然，争取主动仍要运用委婉、商榷的语气，切忌盛气凌人、以势压人。

很多说服者在说服他人时，往往能在催人泪下的同时，不露痕迹地对听众施加影响，使人不知不觉地接受，这就是情感的力量。对于形象思维强于逻辑思维的青少年儿童，对于多数平日没有深刻的理论思维习惯的人，以事比事，将心比心，运用其自身或熟人的经验教训，再加上感情色彩浓厚的语言，去进行绘声绘色地诉说，易令人感到亲切可信，引发情感上的共鸣，从而为接受道理扫清了障碍，铺平了道路。

数学家苏步青上小学时，成绩特别差，年年期末考试都是倒数第一。这种情形，就如同把名次靠前的同学的名字"背"在自己身上一样，所以人称"背榜生"。有一次他又逃课了，老师找到他，告诫道："你不读书，别人怎么会看得起你呢？看不起你的原因，不就因为你是背榜生吗？如果你考前几名呢？你知道牛顿吗？他也生长在农村，到城里念书时成绩也不好，同学都欺负他瞧不起他。一次，一个成绩名列前茅的同学还故意把他打得趴在地上——他凭什么？不就是成绩比牛顿好、身体比牛顿壮吗？别看平时牛顿不敢惹他，这回可不一样了。只见牛顿猛地翻身跳了起来，将那个打他的同学逼到了墙角。那个同学一见牛顿如此勇猛，不由得害怕了，只得认输，从此再也不敢欺负他了。从这件事上，牛顿得到了启发，只要有骨气，肯拼搏，就能取胜。从此他努力学习，终于取得全班第一名的好成绩。"老师在一系列的反问中，苏步青第一次听到了一位大科学家奋发图强的事迹，这无疑使他的心灵受到极大的震动。从此他不断地发奋学习，终于使自己的学习成绩得到根本的改变。

心理学研究表明，当一个人处于愧疚、自责、害怕、焦虑等情绪中时，较易接受劝说信息。因此，说服者应设法通过具体生动的现身说法，帮助说服对象。再以利害关系的强烈对比等方法去感染和警示对方，使他悔悟。那些实惠观念很强的人，理难服他，情难动他。但是，如果你能把其中的利害关系给他剖析得明明白白，他一定会仔细考虑你的意见，因为趋利避害是人的本性。

有个出租车女司机在夜晚时把一个男青年送到指定地点时，对方突然掏出尖刀逼她把钱都交出来，她装作害怕样交给歹徒300元钱说："今天就挣这么点儿，要嫌少就把零钱也给你吧。"说完又拿出20元找零用的钱。见"的姐"如此爽快，歹徒有些发愣。"的姐"趁机说："你家在哪儿住？我送你回家吧！这么晚了，家人该等着急了。"见"的姐"是个女子又不反抗，歹徒便把刀收了起来，让"的姐"把他送到火车站去。见气氛缓和，"的姐"不失时机地启发歹徒："我家里原来也非常困难，咱又没啥技术，后来就跟人家学开车，干起这一行来。虽然挣钱不算多，可日子过得也不错。何况自食其力，穷点儿谁还能笑话我呢！"见歹徒沉默不语，"的姐"继续说："唉，男子汉四肢健全，干点儿啥都差不了，走上这条路一辈子就毁了。"火车站到了，见歹徒要下车，"的姐"又说："我的钱就算帮助你的，用它干点正事，以后别再干这种见不得人的事了。"一直不说话的歹徒听罢突然哭了，把三百多元钱往"的姐"手里一塞说："大姐，我以后饿死也不干这事了。"说完，低着头走了。

人类是感情动物，每个人都希望得到他人的尊重和爱护。每当受到了他人的关心，随之便产生了感恩之情，就很容易地接受说服者的意见和建议。说服不是压制，心理学上有"对抗理论"，人们都喜欢自由支配自己的活动，而不愿听从他人发出的强硬的命令。鉴于这种心理的存在，在说服他人的时候，一定要充满感情，至少要用商量的语气，以保证不伤对方的自尊，这样才利于取得良好的说服效果。

第三节　说服别人要有合理的理由

说服，是影响人际关系的一种形式，人们都希望掌握说服的技巧，轻松地说服他人，然而，这并非易事。它主要表现为劝说者通过谈话让被说服的对象理解并接受自己的观点和理由。同时，说服力并不取决于是否能言善道，而是在于是否拥有恰当的观点和合适的理由。

大部分人都希望能巧妙地说服他人，但在说服时能拿出充分理由的却非常少。例如：告诉对方"如果不这么做，公司就会有危险""这样会给大家添麻烦""如此才能拓展前途"……这样才算符合说服的需要。与人交往，想不费吹灰之力就说服对方是不可能的。必须彻底归纳自己的意见，表明自己的理由。若抓不住说服意见的重点、想表达的意思却不够明确，这样不但无法说服对方，反而会遭到对方的反击而不得不知难而退。如果一开始就心生胆怯，心想自己的意见能否顺利地说服对方，或者一味地考虑万一遭到对方的拒绝该怎么处理，甚至在说服前已经开始认可对方的观点等，就不可能有一个稳固的说服基础，就无法想出能成功说服对方的方法和手段。

因此，在说服他人之前，先回顾一下谈论事情的中心思想，找到能打动人的理由，再开始进行说服，这样做的好处是能使说服工作开展得更加顺利，并且胜算更大。

南方的夏季很是难熬，不但潮湿，而且气温也是高得惊人。在这种环境中，就连树上的虫子都懒得出来，更何况每天需要工作十几个小时的建筑工人呢！

又是一个炎热的午后，工人们吃过午饭后都各自找个地方纳凉，因为天气实在是太热了。这时，一位监工走到工人们跟前，大声呵斥，工人们害怕监工，都纷纷拿起工具去干活了。可是等监工一走，他们又都停下手中的活儿，开始偷懒。这一切，都被精明的监工看在眼里，他马上明白严厉的呵斥根本解决不了问题，故而，他换了一种战术。

大约过了10分钟，监工又来到工人这边，偷懒的工人们见监工来了，马上开始干活。监工笑着说："来，来，来，大家都把手里的活停下，这大热的天，咱们聊聊天。"说完，还顺手拿出刚刚买来的矿泉水分给每个人。他继续说道："这鬼天气，谁愿意在大太阳底下干活啊，可是没有办法啊，现在上面领导催得紧，而且还要求保质保量。这些倒不是问题，关键是工期我们耽误不得啊，如果我们的工程不能如期交工，不但上面要扣我的工程款，就连各位师傅的工钱我也得拖着了啊。所以，我们大家就一起忍耐一下，抓紧时间把活儿干完，咱们早早干好活，也能早点拿钱回家孝敬父母，回去也好给老婆孩子添置点儿新东西，你们说是这个道理不？"

工人们一听监工说的句句在理，谁也不好意思再偷懒了，都一声不响地去干活了。

工人们之所以在监工第二次的说服之后都自动地去干活，就是因为监工掌握工人的心理，理解工人的内心，适时地找到可以劝说工人们自愿干活的理由，使目的达成。

若对方固执地坚持己见，不妨直接说出你的意见，让对方暗自权衡一下利弊得失。当你想说服某个人时，若能先将利害关系说出，则更容易达到你的目的。譬如你只是说："赶紧将这份工作完成。"倒不如说："你若能尽快将此事完成，就会有更充裕的时间休息。"虽然辛苦一点，但有充分的时间可以休息，这种诱惑是谁也无法抵挡的。说话者技巧的高明之处，在于他们总会先将对方的心理揣摩一番，发现对方防守的要害，用攻坚或软化的方法破坏其防线，以求达到"攻心为上"的效果。

一位平时很节俭的老先生有一部老旧轿车，但这部车已经无法再发动上路了，于是有许多汽车推销员整日围着他推销新车，让他不胜其烦，造成他强烈的防范心理，常常扭头就走。最后，只要推销员一上门，他就会想："这家伙又是看上我的钱包，我绝不会上他的当。"

"你这部老爷车早就该进博物馆了，开这种车实在有失你的身份。""你不如把修车的钱攒起来买部新车，这样才划算。"这位老先生每次听到这些大同小异的商业推销用语，马上反感。

有一天，又来了一名陌生的推销员，老先生的第一个反应是："骗子又来了！"然而，出乎意料的，那位推销员并没有向他夸耀自己的汽车，而是很内行地将老先生的旧车仔细地看了看，然后诚恳地对他说：

"先生，你这部车保养得很好，起码还可以用一年半载，似乎不太需要立刻买新车，过半年再买也不迟。"说完便有礼貌地递给老先生一张名片，然后就直接离开了。听他这么一说，老先生心里泛起莫名的亲切感，不知不觉心中的防御系统已冰释瓦解，愈看愈觉得自己应该换部新车了。于是他马上照名片上的电话号码打电话给那名推销员，结果如何，各位可想而知。

充分的理由是说服人的关键，也是根本。因此我们在说服别人的过程中，就是强调最充分、最关键的理由。

多年以前，美国成功学家拿破仑·希尔曾应邀向俄亥俄州立监狱的服刑人发表演说。他一站上讲台，立刻看到眼前的听众之中有一位是他在十年前就已认识的朋友——D先生，D先生此前是一位成功的商人。拿破仑演讲完毕后，和D先生见了面，谈了谈，发现他因为伪造文书而被判20年徒刑。听完他的故事之后，拿破仑说："我要在60天之内，使你离开这里。"D先生脸上露出苦笑，回答说："希尔，我很佩服你的精神，但对你的判断力却深感怀疑。你可知道，至少已有20位具有影响力的人士曾经运用各种方法想使我获得释放，但一直没有成功。这是办不到的事。"

希尔前去拜访俄亥俄州州长，向他表明了此行的目的。希尔是这样说的：

"州长先生，我这次是来请求你下令把D先生从俄亥俄州立监狱释放出来。我有充分的理由，请求你释放他。我希望你立刻给他自由，为此我准备留在这儿，等待他获得释放，不管要等待多久。在服刑期间，D先生已经在俄亥俄州立监狱中推出一套函授课程，你当然也知道这这件事：他已经影响了俄亥俄州立监狱中 2518 名囚犯中的 1728 人，他们都参加了这个函授课程。他已经设法请求获得足够的教科书及教学资料，而使得这些囚犯能够跟得上功课。难得的是，他这样做并未花费州政府的一分钱。监狱的典狱长及管理员告诉我说，他一直很小心地遵守监狱的规定。当然了，一个能够影响 1700 多名囚犯努力学习的人，绝对不会是个坏家伙。我来此请求你释放 D 先生，因为我希望你能指派他担任一所监狱学校的校长，这将使得美国其余监狱的 16 万名囚犯获得向善学习的良好机会。我准备担负起他出狱后的全部责任，这就是我的要求。但是，在您给我回答之前，我希望您知道，我并不是不明白，如果您将他释放，可能会使您在竞选中失去很多选票。"

俄亥俄州州长维克·杜纳海先生紧握住拳头，宽大的下巴显示出坚定的毅力。他说："如果这就是你对 D 先生的请求，我将把他释放，即使这样做会使我损失 5000 张选票也在所不惜……"

说服工作就此轻易完成了，而整个过程费时竟然不超过 5 分钟。3 天以后，州长签署了赦免令，D 先生走出监狱的大铁门，他恢复了自由之身。

希尔之所以能够成功地说服州长，和他的周密考虑和精心安排是分不开的。希尔事前了解到，D 先生在狱中的行为良好，对 1728 名囚犯提供了良好的服务。当他创办了世界上第一所监狱函授学校时，他同时也为自己打造了一把打开监狱大门的钥匙。既然如此，其他请求赦免 D 先生的那些人，为何无法成功地使 D 先生获得释放呢？他们之所以失败，主要是因为他们请求州长的理由不充足。他们请求州长赦免 D 先生时，理由或是他的父母是著名的大人物，或者是说他是成功的商人，而且也不是什么坏人。他们未能提供给俄亥俄州州长充分的动机，使他能够觉得自己有充分的理由签署赦免令。

希尔在见州长之前，先把所有的事实研究了一遍，并在想象中把自己当作是州长本人思考一遍，而且弄清楚了，如果自己真的是州长，什么样的说辞才最能打动州长。希尔是以全美国各监狱内的 16 万名男女囚犯的名义，请求释放 D 先生的。因为这些囚犯可以享受到 D 先生所创办的函授学校的利益。他绝口不提 D 先生有声名显赫的父母，也不提自己以前和他的友谊，更不提他是值得我们帮助的人。所有这些事情都可被用来作为请求赦免他的最佳理由，但和对另外的 16 万名囚犯有很大的帮助这个更充分、更有意义的理由比较起来，就显得没有太大的意义了。希尔靠着这个最充分、最关键的理由获得了成功。可见，找准了理由，就找到了说服他人的关键。

第四节　设身处地，说服时要站在对方的立场上

很多双输者的教训都是当事人一味地打自己的算盘，寸土不让，结果导致两败俱伤。而要想实现双赢，方法其实很简单，就是站在别人的立场想问题。

琼斯是芝加哥一位富有的慈善家，他把大量的时间和金钱都花在心脏病的研究上，这是他最热心的一桩事业。国会参议院的一个委员会正在就建立全国心脏病基金会的可能性进行调查，要求琼斯到会作证。为了准备发言，他请教了一些最优秀的专家。民间的心脏病研究组织配合他的工作，为他准备了递交给参议员的呼吁书和简明详实的文件。

当他带着准备好的发言材料去出席听证会时，发现自己被安排在第六个发言作证，前五人都是医生、科学家及公共关系专家，这些人终生从事这方面的工作，委员会还对他们每个人的资格一一加以盘问，甚至会突然问道："你的发言稿是谁写的？"琼斯看出，缺乏医学专业知识的议员，对专家们内容高深的演讲半信半疑。轮到琼斯发言了，他走到议员们面前，对他们说：

"先生们，我准备了一篇发言稿，但我决定不用它了。因为我不能同刚才已发表过高见的那几位杰出人物相比，他们已向你们提供了所有的事实和论据，而我在这里，则是要为你们的切身利益而呼吁。你们是美国的优秀分子，肩负重大的责任，决定美国的沉浮，现在你们正处于生命最旺盛时期，处于一生事业的顶峰，你们日夜为国家呕心沥血，工作十分紧张和辛劳。正因为如此，你们的心脏最有可能受到损害，你们最容易成为心脏病的牺牲者。为了你们自己的健康，为了你们家庭中时常祈祷你们安康的妻子和儿女，为了千千万万个把你们送进这个大厅的选民们，我呼吁和恳请你们对这个议案投赞成票！"

琼斯面带感情，慷慨陈词，一口气说了三个小时，议员们被彻底地征服了。不久全国心脏病基金会就由政府创办，琼斯成为首任会长。

　　琼斯站在议员们的立场上，直接指出了心脏病对议员本身的威胁，使对方不得不通过这项有利于自身的法案，这是这篇演说词成功的关键。

　　有一位先生，辛辛苦苦赚了十几年的薪水后，终于买得一块理想的地皮，并着手修建房屋。他整天都笑逐颜开，在城市里生活，谁不想拥有一栋属于自己的房子呢？谁知事情发生了变化，他突然接到公司的命令，要他到欧洲某个国家主持分公司的工作。这下他乱了阵脚，简直不知道该如何是好。

　　他想去又放心不下正在动工的房子，想留下又怕影响自己的事业，真是左右为难。不过，他很快就拿定主意，立刻与建筑公司取得联系，通知对方要停止后续工程并解约。

　　建筑公司负责人认真地听了他的理由，然后从容不迫地说："哦！这确实是件大事，事情既然这么突然，那就得尽快解决。不过，先生，我想提醒你一句，建造这样一栋房子，是你这一生中的一件大事，或许你一生就只修建一次房子，况且工程都已经过半，停工将会有很大的损失，是否应该考虑清楚后再做决定呢？"

　　那位负责人的话似乎在说，这件事如果处理不当，将会影响自己的一生，千万不能因眼前的某件事而改变终身长远的计划。

　　本来已经决定解除房屋修建契约的人，最终放弃解约的念头。

　　这位建筑公司负责人是说话高手中的高手，虽然短短几句话，却深藏着高明的策略在其中。

　　首先，他先站在对方的立场想，这么一来，对方在心理及认知上，就会把他当成同路人。

　　接着，他强调盖房子不是开玩笑的，每个人一生或许就只有一次机会盖房子，千万不能儿戏。

　　再者，他又回到现实，强调如贸然停工，费用上有极大的损失；综合这两个重要且不利于当事人的结果，再下结论，请当事人三思而行，自然会让对方心中一震，如大梦初醒，心中感激这位老板，要不然他可能就做错了决定。

　　一位哲人说过：婚姻没有你赢我赢，只有双赢或双输。不光是婚姻，在人生的其他方面，这句话同样有效。很多双输者的教训都是当事人一味地打自己的算盘，寸土不让，结果导致两败俱伤。而要想实现双赢，方法其实很简单，就是站在别人的立场想问题。这是一种逆向思维，需要拿出过人的眼光、勇气及大度的心胸，还要做好舍己为人的准备。

很多时候，如果我们及时调整心态，站在对方的立场思考问题，就会变被动为主动，迅速博得谅解与认同。实践证明：对善于"投桃"的人，现实总会对他"报李"，从而化腐朽为神奇。

第五节　循序渐进，说服别人需要耐心

说服别人并不是三言两语就可以搞定的事，说服别人需要的是耐心。因此，我们在说服别人时要循序渐进，耐心地、一步步地说服别人。

作为一名说服者，不到最后的时刻，永远不要放弃你的说服目标。

1928 年，著名的松下公司急需一笔项目的建设资金。当时的松下公司还处于起步阶段，公司账面上的钱远远不够，只能向银行贷款。

松下和有联系的银行负责人见面，说明公司的项目要求贷款。银行经理详细询问了整个项目的细节，决定和总行协商后再做出答复。3 天以后，总行答复：同意贷款，但要以土地、建筑物乃至松下的"信誉"做担保。

尽管贷款有了着落，但却不是松下所希望的那种方式。对银行方面的做法，松下心中不大满意：以松下的"信誉"做担保，总让人觉得不那么舒服，如果在投资上真的遇到风险，那么把松下的"信誉"赌了出去，松下公司将如何发展呢？在松下看来，信誉是无价的。松下考虑，最理想的结果应该是无担保贷款。于是松下向银行方面表示："对贵行的决定，我表示衷心感谢。但如果以不动产做担保，恐怕会影响到企业的形象，不仅对公司不利，将来对贵行可能也会有所影响。所以，我冒昧地请求，贵行是否可以提供无担保贷款？"

银行方面显得有些犹豫不决。松下接着说："偿还贷款，给我们公司两年时间就足够了，请放心。我厂的土地权利书和建筑物权利书，都可以交由贵行保存。我很希望贵行能给松下公司一次机会。"

经过松下的耐心说服，银行方面终于同意了松下的请求，答应再和总行联络。两三天以后，银行通知松下，决定对松下公司提供无担保贷款。

如果你的观点是对的，一时说不服人家，你很可能会犯过分心急的毛病。当然，如果人家听了你劝说，立刻点头叫好，改弦易辙，并称赞你"一言惊醒梦中人"，这自然是最妙不过的。实际上，这样的情况并不多见。别人的看法、想法、做法，不是一天形成的。"冰冻三尺，非一日之寒"，要对方改变看法也绝非一日之功。有时，即使他当时表示了心悦诚服，你还要让他回去好好考虑。因为积习难改，当面服了，回去细想可能还会出现反复。即使真是如此，也千万不能指责对方是"当面一套，背后一套"。可见，说服别人要循序渐进，要有耐心。因为有时候，说服本来是可以取得更好效果的，但因为说服人认为已经达到了说服的目的，早早地放弃了说服，使得本来有可能更有利的局势毁于一旦。因此要想说服他人，要遵循以下三个步骤，循序渐进。

1. 了解对方的想法

想要让对方同意你的意见，第一步就是要设法先了解对方的想法。很多人为了说服对方，就精神十足地拼命说，说完了七成，只留下三成让客户"反驳"，这样如何能顺利圆满地说服对方？所以，应尽量将原来说话的立场改变成听话的角色，去了解对方的想法、意见，以及其想法的来源，这才是最重要的。

2. 先接受对方的想法

当你感觉到对方仍对他原来的想法坚信不疑时，最好的办法就是先接受他的想法，甚至先站在对方的立场发言。先接受对方的立场，说出对方想讲的话。为什么要这样做呢？因为当一个人的想法遭到别人一无是处的否决时，极可能为了维持尊严或咽不下这口气，反而会变得更倔强地坚持己见，排斥反对者的新建议。

某家庭电器公司的推销员挨家挨户推销洗衣机，当他到一户人家里，看见这户人家的太太正在用洗衣机洗衣服，就忙说："哎呀！这台洗衣机太旧了，用旧洗衣机是很费时间的，太太，该换新的啦……"

结果，不等推销员说完，这位太太马上驳斥道："你在说什么啊！这台洗衣机很耐用的，到现在都没有故障，新的也不见得好到哪儿去，我才不换新的呢！"

过了几天，又有一名推销员来拜访。他说："这是令人怀念的旧洗衣机，因为很耐用，所以对太太有很大的帮助。"

这位推销员先站在太太的立场上说出她心里想说的话，使她非常高兴，于是她说："是啊！这倒是真的！我家这部洗衣机确实已经用了很久，是太旧了点，我倒想换台新的洗衣机。"

于是推销员马上拿出洗衣机的宣传小册子，提供给她做参考。这种推销说服技巧，确实大有帮助，因为这位太太已被动摇而产生购买新洗衣机的想法。至于推销员是否能说服成功，只不过是时间长短的问题了。

善于观察与利用对方的微妙心理，是帮助自己提出意见并说服别人的要素。一般来说，被说服者之所以感到忧虑，主要是怕"同意"之后，会发生意想不到的后果；如果你能洞悉他们的心理症结，并加以防备，他们还有不答应的理由吗？至于令对方感到不安或忧虑的一些问题，要事先想好解决之道以及说明的方法，一旦对方提出问题，可以马上说明。如果你的准备不够充分，讲话模棱两可，反而会令人感到不安。所以，你应事先预想一个可能引起对方考虑的问题。此外，还应准备充分的资料，给客户提供方便，以方便客户决策。

3. 让对方充分了解说服的内容

有时，虽然有可行的计划，但在向对方说明时，对方无法完全了解其内容，他可能马上加以否定。另外还有一种情形是，对方不知我们说什么，却已先采取拒绝的态度，摆出一副不会被说服的模样；或者根本不听我们说什么。如果遇到以上几种情形，一定要耐心地一项项按顺序加以说明。让对方了解我们的真心实意，这是说服这些人先要解决的问题。

第六节 多摆事实，以理服人

当一种观念进入心底很长时间时，话语的确难以改变它。此时，可用事实这种最有力的武器来说服它。

改变一个人对一件事的偏见，就要找到与他观念相悖的事实，自然而然地引入这个事实，并在时机成熟时阐述它，发挥它，使之真正成为你的有力论据。让事实说话，让说话的声音更有力。

由于数字更加具体，所以籍由数字产生的事实更容易让人信服。因此，在必要时，我们要设法为枯燥的数字注入生命。这即是说，要让数字所代表的事实，能成为一般人生活经验中的一部分。只有这样，人们对数字才感到亲切，也才能产生兴趣。举例来说，下面的第一种数字陈述方式若能改为第二种陈述方式，则其影响力将显著加大。

A："假如各位接纳我的提议，则公司每个月至少能节省 67 453 750 元的开支。"

B："假如各位接纳我的提议，则公司每个月至少能节省 67 453 750 元的开支。从另一个角度来说，倘若这项节省下来的开支，能以加薪的方式平均分配给公司的每一位成员，则每人每月的工资将增加 3500 元。"

日本语言学大师宇川先生说过："语言抽象程度的高低并不重要，关键在于能否化抽象为具体。如果介绍美国的烹调技术，最好将美国的饮食习惯、食物保存法及一般的家庭主妇烹调用具都详细介绍到，因为方法是抽象的，而烹调用具和实际操作是具体的。"和数字一样，具体的事物和比喻才有说服力。因此，当你要说服一个非专业人士时，记得要用具体的比喻和数字，才会有好的效果。让事实和数据为你说话，你的说服筹码分量会更充足。为了更好地说服别人，我们不妨把一些抽象的事实想办法用事实说出来，只有这样，我们的说服才会更加清晰明了，才能更容易赢得别人的信服。

第七节 可以戴顶"高帽子"

世间之人，大都喜欢听好话，尤其是赞美自己的好话更是百听不厌。

清朝末年著名学者俞樾讲过这样一个故事：有个京城的官吏，要调到外地上任。临行前，他去跟恩师辞别。恩师对他说："外地不比京城，在那儿做官很不容易，你应该谨慎行事。"官吏说："没关系。现在的人都喜欢听好话，我呀，准备了一百顶高帽子，见人就送他一顶，不至于有什么麻烦。"恩师一听这话，很生气，以教训的口吻对他的学生说："我反复告诉过你，做人要正直，对人也该如此，你怎么能这样？"官吏说："恩师息怒，我这也是没有办法的办法。要知道，天底下像您这样不喜欢戴高帽的能有几位呢？"官吏的话刚说完，恩师就得意地点了点头："你说的倒也是。"从恩师家出来，官吏对他的朋友说："我准备的一百顶高帽，现在仅剩九十九顶了！"

戴高帽在说服别人的时候同样适用。

某中学有一位品行极差的 A 学生，整天无心上课，常常纠集校内外一伙游手好闲的中学生，到处横行霸道，专门打架闹事，甚至很多老师都曾被他捉弄。A 学生的父母忧心如焚，不知道如何教育儿子走向正途。新学期开始，转来一位老师，他是位成人教育的专家，于是校长便派他去指导那位全校出名的"刺头"。

新老师从 A 学生的父母那儿了解到：A 学生从小自尊心极强，总喜欢出人头地。于是新老师想到一个妙法。他发现平时常有一位 B 同学寸步不离地跟着 A，便想借助 B 同学来帮助 A。

他像平常一样把 A 学生叫到他的办公室来，A 学生心想肯定新老师又是训斥他，因此他一进办公室就不停地东张西望，一副满不在乎的样子。

然而新老师并没有责备他，还为他倒了一杯水，然后装出为难的神情说："唉，真不知怎么说，老师现在有点事要麻烦你。"

A 学生听到这番话大感诧异，并且有些高兴地问道：

"什么事啊？"

新老师说："我听说 B 同学一直不求上进，最近还有人说他经常欺负小学生，我刚到这里，不熟悉他们的情况，无法顺利展开辅导工作。我听你父母说你对人有一副热心肠，所以找你帮忙，替我劝解他。"

A 学生一开始是抱着听训的心理而来，没想到新来的老师非但没有责备他，反而还非常信任和器重他。回想以前的那些老师，对自己不是恶语相向，便是冷若冰霜，心里便有些感动，认为这位新老师很够"朋友"，自然一口答应老师的请求。

一个人一旦对周围环境和与人相处的态度有所改观，他的处事方法自然也会随之而改变。A 学生从此成了助人为乐的少年，自己的恶习也一天天减少，不但达成了老师想要的目标，自己也获得了新生。

第八节　深入了解对方才能找到说服的突破口

"知己知彼，百战不殆"，我们要说服别人，就要先了解别人，只有了解了别人才能对症下药，找准说服对方的突破口。

说服他人是生活中常见的一种现象，需要说服的对象有很多，他可能是你的父母、你的上司、你的顾客、你的朋友、你应聘的主考官等。由于每个人经历不一，性格不一，学识不一，专业不一，与之相对应的心态、兴趣、处世、为人，当然也不一样。因此，要想在最快的时间内寻找到说服别人的最佳突破点，可以从深入了解对方找到说服别人的突破口。

1. 了解对方的性格

不同性格的人，接受他人意见的方式和敏感程度是不一样的。是性格急躁的人，还是性格稳重的人；是自负又胸无点墨的人，还是有真才实学又很谦逊的人。了解了对方的性格，就可以按照他的性格特征，有针对性地进行说服。

2. 了解对方的长处

一个人的长处就是他最熟悉、最了解、最易理解的领域。如有人对部队生活比较熟悉，有人对农村生活比较熟悉，有人擅长文艺，有人擅长体育，有人擅长交际，有人擅长计算等。

在说服人的时候，要从对方的长处入手。第一，能和他谈到一起去；第二，在他所擅长的领域里，谈论起来他容易理解，因此容易说服他；第三，能将他的长处作为说服他的一个有利条件。如一个伶牙俐齿、善于交际的人，在分配他做推销工作时可以说："你在这方面比别人具有难得的才能，这是发挥你潜在能力的一个最好机会。"这样谈既有理有据，又能表现领导者对他的信任，还能引起他对新工作的兴趣。

3. 了解对方的兴趣

有人喜欢绘画，有人喜欢音乐，有人喜欢读书，还有人喜欢下棋、养鸟、集邮、书法、写作等，人人都喜欢从事和谈论其最感兴趣的事物。从这里入手，打开他的"话匣子"，再对他进行说服，便较容易达到说服的目的。

4. 了解对方的想法

一个人坚持一种想法，绝不是偶然的，他必定有自己的理由，而且他讲的道理一般都符合他的利益。尽管有时这也许不是他想要坚持的，只是不愿承认，难于启齿罢了。如果说服者能真正了解他的"苦衷"，就能有针对性地加以解决。

5. 了解对方的情绪

一般来说，影响对方情绪的因素有以下三方面。一是谈话前对方因其他事所造成的心绪仍在起作用；二是谈话当时对方的注意力还未集中起来；三是对说服者的看法和态度。因此，说服者在开始说服之前，要设法了解他当时的思想动态和情绪，这对说服的成败，是一个至关重要的环节。

凡此种种，我们都要悉心研究，才能够有针对性地采取有效的说服方式。另外，了解对方是有许多学问的。许多人不能说服别人，就是因为他不仔细研究对方，不研究该用怎样的表达方式就急忙下结论，还以为"一眼看穿了别人"。这就像那些粗心的医生，对病人病情不了解就开药方，当然不会有好的效果。

第九节　先声夺人可为说服对方赢得主动权

先声夺人的说服技巧是指说话时为了赢得整个局面的主动权，可以用先声夺人的策略，给对方造成一种声势，让整个局面向着有利于自己的方面发展。

先声夺人说服技巧可灵活应用，有时，放在说话开头，达到一语定乾坤的效果；有时，放在打破僵局上，起到峰回路转、柳暗花明的作用。

在西方某国有一家制造电灯泡的公司，由于该公司处于初创阶段，新产品销路不畅，价格也不理想。他们的董事长到各地去做旅行推销，希望各地的代理商能积极配合，使他们生产的电灯泡能够打入各级市场。

董事长召集了各个代理商，向他们介绍这项新产品，并进行买卖谈判。在谈判中，董事长对参加谈判的各代理商说："经过多年来的苦心研究和创造，本公司终于完成了这项对人类有巨大贡献的产品。虽然它还称不上是第一流的产品，只能说是第二流的，但是，我仍然要拜托各位，以第一流的产品价格向本公司购买。"

听了董事长这先声夺人的话，在场的人都不禁哗然："董事长该没有说错吧？谁愿意以购买一流产品的价格来买二流的产品呢？既然你本人都已经承认它是二流的产品了，那当然应该以二流产品的价格来交易才对啊！"大家都以怀疑和莫名其妙的眼光看着董事长。

"各位，我知道你们一定会觉得很奇怪，不过，我仍然要再三拜托各位！"董事长对大家说。

"那么，请你把理由说出来听一听吧！"各个代理商都想知道这个谜底。

"大家都知道，目前制造灯泡的企业中可以称得上第一流的企业只有一家。该企业垄断了整个市场，即使他们任意抬高价格，大家也仍然要去购买，是不是？如果有同样优良的产品，但价格便宜一些的话，对大家不是一种福音吗？"

经过董事长这么一说，大家似乎明白了一点儿。然后，董事长接着说："就拿拳击赛来说吧，不可否认，拳王阿里的实力谁也不能忽视。但是，如果没有人和他对抗的话，拳击赛就没有办法举办了。因此，必须要有个实力相当、身手不凡的对手来和阿里打擂台，这样的拳击才精彩，不是吗？现在，灯泡制造业中就好比只有阿里一个人，因此你们对灯泡业是不会发生任何特别兴趣的，但也赚不了多少钱。如果这个时候能出现一位对手的话，就有了互相竞争的机会。换句话说，把优良的新产品以低廉的价格提供给各位，大家一定能得到更多的利润！"

"董事长，你说得不错，可是，目前并没有另一位阿里呀！"

董事长认为摊牌的时机已经到了，他接着说："我想，另一位阿里就由我来充当好了。为什么目前本公司只能制造二流的灯泡呢？这是因为本公司资金不足，所以，无法在技术上有所突破。如果各位肯帮忙，以一流的产品价格来购买本公司二流的产品，这样我就可以筹集到一笔资金用于技术更新改造，相信不久的将来，本公司一定可以制造出优良的产品来。

"这样一来，灯泡制造业等于出现了两个阿里，在彼此的大力竞争之下，毫无疑问，品质必然会提高，价格也会降低。到了那个时候，我一定会好好地谢谢各位。此刻，我只希望你们能够帮助我扮演'阿里的对手'这一角色。

但愿你们能不断地支持、帮助本公司渡过难关。因此，我恳求各位以一流产品的价格购买本公司的二流产品！"

话音刚落，一阵热烈的掌声掩盖了嘈杂声。董事长这种先声夺人的说话方式产生了极大的回应，收到很好的说服效果，代理商纷纷表示："我们很了解你目前的处境，所以，希望你能赶快成为'另一个阿里'，因为以一流的产品价格购买二流的产品，这种心情是不会太好的。"

"谢谢！谢谢！我真是太感动了！各位的好意我永远都不会忘记的，总有一天我会好好地报答各位……"就这样，谈判在愉快而感人的气氛中达成协议。

按照常理，一流的价格应该用于购买一流的产品，怎能使谈判者以一流产品的价格去购买二流的产品呢？可是，董事长一开始就先声夺人，奠定谈判基础，然后有条不紊地加以论理，最后把自己的想法变成了现实，代理商们也愉快地接受了他的建议。

可见，先声夺人可以为说服对方，赢得主动权。

第十节　层层剥笋，向对方把道理说明说透

人的思想是复杂的。对某一事物不理解，想不通，往往非一点即通，而需像剥笋一样，把握脉络，层层递进，穷追不舍，把理说透。

1921年，哈默听说苏联实行新经济政策，鼓励吸收外资，就打算去那儿做买卖。他想，那儿最迫切的是消灭饥荒，得到粮食。当时美国粮食正值大丰收，1美元可买到35.24升大米，农民宁肯把粮食烧掉，也不愿以这样的价格送往市场出售。苏联有的是美国需要的毛皮、白金、绿宝石，如果双方交换，岂不是很好吗？哈默到达莫斯科的第二天早晨，列宁和他做了亲切的交谈。粮食问题谈完以后，列宁希望哈默在苏联投资，经营企业。哈默听了，默默不语。因为西方对苏联实行新经济政策抱有很深的偏见，搞了许多怀有恶意的宣传，使许多人把苏维埃的政策想象成可怕的怪物，将到苏联经商、投资办企业视为"到月球去探险"。俗语说，众品铄金。哈默虽然做了勇敢的"探险"者，同苏联做了一笔粮食交易，但对在苏联投资办企业一事，仍心存疑虑。

明察秋毫的列宁看透了哈默的心事。他讲了实行新经济政策的目的，告诉哈默："新经济政策要求重新发展我们的经济潜能。我们希望建立一种给外国人以工商业承租权的制度来加速经济发展。"

经过一番交谈，哈默弄清了苏维埃政权的性质和苏联吸引外资办企业的平等互利原则，很想大干一番，但是说着说着，又动摇起来。当列宁听出哈默担心苏联政府机关人员办事拖拉时，立即安慰说："官僚主义，这是我们最大的祸害之一。我打算指定一两个人组成特别委员会，全权处理这一事务，他们会向你提供你所需要的帮助。"

列宁看哈默的眼神里还流露着不放心的意思，就索性把话说得一清二楚："我们明白，我们必须确定一些条件，保证承租人有利可图。商人不都是慈善家，除非觉得可以赚钱，不然只有傻瓜才会在苏联投资。"没过多久，哈默就成了第一个在苏联经营租让企业的美国人。

列宁对哈默的一连串的不解、疑虑，像剥笋一样逐个加以分析，斩钉截铁；干脆利落、毫不含糊，把政策交代得明明白白，使得哈默心里的一块石头落了地。这就是"层层剥笋法"的奇效。试想，如果列宁只是简单地向哈默做些保证的允诺，效果肯定不会太好。

第十一节　借用双关语意说服他人

"双关语"指在一定的语言环境中，利用词的多义和同音的条件，有意使语句具有双重意义，言在此而意在彼的修辞方式。双关可使语言表达得含蓄、幽默，而且能加深语意，给人以深刻印象。

从前，有个媒婆，她凭一张巧嘴不知使多少青年男女结成了良缘。一次，她遇到了难题。一位姑娘缺了一块嘴唇，一直嫁不出去；一个小伙子没有鼻子，娶不上媳妇。他们虽然容貌各有缺陷，找对象时却都要求对方五官端正。但是，这位巧嘴的媒婆还是把他们说合了。

媒婆对小伙子说："这姑娘没有别的毛病，就是嘴不好！"小伙子想，准是心直口快，爱唠叨，于是说："嘴不好不算大毛病，慢慢她会改嘛！"媒婆对姑娘说："小伙子什么都好，就是眼下缺少点东西。"姑娘听了以为是结婚礼品准备不全，就说："眼下缺少点东西怕啥，我多陪嫁点就是了。"媒婆见双方表示同意，于是叫他们把自己的话写下，以免口说无凭。

在尊奉父母之命、媒妁之言的社会，他们没有见面就定下了自己的婚姻大事。到了新婚之夜，真相大白了，双方都指责媒婆骗人，媒婆却拿出字据说："我怕你们不满意这事儿，都清清楚楚、明明白白地告诉你们啦。（对小伙子）我不是跟你说了姑娘嘴不好吗？（对姑娘）我不是告诉你小伙子眼下缺点东西吗？可是你们都同意了，这不，还立了字据呢！怎么能说是我骗人？"两个人都无话可说了。后来这对青年生活得挺美满。

这位媒婆真是有口才，将一对无情却有缘的人牵到了一起。姑娘"嘴不好"，小伙子"眼下缺少点东西"，是利用多义构成双关：按小伙子的理解，姑娘"嘴不好"准是心直口快，爱唠叨，然而，还可表示"兔唇"；按姑娘的理解，小伙子"眼下缺少点东西"，是结婚礼品准备不全，"眼下"的引申义是目前，指说话这个时候，媒婆却用的是它的字面意思，真的是"眼睛下面"。由于两位青年根据自己憧憬的形象，做了理想的理解，因而产生了这样的效果。

第十二节　轻松地掌握说服的策略

说服别人并不是一件容易的事，说服别人需要掌握一些说服的策略。这一小节，我们就为大家介绍两种说服的策略。

在语言的表达中，说服的语言是最有难度的。说服的语言中包含很多策略，只要掌握并运用好这些策略，说服也就不是什么难办的事了。下面，我们就来介绍几种说服的策略。

1. 明责自己，暗劝别人

"明责自己，暗劝别人"是通过谴责或贬低自己来劝说对方，促其良知的醒悟达到自我改错的目的的一种技巧。其思路是：责备自己——促其觉醒——改正错误。此法最适宜劝说上级、长者以及听不得不同意见的人。

公元前655年，晋献公之子重耳因国内宫廷内乱，被迫逃亡，先后在狄国、齐国、宋国、楚国、秦国避难，长达 19 年之久，直到公元前 636 年（周襄王十六年），才在秦穆公的支持和帮助下，得以返回晋国为君。秦穆公派公子縶率兵护送重耳渡黄河回归晋国本土，专门负责照料重耳饮食起居和行李炊具的近臣壶叔忙着收拾行装，把一些坏边笾（盛果品的器皿）残豆（豆：古代盛肉或其他食品的器皿），敝席破帷，仍然当做宝贝一件件地搬到船上，就连吃剩下的食物也不肯丢弃。重耳见了不禁说："我今天就要回国当国君了，吃穿都不愁了，还要这些破烂货干什么？都给我扔了吧！"其舅狐偃对重耳这种未得富贵先忘贫困，好了伤疤忘了痛的言行十分反感，他担心重耳当上晋国国君后喜新厌旧，玩物丧志，居安忘危。但因重耳在兴头上，不便直言顶撞，于是审时度势，采用"明责自己，暗劝别人"的方法，旁敲侧击道："公子此番渡过河去，便进入晋国地界，内有诸臣辅佐，外有强秦做后盾，以公子之才能，定能将晋国治理得繁荣昌盛。我伴随公子在外奔波了 19 年，年岁已老，体力日衰，就像那些余笾残豆，不可再盛，敝席破帷，不可再用。如仍继续留在公子身边，已于事无益，愿留秦邦，以终余生。临别之际，特献上秦穆公馈赠我的白璧一双，留作纪念，聊表寸心。愿公子大展鸿图，晋国繁荣昌盛。"

一席出自肺腑的真情实话，立刻引发重耳对流亡异国、寄居篱下、有国难投、有家难回的痛苦回忆。面对着跟随自己多年，一直忠心耿耿的舅父狐偃，他不禁悲从中来，惭愧万分。他双手扶起狐偃，斩钉截铁地说："我回国之后，如若喜新厌旧，沉湎酒色，忘恩负义，不同你们同心同德把国家治理好，我就禽兽不如，子孙也不会容我！"说罢，同壶叔、狐偃一起，将已弃之物一一拾回。

此法的核心是启其醒悟，使其良知发现，自觉改正错误，切忌尖锐批评与讲空道理。运用此法时，要牢牢掌握"责"与"劝"的内在联系。"责"的时机必须恰当，责的内容必须与劝的内容紧密相关。"责"的时机不好，对方听不进去，不仅收不到好的效果，甚至还可能引起反感；责的内容与劝的内容无关，则起不到启发的作用，也会令对方厌烦。只有审时度势，因人因事制宜，才能快速有效地启发对方的良知，使其幡然悔悟，痛改错误。狐偃的劝说，是完全符合上述思路的。首先，他顺着重耳即将回国执政的兴头，祝愿他国运昌盛，以迎合重耳踌躇满志的心理，取得共识，令他听着高兴，这叫作审时度势；然后巧妙地贬低自己，谴责自己在国家形势大好的情况下，

"年岁已老，体力日衰，就像那些余笾残豆，不可再盛。敝席破帷，不可再用"，只好恳求退休，以免拖累对方。暗含重耳即将结束流亡生活，过上好日子了，对艰苦奋斗、勤俭度日的精神也可能丢弃的批评，正话反说，令对方醒悟，这叫作责的内容与劝的内容紧密相关；最后，献上白璧一双，情理交融，表示一片忠心和诚意。这样，终于达到了启发对方认识错误、心悦诚服地接受劝说的目的。

2. 欲抑故扬，营造氛围

在现实工作和生活中，总有一些人感到心态不平衡，遇到不如意的事，爱发一点牢骚。要说服这一类常发牢骚如同穿衣吃饭的人，直言批评往往起不到预期的效果，运用一种"欲抑故扬，营造氛围"的说服技巧却能奏效。其思路是欲贬抑对方不妨先褒扬之，通过"故扬"，肯定其积极方面，缓解其不良情绪，为对方接受批评意见营造一个心平气和的氛围。然后再话锋一转，化"扬"为"抑"，只要说得合情合理，就能够使对方心悦诚服地放弃偏激之见。

青年工人赵平因为企业上调工资，而他却没有在上调的名单之列，气势汹汹地闯进厂长办公室，对着周厂长大声嚷道："这次调工资为什么没有我？和我一同进厂的王林、郑军都涨了工资，他们谁也不比我强多少，为什么单单把我落下了，这不是欺负人吗？"周厂长听了一声不吭，待他稍微冷静下来，便说："小赵啊，你说得不错，你和王林、郑军一同进厂，你确实做到了按时上下班，从未迟到早退，更未旷工，干活也确实认真负责，为企业创造了一定的效益，这些方面还希望你继续坚持发扬。但是，你知道这次调工资为什么没调你吗？一方面，人家王林和郑军不仅工作努力，而且还爱厂如家，在节约原料、设备养护方面比你做得好一些；另一方面，他们二人的上进心都很强，王林坚持业余自学，已经拿到了函授大学本科文凭，而郑军已通过考核获得技师资格证，听说他正在加紧练习，准备将来考高级技师呢！因为他们有一种紧迫感，明白现代企业的工人应该与时俱进，才不会落伍的道理。他们二位同志的表现，得到了大家的肯定，这次调工资，厂里的领导对于每位够资格上调工资的人都有着详细的了解，对于他们二位都投赞成票。其实，你刚才反映的事，厂里研究过，大家一致认为在你和他们二位之间还存在着一段差距，就说业余时间吧，你都在干什么呢？"赵平说："和朋友出去玩玩牌，吃吃饭，年轻人玩玩有什么不行？"周厂长语重心长地说："我不反对青年工人玩，但是要玩得正当、玩得有意义。你那天晚上一下子把一个月的工资输光，而且还进了公安局，公安局只是认为你是初犯，没有处理你。这次之所以没升你的工资，也是想让你从中吸取教训。"赵平没词了，低下头沉思着。周厂长拍拍他的肩膀，说："你呀！好好向王林、郑军他们学习，来年的奖励升级我可等着你啦！"赵平听了，心悦诚服，点头称是。

当面对一些情绪冲动的人的质问和无理取闹的时候，首先要做的是用缓和的语气使对方情绪冷静下来，再顺着对方的脾气对其大加赞扬一番，当时机成熟时再一语击破，使对方心服口服地接受现实。

在这里，周厂长面对因未涨工资而发牢骚的赵平，先耐心倾听他的意见，知道赵平主要是与一同进厂而涨了工资的王林、郑军攀比时，他心中就有了底。于是，他在说服赵平时，先夸赞赵平与王林、郑军一样，出勤状况好，工作认真负责，为企业做出了贡献，并勉励他要继续发扬这些优点。这使赵平感到领导并没把自己看扁了，不满的情绪得到了一定程度的释放。然后，周厂长话锋一转，实事求是地指出赵平与王林、郑军之间的差距，并用小赵业余时间参与赌博的缺点，让小赵认识到自己的不足之处。最后，周厂长再教育他要见贤思齐，并以希望激励之，使小赵真的服了。

由此可见，运用"欲抑故扬，营造氛围"的说服技巧，要注意以下几点：

第一，言辞委婉，减压缓冲。

这种说服技巧的要点是以委婉的说辞柔化批评的锋芒，建立一个心理上的"缓冲带"，为心情郁闷的对方减轻压力，有助于对方调整心态，接受批评意见。

第二，辩证剖析，一分为二。

运用这种方法要善于对人对事进行辩证剖析，采用一分为二的方法，明辨是非，分清正误，帮助对方正确认识自己，正确对待别人。对己，不仅看到所长，更要看到所短；对人，不仅要看到所短，更要看到所长。只有这样，才能帮助对方打开心结。

第三，设身处地，为人着想。

运用这种说服技巧，还有一点很重要，那就是设身处地对方着想，既有实事求是的批评帮助，又有满腔热忱的激励关心，以理服人，以情动人，这样才能收到很好的说服效果。

第四，投其所好，顺其所爱。

投其所好，既是一种说服技巧，又是一种劝导他人的思路。也就是说，根据被说服一方的性格特征、兴趣爱好、文化修养、人生经历，选择他爱听的话或事例，并顺着他的感情倾向、审美意识、道德标准、价值取向加以诱导与启发，使之对劝说一方产生"无话不可对君谈"的亲切感、信任感，从而心悦诚服地改变初衷，接受对方的观点，按照对方的观点去行动。

第九章
以柔克刚，巧用同情心的攻心说话术

人是感情动物，面对弱者，都会不由自主地产生同情心。一旦一个人的同情心被挑起，这个人的心理防线也就会在无形中减弱，他就更容易被攻陷。如果能巧用同情心，毫无疑问，你的话会更容易攻陷听者的心防。

第一节　示弱的话让你赢得别人的同情

有时，弱者更能引起别人的同情，同样，说一些示弱的话更容易打动人心。

示弱的话能够引起他人的同情，从而打动人心。在日常生活中，巧用悲切的、示弱的语言，与对方拉近距离，使对方产生"同命人"之感，从而唤起对方的同情，也不失为说服人的一个好方法。

说示弱的话，是有技巧的，你不妨试试下面的方法。

1. 把不幸形象化、具体化

把不幸形象化、具体化是指避免直接、抽象地陈述不幸者所承受的痛苦，而将这些痛苦形象化，使之成为人们可感可触的东西。

因为抽象的表述再详实也无法充分调动人们复杂丰富的感受，只有当这些不幸和痛苦凸显化、立体化，成为可感可触的东西时，人们才会产生联想，才会有真切的体验，内心的同情与感动才会被激发出来。

一个寒冷的冬天，纽约一条繁华的大街上，有一个双目失明的乞丐。乞丐的脖子上挂着一块牌子，上面写着："自幼失明。"

有一天，一个诗人走近他身旁，他向诗人乞讨。诗人说："我也很穷，不过我给你点别的吧。"说完，他便随手在那乞丐的牌子上写了一句话。

那一天，乞丐得到很多人的同情和施舍。后来，他又碰到那诗人，很奇怪地问："你给我写了什么呢？"

诗人笑笑，念着牌子上他写的句子："春天就要来了，可我不能见到它。"

为什么"自幼失明"四个字换成了"春天就要来了，可我不能见到它"乞丐就得到更多的同情和施舍了呢？这正是因为后者比前者更具体、更形象，不但暗含了"失明"这一不幸事实，而且表达了乞丐渴望像街上行人一样亲眼看到春天的心理感受。人们看到这句发自内心的独白，自然会联想到自己的幸运，从而对乞丐的不幸给予深深的同情。

2. 强调信任与背叛的反差

这种说法是指细致描述不幸者对背叛者毫无保留的信任和关爱，突显出背叛者可恨可耻，激发人们对不幸者的同情。

每个人恐怕都有被自己信任的人出卖的挫折体验，这种体验不仅让我们对背叛者深感痛恨，而且内心里会产生说不出的委屈与酸楚。我们对背叛者付出的信任和关爱越多，这种委屈与酸楚就会越强烈。针对这一心理，我们可以强调背叛者的背叛不仅仅给爱他的人带来了利益上的损失、肉体上的伤害，更重要的是给其带来了巨大的心灵痛苦。相似的体验会激起人们强烈的心灵共鸣，使他们无法不动情。

恺撒遇刺后，在安葬恺撒时，他的旧部安东尼发表了极为动人的演讲。在演讲的高潮部分，安东尼走下讲台，站在恺撒尸体旁，对着听众们说："你们要有眼泪，现在就尽情地掉吧。恺撒穿的这件大袍，是你们大家熟悉的。我还记得，恺撒第一次穿上这件大袍的时候，是在一个夏天的晚上，那天正是征服爱威领地的光辉日子。现在你们看：卡西乌斯的刀子是从这里刺进去的；加斯加在这里捅了一刀；这个地方，正是恺撒最宠爱的布鲁图斯刺穿的。刀子抽出来时，恺撒鲜血淋漓，好像已跑出门来问：'恺撒是那样爱布鲁图斯啊，难道布鲁图斯也忍心下此毒手吗？'啊！天知地知，恺撒是何等爱布鲁图斯，这一刀，是无情无义的一刀。恺撒看见他们都来杀他，'无情'两字所造成的伤痛会比刀伤厉害得多。各位，请想一想，这是怎样一个大冤劫啊！照这样下去，你我不都是在劫难逃吗？你们怎么也哭起来了？我发现你们也是有天良的人啊，大家都在同洒伤心之泪，你们这些善良的人，才看见恺撒的一件衣服就如此悲痛，你们还没有看见他的尸体呢？他的尸体在这里，你们看，被这些大逆不道的叛徒弄成这个样子了！"

在这段演讲中，安东尼没有过多地强调背叛者的刀刃给恺撒带来的肉体痛楚，而是强调恺撒对仇敌们糊涂的信任与爱，强调这场背叛给恺撒带来的心灵痛苦。人们看到这样一位杰出的领导者竟因为对部下的宠信而遭到如此不幸的结局，这种"恩将仇报"的冷酷现实无法不令他们的内心掀起巨大的波澜。

第二节　贬低自己，让人先从心理上松懈

通过贬低自己，让人先从心理上松懈。在此基础上，想要再攻陷对方的心理防线就容易很多。

许多人都懂得高捧他人的方法，不过有人会认为那样的做法实在令人羞

报，而产生排斥的心理。大家都乘坐过翘翘板，如果一边贴地，翘翘板的另一边必定是荡在高空。而这个跷跷板"和"的原则，也可以适用于人际关系中。亦即适时地贬低自己，相对地捧高对方。使用这种方法，高捧他人，可以让他人的心理变得松懈。

进一步说，如果对他人采取轻视的态度，这对自己绝无半点儿好处。因为你刺伤他的自尊心，他则会对你产生敌意，从而影响你的人际关系。

例如，我们参加开幕式时，即使那是一家不怎么样的店铺，我们也要恭维地说："这店铺看起来真不错，室内的装潢也很考究。不像我经营的那家，门没做好，窗户也是一大一小的。"这样将对方和自己作具体的比较，并技巧性地批评自己略逊对方一筹，对方将因被人高捧而产生优越感，心里更是舒服。

相反地，如果以轻视的口吻对主人说："店铺的柜台再宽一点会比较好。你们下次整修时可要记住啊！"对方听到这样毫不客气的批评，一定会大感不悦，从此对你产生敌意。

我们不妨利用"贬低自己"的诀窍，捧高对方，达到感情投资的目标，如此，成功便离你不远。

某一年年底，日本一家电视台为了要制作迎新晚会，邀请了一些具有知名度的演艺人员参加，齐聚一堂。当时摄影棚里准备了一桌美味的佳肴，还有装饰豪华的背景。虽是庆祝会，但演艺人员却因紧张而个个面色沉重，气氛严肃。

就在大伙儿面面相觑的时刻，橘家圆藏突然摆出一副天真的小孩模样，竟然吃起摆在桌上的菜肴，还津津有味地说："真好吃。各位，我先用啦！"大家看到这样有趣的画面，每个人都把心情放松，严肃的气氛顿时消融。

脱口秀表演者橘家圆藏贬低自己，把自己当天真的小孩来改善所有人的心情，这需要相当的智慧。

一家酒店正在为员工们举办除岁宴会，并邀请员工眷属共同参与，员工们的先生、太太、孩子齐聚一堂。然而，在这种大众齐聚的场合里，平日谈笑风生的男女服务生却哑口无言，场面有点尴尬。这时一男性员工勇敢地站起来同大家打哈哈，企图软化僵硬的气氛，他笑嘻嘻地对着群众述说自己昔日的失恋经验，炒股票赔了不少金钱，以及在家中挨老婆责骂等故事。当众人听到这位男性员工亲身经验的失败后，整个会场的气氛便开始热闹起来了。

或许有人仍没有勇气这样做。没关系，对于比较害羞的人，还有一个高捧他人的技巧。例如，与其他人第一次见面时，在双方互相不了解的情况下，彼此心中可能都会提高警觉，谈话也总是不够起劲，因此对话尴尬又不自在。这时，不妨以自己的失败经验当话题。这样一来即使是不擅高捧他人的人，也能因此达到贬低自己高捧他人的效果。

炫耀自己仅会引起别人的反感，而谈及自己的失败经验，不但会增强对方的自尊心，更能打开对方的心扉，让对方坦然地接受你。所以，先贬低自己再与他人谈话，实在是一种高明的攻心说话术。

第三节　面对品行不端之人，避免正面冲突

宁得罪君子，勿得罪小人。在那些品行不端之人面前，说话更要注意，尤其不要说得罪人的话。

与人交往时，一定要谨小慎微，睁大双眼观看世界，时刻提防品行不端之人。与这种人共事时，一定要小心，否则一旦你得罪或是激怒了他们，往往会使自己陷入困境，这就是我们通常讲的"宁得罪君子，不得罪小人"的原因。

春秋时期，宋、郑两国正准备开战，为了鼓舞士气，宋国的统帅华元在战前杀了一些羊，提前犒赏跟随自己的三军。但由于一时疏忽，在吃肉喝酒时，华元没有请他的驾车人羊斟。等到双方开战时，羊斟说："前天杀羊犒劳将士由你做主，今天赶马驾车由我做主。"于是，羊斟故意将马车驶入敌军之中，致使华元被俘，最终造成宋军大败。

由此可见，品行不端之人很爱记仇，而且报复心重。虽然表面上与你和和气气，但一旦有合适的机会，他们就会立即动手，睚眦必报。你对他们的好，也许他们根本不会记在心上，但是，你如果有一点没有满足他们的要求，那么，报复不知何时就会落到你的头上。

对于胸怀坦荡的君子，你可以随时拒绝他的要求，只要说明理由，他会理解你的难处和处境。君子对自身的缺点和不足向来不避讳，而且对指出自己缺点的人常怀感谢之心。与这样的人交往，你可以袒露心扉，说话做事不

用留有戒心。相反，与品行不端之人交往时，虽然你不用全面将自己武装起来，但一定要有保护自己的好办法，尽量不让品行不端之人接近你，谨防他在背后给你一记闷棍。

战国时期，有一天，齐国的大将军夷射受齐王之邀参加酒宴，兴奋之余，便多喝了几杯，不胜酒力的他此时已经酩酊大醉，于是，便想到外面透透气，清醒清醒。

门口的守卫曾受过刖刑（断足，古代的一种酷刑），他看见夷射刚喝过酒，于是，就上前恳求道："若有剩酒，请赐我一杯！"

"你说什么？像你这样的囚犯，居然敢向我要酒喝，真是胆大妄为的狂徒！"夷射大声地说道。

守卫还想上前恳求，但夷射已经转身离开了。此时，正巧天空下起了小雨，门前的小洼地蓄积了一片小水滩。

第二天清晨，齐王出门看到了这片小水滩，于是，脸上便露出不悦，生气地说："是谁在这里随意小便？"

守门人诚惶诚恐地回答道："我不太清楚，昨夜只有大臣夷射曾在这儿逗留过，我并没有看见过其他人。"

结果，齐王立即赐给了夷射毒酒。

历史的教训是惨痛的，有了这些前车之鉴，身处职场的我们更应该提防品行不端之人在自己背后下绊子！

在工作中，你可能会遇到那种表面上和和气气，私底下却处处与你唱反调的人。假如我们真与这样的品行不端之人共事，必须"待小人要宽，防小人要严"。也就是说，要少说多听，不轻易向周边人许诺；在敌我不明的情况下，切记不要贬低他人，尤其不要对品行不端之人的行为指指点点，尽量减少与品行不端之人的交往，以防他获取更多关于你的消息，或是发现你的软肋。

此外，对于那些不能办到的事情，切记不要一口回绝，而是要婉言拒绝。对品行不端之人一定要"礼而敬之，敬而远之，不去招惹他，更不要与他开玩笑"。要知道，品行不端之人是喜怒无常的，随时都可能会翻脸不认人，如果你与这样的人开玩笑，说不定他会暗自当真，私底下让你吃不了兜着走。

常言道："小人故当远，然亦不可显为仇敌。"所以，智者从来就不与品行不端之人结怨，更不会与品行不端之人树敌。即使知道身边有品行不端之人，也会故意疏远他或是回避他。

那么，到底什么样的人算是品行不端之人呢？

事事顺我意，只知道一味地阿谀奉承，将马屁拍得极响，永远都只会说"是、对"的人。

阳奉阴违，当面一套，背后一套。

总是莫名其妙地怀疑所有人，觉得对方有什么不可告人的秘密，不相信任何人。

狐假虎威，欺上瞒下，总是拿着鸡毛当令箭。

总在背后向领导打小报告，或是背后嘀嘀咕咕地说人坏话，而当面却与人一片祥和。

见风使舵，有荣誉就是自己的，有困难就躲。

不惜一切代价取得名利。

见不得别人过得比自己好，否则就会心生嫉妒，想方设法暗中搞破坏，或是怀着极强的报复心理。

有才但是不用在正当地方，专门琢磨人，极爱说风凉话。

总而言之，我们要防范品行不端之人使坏，首先就要先"正"己。正身、正己、正思想、正风气，这样一来世界上就没有品行不端之人的立足之地了。

第四节　言语上让人一步，行动上先人一步

"路径窄处，留一步与人行"，是值得我们学习的人生哲学。要知道言语上隐忍，行动上好强，才是大智慧。

以退为进是人情关系学中不可多得的一条锦囊妙计。你表现得以他人利益为重，实际上是在为自己的利益开辟道路。在做有风险的事情时，冷静沉着地退让一步，则更容易获得成功。

清河人胡常和汝南人翟方进一起研究经书。胡常先做了官，但名誉不如翟方进好，所以心里总是有些嫉妒，与人议论时老是不说翟方进的好话。翟方进听说了这件事，就想出了一个应付的办法。

胡常时常召集门生，讲解经书。每到这时候，翟方进就派自己的门生到

那里请教疑难问题，并认认真真地做笔记。

时间一长，胡常就明白了，这是翟方进在有意推崇自己，于是心中十分不安。后来，胡常也不再在别人面前贬抑翟方进了，反而赞扬翟方进的种种优点。

尊重并突出别人的观点和利益，这是我们欲求他人合作并实现自己利益的最有力法宝。

明朝正德年间，朱宸濠起兵反抗朝廷。王阳明率兵征讨，一举将他擒获，立了大功。当时深受皇帝宠信的江彬很嫉妒王阳明，认为他夺走了自己大显身手的机会。于是就散布流言说："原来王阳明和朱宸濠是同党，后来听说朝廷派兵征讨，才抓住朱宸濠以自求解脱。"他想嫁祸王阳明并将其抓住，作为自己的功劳。

在这种情况下，王阳明和张永商量说："如果退让一步，把擒拿朱宸濠的功劳让出去，可以避免不必要的麻烦。假如坚持下去不妥协，那么江彬就会狗急跳墙，做出伤天害理的无耻勾当。"

于是，王阳明把朱宸濠交给张永，让他重新报告皇帝说："朱宸濠被抓住了，这完全是总督军江彬的功劳。"如此一来，江彬就没有话可说了。

王阳明称病到净慈寺休养。张永回到朝廷后，大力称颂王阳明的忠诚。王阳明以退让之术，避免了飞来横祸。

如果说翟方进以退让之术，最终为自己化解了一个敌人，那么，王阳明则以退让之术保全了自身。

30岁就担任美国芝加哥大学校长的科学家帕金森在当时受到不少质疑。但他用一句话就轻松化解了大家的质疑与不满。帕金森说："一个30岁的人知道的那么少，需要依赖他的助手兼代理校长那么的多。"帕金森面对别人的质疑并没有尽量去表现自己的才能，并没有去证明自己比别人都强。正因为他懂得谦虚比自夸更容易让别人信服的道理，才得到了大家的最终认可。

如果能懂得"以退为进"的道理，便能舍小利而占得先机。

在适当的时机和场合做出让步，使让步的作用发挥到最大，这是我们要达到的终极目标。但在谈判的实际过程中，时机是非常难以把握的，常常存在以下种种问题：

在商务谈判中，若谈判者仅仅根据自己的喜好、兴趣、成见、性情等因素使用让步策略，而不顾及所处的场合、谈判的进展情况及发展方向等，不遵从让步策略的原则、方式和方法，这种随意性导致让步价值缺失、让步原则消失，进而促使对方的胃口越来越大，在谈判中丧失主动权，导致谈判失败，所以在使用让步策略时千万不要太随意。

在商务谈判的让步策略中的清晰原则是：让步的标准、让步的对象、让步的理由、让步的具体内容及实施细节应当准确明了，避免因让步而导致新的问题和矛盾。常见的问题有：

让步的标准不明确，使对方感觉自己的期望与你的让步意图错位，甚至感觉你没有在问题上让步而是含糊其辞；在谈判中你所作的每一次让步必须是对方所能明确感受到的，也就是说，让步的方式、内容必须准确、有力度，对方能够明确感觉到你所做出的让步，从而激发对方的反应。

如果迫不得已，己方再不做出让步就有可能使谈判夭折的话，也必须把握住"此失彼补"这一原则。即这一方面（或此问题）虽然己方给了对方优惠，但在另一方面（或其他地方）必须加倍地，至少均等地获取回报。

当然，在谈判时，如果发觉此问题己方若是让步可以换取彼处更大的好处时，也应毫不犹豫地给其让步，以保持全盘的优势。

第五节　当让则让：得势饶人会说顺情话

得饶人处且饶人，待人宽厚一点，不把事做绝，得势时说一些顺情话，日后你有什么差错，别人也不会做得太过分，逼你走向绝境。

俗话说"理直气壮""有理走遍天下"。但这并不是说有理就一定要不依不饶，不给别人留退路。在得理的情况下退让一步，对方一定会称道你的宽宏大量，对你心怀感激。

汉朝时有一位叫刘宽的人，为人宽厚仁慈。他在南阳当太守时，小吏、老百姓做错了事，他只是让差役用蒲鞭责打，表示羞辱，此举深得人心。

刘宽的夫人为了试探他是否像人们所说的那样仁厚，便让婢女在他和下属集体办公的时候捧出肉汤，装作不小心的样子把肉汤泼在他的官服上。要是一般的人，必定会把婢女责打一顿，即使不如此，至少也要怒斥一番。而刘宽不仅没有发脾气，反而问婢女："肉羹有没有烫着你的手？"由此可见，刘宽的度量确实超乎一般人。

还有一次，有人曾经错认了他驾车的牛，硬说刘宽驾车的牛是他的。这种事要是换了别人，不将那人拿到官府去治罪，也要狠揍他一顿。可刘宽什么也没说，叫车夫把牛解下给那人，自己步行回家。

后来，那人找到了自己的牛，便把那头牛还给刘宽，并向他赔礼道歉，而刘宽非但没责备那人，反而好言安慰了他一番。

这就是有理让三分、得理而饶人的做法。刘宽用其度量感化了人心，也赢得了人心。

在重大的或重要的是非问题面前，我们自然应当不失原则地坚守真理。但在日常生活中，若为一些非原则问题、鸡毛蒜皮的问题争得不亦乐乎，以至于非得决一雌雄才算罢休，就未免有些小题大作，得不偿失了。例如，当一个人犯错后受到你的责骂时，心里可能不断嘀咕："这么小的过错，犯不着啰唆个不停嘛！"在此种情况下，如果有"理"的你表现得大度，就能显示出你的修养，反而更能让他人钦佩，更易征服人心。下面介绍三条适时退让的方法：

1. 要冷静地思考

当人们遇到对抗或者是攻击时，会不自觉地为自己找理由辩护，这就是争论的开端了。因此，应该先冷静地听完对方所有的观点，客观地分析和思考，说不定就真的能从中获得极大的益处。

2. 各退让一步

日常生活中，常有一些人固执己见，容易为一些小事同别人争论，而且火药味浓烈。这时候，得理的一方应当有饶人的雅量，可以一面解释一面折中调和，最好使用不带刺激性的言语，以避免冲突的扩大。

有一位年轻人上一位同事家吃饭，这位同事是一个从事公路建设的老技术员。进餐时两人聊起了一条高速公路的修建问题。

年轻人说：公路的进度一再推迟，是有关方面的一个严重错误；而老技术员则不同意，认为公路本来就不该兴建。

两人你一言我一语，争论渐趋激烈。

后来，那位老技术员把问题扯到"年轻人自私心重，没有环保意识"上面，显然是在批评那位年轻人。年轻人怕再争论下去会伤和气，便开始缓和下来，他婉转地说："可能我们的看法永远也不会相同，可是，那没有什么，也许我们都是对的，也许我们都是错的。"

年轻人的一席话，不仅给自己搭了台阶，也给争论双方打了圆场，避免了冲突的扩大。

3. 耐心解释

不少时候，人和人之间的相互发火是因为互不了解、缺少沟通造成的。这时候得理的一方切不可以怒制怒，最好的方式是多加解释，想办法沟通、道歉、劝慰，与对方达成共识。

宽厚和善是一种修养，一种气度，一种品德，更是一种艺术。如果我们具备了这种宽厚和善的心态，给人给己留条出路，那么我们与别人的关系就会变得更加和谐。

第六节　抢先认错，让对方从另一面肯定你

与人发生矛盾时，如果能够抢先认错，无疑会让人从另一面肯定你，矛盾也会更容易得到解决。

当错误出现之后，应该有主动自我批评的勇气，这是提升自我修养的重要内容。品德高尚的人，心胸坦荡，不掩饰自己的缺点和错误，勇于批评和自我批评；缺乏涵养的人，心胸狭窄，虚荣心强，不仅容不得别人的批评，而且也羞于做自我批评。

有这样一则故事：

卡耐基常常带着他的爱犬去公园散步，当时的纽约有一个执行得并不是非常严格的规定：凡是带狗外出的，无论有没有戴锁链，都要给狗戴上口罩。

有一天，卡耐基牵着狗在公园里散步，看见不远处有一位巡逻员正在教育另一位不给小狗戴口罩而出来散步的人，那个人很激愤地和巡逻员争辩着，说他的小狗还很小，不会咬人的，并且怒斥巡逻员有什么了不起的，最终那个人被处以 10 美元的罚款。

卡耐基见状连忙换个方向继续散步，但很不幸的是在几分钟后，他还是碰见了那位巡逻员。

卡耐基在刹那间决定不等他开口就先认错："巡逻员先生，我知道错了，我没有给小狗戴上口罩，我愿意接受您的处罚！"

让人意外的是，这位巡逻员却笑着回答说："其实，谁都不忍心给这样一

条可爱的小狗戴上口罩！"

"但这是违法的。"卡耐基赶紧说。没想到这时巡逻员却说："这样的小狗大概不会咬伤别人吧！"最后的结局可想而知，巡逻员只是让卡耐基以后注意，却没有施以任何处罚。

假如你能够在别人指出错误前先承认自己的错误，十之八九会得到别人的谅解或宽恕。所以，当犯了错误的时候，我们不妨拿出勇气抢先承认错误，这是一种智慧！而在人与人之间产生矛盾的时候，当然也不能相持不下。要打破僵局，必须要有一方先主动认错，才能重拾和谐。

人应该学会自责，不要无故地指责他人。人都有自我尊重的需要。当知道错误时，你最好在别人指责之前，抢先认错，这会使双方都感到愉快。自我批评比别人的指责好受得多。这是为什么呢？因为自责本身，既承认了对方的自尊，又维护了自己的自尊。而指责是对双方的错误和缺点进行批评和责难。虽然是一片好心，但对方往往不领情。因为指责本身否定了对方的自尊，因而必会遭到"反抗"。所以，自责是解决矛盾、消除隔阂的最好办法。

在人际交往中，一旦知道自己错了，立刻自责，对方就无话可说了。即使当时你还不能肯定自己是否错了，也最好先表示歉意。表示歉意时，一定要及时、认真、富有诚意。这样做，对方会显得不好意思，另一方面又充满了对你的敬佩和感激之情。回过头来，会加倍地报答你。因为你满足了他的虚荣和自尊。千万不要把道歉的时间推迟到"以后"和"明天"，事后的道歉不会有多大效果。

第十章

反唇相讥，让对方
不攻自破的反驳妙语

工作和生活中难免会遇到一些蛮不讲理，甚至是蓄意挑衅的人。面对这种人，我们是忍气吞声，任凭别人践踏我们的尊严，还是巧妙地进行反击，维护自己的尊严呢？毫无疑问是后者。这就需要我们掌握一些让对方不攻自破的反驳术，用语言来进行有效的反驳，让对方无话可说。

第一节　该"不厚道"时就"不厚道"

生活中难免会遇到尖酸刻薄的人，他们故意用一些挑衅性、污辱性甚至诽谤性的言语来嘲弄人，对这种人不能一味地礼让，而要针锋相对、反唇相讥，以自己的智慧，为自己赢得人格和尊严。

齐国的晏婴在出使楚国时就成功运用了针锋相对、反唇相讥的方法来克敌制胜。春秋时期，南方的楚国一天比一天强大起来，楚王自认为是"岭南虎"，想咬谁就咬谁。齐国虽是个大国，但楚国也不把齐国放在眼里。为了疏通国与国之间的关系，齐王派晏婴出使楚国。等到晏婴到达楚国的时候，楚王已传令说任何人都可以尽量羞辱晏婴。狭隘的楚王想借晏婴出气。当晏婴到达楚国时，前来迎接的官员见他那么矮小，就命令士兵打开城门旁边的侧门，瞧他进不进。晏婴仪表堂堂地站在正门前，一声不响。这时嬉皮笑脸的士兵走了过来，晃悠着脑袋指了指小门，说："您请进吧！"晏婴轻蔑地笑了笑，也虚指了一下侧门，打了个比喻，反击道："这是狗洞！出使狗国的人，才走狗洞。"

对待小人就是不能给以脸面，晏婴就很好地维护了自己及齐国的尊严。我们再来看一个例子：

苏联著名诗人马雅可夫斯基在一次演讲中，刚说了一个笑话，下面就有观众大声地喊道："您的笑话我听不懂。"

马雅可夫斯基幽默地回答道："难道您是长颈鹿？听说只有长颈鹿才能星期一湿了脚，到了星期六才感觉到。"

演讲过了不久，又有一个身材臃肿的人挤到了主席台面前，对马雅可夫斯基喊道："拿破仑说过，从伟大到可笑只有一步之遥。"马雅可夫斯基微笑着回答说："是的，从伟大到可笑只有一步之遥。"边说边用手指着自己和那个胖子。

观众逐渐沸腾了起来，而挑衅的声音也此起彼伏。

"马雅可夫斯基，您为什么手指上戴戒指？这对您很不合适。"

"照您说，我不该戴在手上，而应该戴在鼻子上喽！"

"马雅可夫斯基，您的诗不能使人沸腾，不能使人燃烧，不能感染人。"

"我的诗不是大海，不是火炉，不是鼠疫。"

"马雅可夫斯基，您为什么喜欢自夸？"

"我的一个中学同学舍科斯皮尔经常劝我：你要只讲自己的优点，缺点留给你的朋友去讲！"

"这句话您在哈尔科夫已经讲过了！"一个人从他座上站起来喊道。

"看来，"诗人平静地说，"这个同志是来作证的。"诗人用目光扫视了一下大厅，又说道："我真不知道，您到处陪伴着我。"

一张条子上说："您说，有时应当把沾满'尘土'的传统和习惯从自己身上洗掉，那么您既然需要洗脸，这就是说，您也是肮脏的了。"

"那么您不洗脸，您就自以为是干净的吗？"诗人回答。

面对一些无礼的观众，马雅可夫斯基用机智幽默的话语成功地化解了无礼的挑衅，从而维护了自己的尊严。机智幽默的话语更好地展现了他身为一个大师应有的魅力。

第二节 反唇相讥

他言辞犀利，你言辞更犀利，他有气势，你比他更有气势，以威对威，以势对势，义正词严，理直气壮。

很多人喜欢拿人开玩笑，但大多是出于友好和善意，然而也不乏那种酸味十足、以伤害他人自尊心为乐的人。对于这种人，千万不能沉默以对，这样会让他得寸进尺。不如来个针锋相对，反唇相讥。他言辞犀利，你言辞更犀利，他有气势，你比他更有气势，以威对威，以势对势，义正词严，理直气壮。同时，在对他的谬论进行抨击时，制造幽默。

1984年10月，在里根与蒙代尔的总统竞选过程中，里根竞选班的人们认识到，里根要克服的大难题是他给人一种年纪太大的感觉，不宜当总统了。所以，里根利用每一个机会就年龄问题说笑话。

第二次论战是在严肃的气氛中进行的，里根和蒙代尔就范围广泛的各种问题相互进行十分单调的攻击。老资格的记者亨利·特里惠特向总统提出了一个事先就已预料到的问题：

"总统先生，您已是历史上最年迈的总统了。您的一些幕僚们说，最近在和蒙代尔先生的遭遇战之后，您感到疲倦。我回忆起肯尼迪总统，他在古巴导弹危机中，不得不连续干好几天，很少睡觉。您是否怀疑过，在这种处境中您能履行职责吗？"

这个既棘手又彬彬有礼的询问，其意思就是你是否过于年迈，不宜当总统。里根用反唇相讥法幽默地笑着说："我希望你能知道，在这场竞选中我不愿把年龄当作一项资本。我不打算为了政治目的而利用我对手的年轻和缺乏经验。"

在里根与蒙代尔的最后一次总统竞选电视辩论中，蒙代尔抓住里根已近古稀之年这个问题大做文章，公开对里根是否有能力履行总统之职表示怀疑。里根听后，朝蒙代尔一笑，说：

"对方的年轻幼稚，我早有耳闻。但我不会抓住对手的年轻无知、经验匮乏这一弱点来攻击我的对手。但是，这一弱点怎能使美国人民相信、放心他能完美地履行最高行政长官这一职责呢？"

里根说"不会"怎么怎么，实际上已经反驳了对方的错误观点了。

政治上的口角之争从来都没有停歇过，反唇相讥法幽默可以追溯到古希腊时代：

亚西比德是古希腊的一位了不起的政治家。一天，他同比他大 40 岁的佩里克莱斯大谈如何才能治理好雅典。可老佩里克莱斯对此并无兴趣。

"在你这个年纪，我也是像你现在这么说话的。"佩里克莱斯冷冷地对亚西比德说。

"哦，那时我要能结识您该有多好啊！"亚西比德回答说。

两人的年龄相差 40 岁，一般由于代沟的原因，年龄大的人往往听不进年轻人的意见，亚西比德说"那时我要能结识您该有多好啊"，正是用反唇相讥法指出了佩里克莱斯老态龙钟，朽木不可雕也！

第三节　"以其人之道，还治其人之身"的反驳术

当有人无理取闹时，聪明的人不妨以其人之道还治其人之身，进行有力而又不失礼地反击，一举攻陷对手。

"以其人之道，还治其人之身"是指按照对方的逻辑去理解或推论，由此及彼，最后物归原主，使其搬起石头砸自己的脚，自食其果。

这种返还幽默法，要善于抓住对方的一句话、一个比喻、一个结论，然后把它接过来去针对对方，即把对方给自己的荒谬语言或行为及不愿接受的结论，经逻辑演绎后还给他，以其人之道，还治其人之身。

这种方法用于对付那些耍赖之人最有成效，往往能使对方的无理取闹不攻自破，使对方作茧自缚。

一位懒汉去朋友家做客。早晨起床后，自己不但不收拾床铺，朋友替他叠被时，他还振振有词地说："反正晚上要睡，现在何必去叠！"饭后，懒汉将碗筷一推，一动不动地坐在沙发上闭目养神。朋友又得收拾桌子，又得洗刷餐具，懒汉说："反正下顿还要吃，现在何必洗呢？"到了晚上，朋友劝他把脚洗一洗，这样既讲卫生，又有益于健康。懒汉又要懒，反驳说："反正还要脏，现在何必洗呢？"于是，朋友打算惩治他一下。第二天，吃饭的时候，朋友只顾自己，对懒汉不管不顾。懒汉来到饭桌旁，见没有自己的碗筷，便嚷道："我的饭呢？"朋友问道："反正吃了还要饿，你又何必去吃呢？"睡觉的时候，朋友也同样只顾自己，不理懒汉，懒汉见状，焦急地问道："我睡哪儿？"朋友反驳道："反正迟早要醒，你又何必要睡？"懒汉急了，叫道："不吃，不睡，不是要我死吗？"朋友泰然答道："是啊，反正总是要死，你又何必活着？"说得懒汉哑口无言。

故事中的朋友紧紧抓住了懒汉的荒谬逻辑，顺竿上树，以其人之道，还治其人之身，使得懒汉无话可说。

在使用"以其人之道，还治其人之身"式幽默术时，关键在于抓住对方的语言逻辑，然后以此为基点，推出荒唐的结论，令对方的诘难不攻自破。

做老实人说老实话，本来应该是一条为人处世的准则，但若太过老实宽厚，反倒会纵容别人不适当的言行。所以，面对别人的无礼攻击和嘲笑挖苦，我们一定要学会以其人之道还治其人之身，维护自己的利益和尊严。

从前有位贪婪成性的大财主，每次吩咐别人办事时都想从别人身上揩点油水。有一天，财主派一名长工去买酒，但又不给长工钱，分明是要长工自己掏腰包买酒给他喝。长工感到有些莫名其妙，便问："老爷，没有钱怎么能买到酒呢？"财主生气地说："花钱买酒谁不会呢？要是你能不用钱就买回酒，那才是有本事呢！"这位长工本来就机智过人，他知道财主的心眼小，于是，便一言不发地拿着酒瓶出去了。

过了一会儿，长工拿着空瓶回来，他走到财主身边说："老爷，酒买回来了，你慢慢喝吧！"财主拿过酒瓶一看，里面空空如也，便大发雷霆："岂有此理，你是怎么给我办事的？酒瓶空空，叫我喝什么？小心我扣你半年工钱！"

那位长工慢悠悠地说道："老爷，酒瓶里有酒谁不会喝，你要是能够在空瓶里喝出酒来，那才是真有本事呢！"财主气得直翻白眼，一句话都说不出来。

显然，这位大财主只想占长工的便宜，如果长工不能有效地反驳他荒谬的论调，就有可能遭到财主的严厉训斥，或者是自己贴钱给财主买酒，无论如何，吃亏的都是他自己。

在现实生活中，如果我们遇到了无理取闹、蛮不讲理的人，也一定要据理力争，适当反驳，切不可一味地任其摆布。那么，具体应该如何去反击这种无理取闹的行为，让对方承认自己的错误呢？首先，要控制自己的情绪。以大丈夫的涵养与气量，在气质上镇住对方。然后，要冷静考虑对策，从中选出最佳方案，以免做出莽撞之举。最后，还要选准打击点，反击力要猛，使对方哑口无言。

嘉华和浩明同是一家外贸公司的职员，他们的主管是从日本留学回来的。由于这家公司主要从事对日贸易，所以稍微懂得日语的人很吃香。他们的主管能说一口流利的日语，自然成为老板眼中的红人。但这个主管是个很高傲、瞧不起人的人，尤其当他得势之后，就更加目中无人了。对手下员工大吼大叫是家常便饭，最让员工看不惯的是，主管经常用日语骂人。

嘉华、浩明和几个同事都会一点儿日语，所以经常被主管要求用日语对话。一旦他们听不太懂的时候，主管就会用极其鄙视和嘲笑的口气说："你们这些人简直笨得要死，连简单的对话都学不会。"类似这样的语言常常把他们说得无地自容。

几次被主管的言词侮辱之后，浩明决定不再跟主管用日语对话了。主管用日语问问题，浩明就用汉语回答，这样一来可把主管激怒了，大声地用日语骂开了。虽然自己日语并不流利，但是浩明听得出来那都是很难听的脏话。浩明再也无法忍受这样的主管了，于是当天就递了辞呈。

嘉华不太赞同浩明的做法，他选择了积极应战。于是嘉华努力学日语，不知不觉两年过去了，嘉华的日语进步飞快。除了平时跟主管对话已经很少出错之外，对于公司的业务也开始直接参与，不像从前那样只做幕后工作了。

有一次，主管吹毛求疵，对嘉华工作中不满意的地方唠叨了起来，嘉华不慌不忙地开始跟主管辩解，不但日语说得流利顺畅，句句有理、头头是道，并且架势咄咄逼人。虽然平时经常对话，但也都是些商务常用句子，今天嘉华张口说了这么一大串来，主管也很吃惊，最后被嘉华逼得无话可说。办公室里顿时响起了雷鸣般的掌声，大家都为嘉华的精彩表现而叫好。

主管从那次以后也收敛了许多，因为公司里不再只有他一个人能够流利地讲日语了。而且由于他以前对待员工的态度太差，人缘也不好，不久就被降职了。

浩明选择逃避，而嘉华选择积极面对。其实嘉华战斗的方式很简单，就是"以其人之道，还治其人之身"。主管个性高傲，而这种高傲的资本就是他懂日语，所以嘉华努力学习日语并以此为"武器"对付他。

总之，对于故意寻衅的人和尖酸刻薄的语言，我们一定要学会反击，而不能一味地忍让和宽容，让对方得意。

第四节　以毒攻毒，让对方自食其果

总有那么一些人爱故意找碴儿、寻衅滋事，这时我们如果退避三舍，必会遭人耻笑；如果视而不见，也难免有软弱之嫌。所以以毒攻毒，让其自取其辱是最好的办法。

阿凡提以风趣和机智著称。他经常运用诱导的语言技巧，替平民百姓伸冤出气，惩治那些贪心的人。

有一天，阿凡提到一位以吝啬贪婪闻名的地主家去借锅，地主当然不肯，最后把阿凡提的小毛驴留下做抵押，才让他拎锅出门。第二天，阿凡提准时来还锅，并且还带着一只小锅，地主好奇地问："阿凡提，你带这个小锅来干嘛？"阿凡提故作神秘地说："老爷，你昨天借给我的锅是一只怀了孕的锅，今天早上我到你这儿来的时候，它刚好生了一只小锅，所以我一并带来还给你啦！"地主当然不信锅会生孩子，但为了得到这只小锅，他装模作样地说："是啊！是啊！我昨天借给你锅时，它正怀着孕呢！"然后让阿凡提牵走了小毛驴，并假装慷慨地说："阿凡提，今后不管你要借什么东西，都尽管来借好了。"

从此以后，阿凡提每借一次东西，都会依样还给地主一件小东西，地主脸上笑得合不拢嘴，心里却不停地嘲笑阿凡提。

过了半个月，阿凡提愁眉苦脸地对地主说："老爷，我的母亲生病了，我想借你那口祖传的金锅去给母亲煎药。"地主一想到过几天就有两只金锅到手，便急忙地把金锅借给阿凡提。谁知这次阿凡提过了很久都没来还锅，地主等得不耐烦，决定亲自上门去讨。正准备出门，阿凡提急匆匆地跑进来，上气不接下气地说："老爷，不好啦！你借给我的那只金锅难产死了！"地主大吃一惊，瞪起眼骂道："锅怎么会死呢？"阿凡提立即扬高声音说："老爷，你既然相信锅会生小孩，那它为什么不会死呢？"贪心的地主被自己的无知和贪婪弄得哑口无言，不仅失去珍贵的东西，而且还成为大家的笑柄。

聪明的阿凡提，算得上是高明的说话大师。他先摸清对方的性格特点，然后欲擒故纵，以毒攻毒，诱使对方犯下错误，自食恶果，最后将其轻易地驳倒。

孔融10岁那年，他父亲带他到京师拜见了河南尹李膺。那天，李府宾客满堂，尽是当朝达官显贵、名士贤卿。李膺传话，如果不是朝廷命官或世交至亲，概不接见。孔融当即回话："我先祖孔子与大人先祖老子（李耳）乃是至交，我们不也应是世交吗？"于是李膺非常高兴地把孔融介绍给大家，众人对孔融年少多智赞不绝口。唯有大夫陈伟不以为然，根本不把这个乳臭未干的娃娃放在眼里，轻蔑地说："小时聪明，长大未必能怎么样。"孔融听到后，很有礼貌地反问道："那么您小时候一定是聪明的啦？"陈伟本想嘲笑孔融，但没想到却打了自己的脸。

当有人故意找碴时，我们可以以毒攻毒，使对方自食其言。然而在运用这种说话术时一定要先投其所好，掌握对方的心理弱点，让对方走进陷阱而无法自拔。

齐国的晏婴将出使楚国。楚王知道这个消息后，便对他左右的人说："晏婴是齐国很善于言辞的人，现在正动身来我国，我想侮辱他，用什么办法呢？"左右的人出了个主意。

晏婴来到了楚国，楚王举行酒宴来招待他。酒兴正浓时，两个差人捆着一个人走到楚王的面前。楚王故意问道："你们为什么要捆绑这人？"差人回答说："他是齐国人，犯了偷盗罪。"

楚王笑嘻嘻地望着晏婴，说："齐国人本来就善于偷盗，是吗？"

晏婴站起来离开席位，郑重其事地回答说："我曾听说过这样一个故事：橘树生长在淮河以南，是橘树；生长在淮河以北，就成了枳树。橘树和枳树虽然长得很像，但它们结出的果实味道却不大相同。橘子甜，枳子酸，为什么呢？由于水土不同啊！如今，在齐国土生土长的人，在齐国时不做贼，一到楚国就又偷又盗，莫不是楚国的水土使老百姓惯于做贼吗？"

楚王听后苦笑着说："德才兼备的圣人，是不能同他开玩笑的，我现在有些自讨没趣了。"

毫无疑问，以毒攻毒，让别人自食其果的反驳说话术是应对故意找碴，挑衅生事之人的最好办法。当反驳之时巧妙地运用这种反驳术，不但可以让对方哑口无言，同时也维护了自己的尊严。

第五节　放大对方的荒谬之处是反驳的妙招

面对别人不适当的言行，有时候不宜直接回击，而应放大对方的荒谬之处。这样，不仅既能够巧妙地表明自己的态度，又能让对方知错就改。

世上总有一些不讲道理的人，碰到这些无理的人时，最好的办法便是放大他们的荒谬言论，加以点拨，让对方知趣地退让。

楚庄王的一匹爱马死了，他非常伤心，下令以大夫礼节厚葬。文臣武将纷纷劝阻也无济于事，最后楚庄王还下决心说："谁敢再劝阻，一定要杀死他。"

优孟知道了，直入宫门，仰天大哭，把庄王弄得异常纳闷，迫不及待地问是怎么回事。优孟说："那马是大王最喜欢的，却要以大夫的礼节安葬它，太寒酸了，请用君王的礼节吧！"庄王越发想知道理由了，优孟继续说："请以美玉雕成棺……让各国使节共同举哀，以最高的礼仪祭祀它。让各国诸侯听到后，都知道大王以人为贱而以马为贵啊。"至此楚庄王恍然大悟，赶紧请教优孟如何弥补自己的过失。终于将马付于庖厨，烹而食之。

优孟正话反说，放大楚庄王的荒谬之处，巧妙地达到了自己的目的。毫无疑问，放大对方的荒谬之处，并加以点拨，不仅能够巧妙地表明自己的态度，又能让对方知错就改。

晏婴在齐景公身边，经常通过放大荒谬的方法迫使齐景公改变一些荒谬的决定。比如，一个马夫有一次杀掉了齐景公曾经骑过的老马。原来是那匹马生了病，久治不愈，马夫害怕它把疾病传染给马群，就把这匹马给宰杀了。齐景公知道后，就斥责那个马夫，一气之下竟亲自操戈要杀死这个马夫。晏婴在一旁看见了，急忙抓住齐景公手中的戈，对景公说："你这样急着杀死他，使他连自己的罪过都不知道就死了。我请求历数他的罪过，然后再杀也不迟。"齐景公说："好吧，我就让你处置他。"

晏婴举着戈走近马夫，对他说："你为我们的国君养马，却把马给杀掉了，此罪当死。你使我们的国君因为马被杀而不得不杀掉养马的人，此罪又当死。你使我们的国君因有马被杀而杀掉了养马人的事，传遍四邻诸侯，使得人人皆知我们的国君爱马不爱人，得一不仁不义之名，此罪又当死。鉴于此，非杀了你不可。"晏婴还要再说什么，齐景公连忙说："夫子放了他吧，免得让我落个不仁的恶名，让天下人笑话。"就这样，那个马夫也被晏婴巧妙地救了下来。

还有一次，齐国有一个人得罪了齐景公，齐景公大怒，命人将这个胆大包天的人绑在了殿下，要召集左右武士来肢解这个人。为了防止别人干预他这次杀人举动，他甚至下令："有敢于劝谏者，也定斩不误。"文武百官见国王发了这么大的火，没人敢上前劝阻。晏婴见武士们要动手了，急忙上前说："让我先试第一刀。"众人都觉得十分奇怪：晏相国今天怎么啦？只见晏婴左手抓着那个人的头，右手磨着刀，突然仰面向坐在一旁的齐景公问道："古代贤明的君主要肢解人，你知道是从哪里开始下刀吗？"齐景公赶忙离开坐席，一边摇手一边说："别动手，别动手，把这人放了吧。"那个人早已吓得半死，等他从惊悸中恢复过来，真不敢相信头还在自己身上，连忙向晏婴磕了三个大响头，死里逃生般地走了。

正话反说可以放大荒谬，让对方看到自己荒谬言行的真面目，从而达到了更好的劝谏效果。总之，说反话的效果源于它的"显微镜"作用，荒谬之上再加上荒谬，则荒谬就无处躲藏，显而易见了。

第六节　幽默用语让对方的话不攻自破

面对别人苛刻的意见和要求，用幽默的言语回敬对方，不仅能够巧妙地表明你的看法和立场，不至于让场面过分尴尬。同样，当别人故意找碴、妨碍你工作时，运用幽默的力量也能够有效地处理好眼前的问题。

　　人生常常有许多尴尬的时刻，在那一瞬间，我们的尊严被人有意或无意冒犯，或者被喜欢恶作剧者当众将了一军。此时，有的人感到自己丢尽了脸面，无地自容，恨不能找个缝钻进去。可是有些人却能面不改色，从容自若地谈笑如故，将有伤自己脸面的尴尬局面化解。

　　萧伯纳的著名剧作《武器与人》初次演出，大获成功。应观众的热烈要求，萧伯纳来到台前谢幕。此时，却从座位里冒出一声高喊："糟透了!"整个剧场立刻变得鸦雀无声，空气似乎凝固了一般。面对这种无礼的行为和紧张的局面，萧伯纳微笑着对那人鞠了一躬，彬彬有礼地说道："我的朋友，我同意你的意见，"他耸了耸肩，看了看刚才正热烈喝彩的其他观众说，"但是，我们俩反对那么多观众又有什么用呢?"顿时，观众中爆发出了更为热烈的掌声和喝彩声。

　　在这种情况下，对别人无礼的行为予以必要的回击，既是维护自己尊严的需要，也是讽刺对方的正当行为。但怒气冲冲地回击和辩论都不可取，最理想的方法是幽默地回敬。萧伯纳的话语温文尔雅，表面看来似乎是对对方表示理解，实则是一种强有力的反击。

　　人生在世，有时候难免会受到别人突如其来的攻击，此时你需要保持冷静，选择适当的反击语言和谈话技巧才能化解危机。

　　有个叫比尔的人，常以愚弄他人而自得。一天早上，他坐在门口吃面包，看见一位老大爷骑着毛驴从远处过来，于是他就喊道："喂，吃块面包吧!"

　　老大爷出于礼貌，从驴背上跳下来说："谢谢您的好意，我已经吃过早饭了。"比尔却一本正经地说："我没问你呀，我问的是毛驴。"说完，很得意地一笑。

　　对比尔这一无礼侮辱，老大爷十分气愤，却又无法责骂这个无赖。他抓住比尔"我和毛驴说话"的语言破绽，狠狠地进行了反击。

　　他猛然地转过身，"啪、啪"照准毛驴脸上就是两巴掌，骂道："出门时我就问你城里有没有朋友，你斩钉截铁地说没有，没有朋友为什么人家会请你吃面包呢?"

　　"叭、叭"对准驴屁股又是两鞭，说："看你以后还敢不敢乱说!"骂完，翻身上驴，扬长而去。

　　人生在世，总会遭遇无数的痛苦、悲伤，如果你善于运用幽默的力量，能够主动地去创造幽默，那么世界一定会充满了欢笑。面对别人的不友好言行时，如果处处针锋相对，只会让矛盾越积越深，而运用幽默的力量则能够巧妙地打破紧张的局面。而且凭着你的幽默，你还可以同别人建立起一种良好的关系，获得别人的喜爱和支持，做起事来自然事半功倍。

第七节　反驳要抓住对方话语中的破绽

当别人找碴或者挑衅时，我们要从别人的话语中找出破绽，以其人之道，还治其人之身。

俗话说，有理走遍天下。但在现实生活中，双方对垒，有时会出现这样的情况——有理的被对手置于困境，竟寸步难行。或者对手是掌权者，凭借权力，以势压人；或者对手刁钻泼辣，不讲道理。面对这种情况，如果有理的一方不甘忍辱含垢，必定要与之争辩。那么在论辩时，你说的话最好要切中问题的关键，使对手理屈词穷，从而变颓势为胜局。

齐宣王是个骄横、虚荣的人。有一次齐宣王召见颜斶，却碰了一个钉子。

齐宣王坐在自己的宝座上，露出骄横之态呼道："斶，过来！"

颜斶对此很不满。他也学着齐宣王那高贵的样子，竟然对齐宣王呼道："王，走过来！"

齐宣王气得发抖。

左右侍臣慌了，对他喝斥道："王是人君，你是人臣，王叫你过来，天经地义；你叫王走过来，难道可以吗？"

颜斶不慌不忙地辩道："若论道理应该可以。我若走过去，是仰慕王的势利；而我呼王过来，则是让王表示趋奉贤士。我觉得与其叫我做仰慕势利之事，倒不如让王做趋奉贤士的好君王！"

齐宣王尽管心里明白，但面对颜斶这等爱君爱国的高论也不好发作。

抓住要害反驳对方需遵循以下步骤：首先，在貌似强大的对手面前，自己的态度要坚毅刚强，要抱必胜的信心。其次，揭露强敌的理由要充足有力，举证要确凿无误，不让对手有空子可钻。再次，触机便发，言词犀利，字字句句要有分量。最后，釜底抽薪，当头棒喝。要让对手感到，再不还以公道，待产生严重后果时就悔之晚矣。此外，反击的言论或举动还应高出对方一筹，这样，才能在两相对照之中，既保持主动地位，又能够打动对方，产生巨大的说服作用。

第八节 把握语言反击的有效性

不适当的或者过度的反击并不能起到有效的反击作用，因此反击时，一定要把握好度，使自己的语言反击更有效。

在冲突中，我们反击的目的是调节和改善自己所处的人际关系环境，是为解决矛盾而不是扩大矛盾。这是反击有效性的重要标志。良好的口才是战胜对手的一大法宝，但良枪在手，用不好也会走火，伤人害己。因此，利用语言进行反击时，一定要把握好度。

所谓度，就是要按照自己对环境的敏锐判断，明确自己的优势和劣势，准确把握该说什么、怎样说、说到什么程度。

要掌握好度，首先要抓住主要矛盾，不要扩大打击面，不应把本来可以争取的中间力量甚至朋友统统都推到与自己对立的阵营中去，使自己陷于孤立、被动地位。

其次，应控制打击的力度，不要一棍子把人打死、一句话把人噎死。反击时应为对方留一点余地，掌握打击的分寸。因为大多数人都爱面子，给对方留有余地实质上是为缓和彼此间的冲突留下了回旋的空间，也为自己留了一条后路。如果你把他逼进了死胡同，他别无选择只能与你对垒。结果，双方剑拔弩张，到头来两败俱伤。这并不是我们反击的目的。然而，在生活中许多人并不能深刻理解这一道理。

阿伟暗恋上了佳佳，但佳佳心有他属，并不为他所动。终于到了佳佳的生日了，阿伟决定在生日晚会上"火"一把。在摇曳的生日烛光里，阿伟动情地唱起了"爱，爱，爱不完……"佳佳感觉阿伟在大庭广众之中令自己很难堪，但她只淡淡笑了笑，以舒缓的语调说："看不出阿伟平时不声不响，原来歌喉如此优美。我们该为将来那位有幸拥有他深情歌声的小姐祝福。"一句话，似是赞美，但给了阿伟当头一棒。既给阿伟留足了面子，又使自己轻松婉拒了他的心意。

事实上，在现实生活中，只有把握语言反击的广度和深度，才能保证语言反击的力度，有效地达到反击的目的，使自己不再受气。

第九节　以妙语暗示自己的实力，让对方知难而退

有时，我们基于种种限制，无法直接反驳对方，这时不妨用妙语暗示自己的实力，让对方知难而退。

实力是一个人的资本。实力摆在明处，别人自然不敢造次。但实力若被隐藏，不为人注意，有可能就得受气。因此，在必要场合时，于不动声色中显示自己的实力，可以让对方知难而退。

绵里藏针，是暗示自己实力的一种有效方法。其特点是含而不露。在反击中，语调平和，言辞委婉得体，既予对方以尊重，不伤害对方的情感和体面，又巧妙地暗示自己也不是好惹的。一般情况下，对方会知趣地就此打住。

有位经理，本性好色。一日，见一位公关小姐姿色美艳，便恭维道："小姐，你是我见过的最漂亮的女孩子。今晚下班后我请客，不知小姐可否赏光？"公关小姐虽然厌烦至极，但职业的本能使她必须有所克制。于是，她彬彬有礼地答道："这位先生，非常抱歉。下班后我必须去武术学校同一位真正永远也忘不了我的人约会。"

"你是说你的男朋友？在武术学校？"经理半信半疑地问。

"是的。我们是同学。"

这下可令这位经理目瞪口呆了。他怎么也想不到面前这位身材匀称的姑娘身怀武艺，这就已够他应付的了，更何况还有一位武术学校的男朋友。公关小姐见状，意味深长地笑起来："他可是个醋坛子。这事我可不敢含糊。"这位心存非分之想的经理只得干笑着离开了。这位小姐没有横眉冷对，也没有出言不逊，而是于淡淡的话语中暗示了自己的实力，使原本轻视她的经理顿时望而生畏。

这种绵里藏针，以妙语暗示自己实力的反击方法，柔中见刚，达到以柔克刚的效果。公关小姐运用此法不仅巧妙地使自己摆脱受气的境地，又无损对方的体面，而且以自己良好的修养显示了内在的威慑力。

第十节　用沉默进行反击

沉默是一种特殊的语言，在某些情况下，恰到好处的沉默比口若悬河地反击更有效。只要我们因时因地适当把握、运用它，沉默也能成为一种有效的表达方式，其效果有时甚至会超过直言抢白，具有特殊的威力。

卡耐基认为，如果你很想说话，就先问自己：你为什么想说话——是为了自己的利益，还是为了别人的利益。如果是为了自己，那就努力保持沉默。

对过于疯狂的人最好的回答就是沉默，因为说不定回答他的每一个词都会反过来落到你头上。

在特定的环境中，保持沉默常常比论理更有说服力。我们说服人时，最头痛的是对方什么也不说。反过来，如果劝者什么也不说，对方的错误意见就不攻自破了。

在日常交往中，沉默往往会给你带来益处，在某些场合，沉默不语可以避免招惹事端。许多人在缺乏自信或极力表现得有风度时，可能会不假思索地说出不合适的话给自己带来麻烦。

适时地保持沉默不仅是一种精明之道，而且也有实际的好处。常言道："沉默不会使人后悔。"

一位女士的经验证明了这一点，她说："当我们的第一个孩子出世时，我丈夫由于工作繁忙，对我和孩子疏远了。几周以后，我感到精力大耗，并想大发雷霆。

"一天我给他写了封充满怨言的信。然而不知为什么我没把信给他。第二天，丈夫提出要给婴儿换尿布，并且说：'我想我现在应该学着做这些事了。'

"尽管我不知道他为什么会改变想法，但还是非常高兴地把信烧了，并暗自庆幸我给了他机会。一场争吵就这样雨过天晴了。此后，他一直对我很好。"

人们往往不善于沉默，而沉默却往往是适用于各种情况的一种策略。有时片刻的沉默也会产生意想不到的效果。

有些问题根本就不值得提出来，你也不希望大动干戈地把小分歧变成大冲突。花费时间和精力纠缠于鸡毛蒜皮的分歧是不明智的，特别是那些不大可能会影响人们工作质量或者那些你很可能在一周或一月后就忘记的分歧。如果冲突只涉及不重要的关系或者不会持续很久，那就可以保持沉默。

即使分歧非提出来解决不可，也有个机会问题。例如，如果不合时宜地向你的领导提出一个亟待解决的、新的棘手问题，可能就会徒劳无益，除非提出来的问题对手头的工作非常重要，并且确实有足够的时间来解决这个问题。但等到过了这段紧张时间，人们能集中精力研究你必须说出来的问题时再提，也许是最好的选择。

此外，当你自己或他人正在生气的时候最好对分歧闭口不谈，从长远来说这是有益的。如果你跟朋友刚发生争吵，你们两个人的情绪都很激动，那就等以后你们都冷静下来、能够心平气和地讨论问题的时候再安排时间交谈，只有在那个时候你们才能进行有实质意义的讨论而不是相互指责。但是，如果你推迟难度很大的交谈，一定不要无限期地拖延，否则，那些没有解决的分歧一定会重新落到你头上。

什么问题必须讨论或者最好在什么时候讨论并没有一成不变的规则，而是必须依靠自己的判断。重要的是，你的心态应当转变，从问"现在是不是难得的、应当实话实说的时候"，转变为问"现在是不是难得的、应当保持沉默的时候"。

沉默，有时候真的很有必要！

第十一章
旁敲侧击，巧用暗示语

与人交往中，直言直语，不拐弯抹角固然很好，但有时候有些话还是不适宜明说的。这时，适当地运用一些旁敲侧击的暗示语不仅可以让对方接受我们的建议，还可以摆脱直言直语带来的尴尬境地。

第一节 巧妙类比，言在彼而意在此

人们为了各自的利益难免会陷入紧张或对立的状态。此时若用轻松的方式去解决，就可以巧妙地化解矛盾，比如，用类比的方法。

在战国时期，齐国有个出身卑微的人叫淳于髡。他虽然身材矮小但口才很好，尤其善于讲笑话，使听者在笑声中受到启发。于是齐威王派他做齐国的使臣，出使各国。由于他有善于雄辩的口才，因而每次都非常出色地完成了使命，深得齐威王的器重。

一次，楚国发兵进攻齐国，齐威王派遣淳于髡带着黄金百斤、驷车十乘的礼物，前往赵国求救兵。淳于髡接到命令之后，放声大笑，笑得前仰后合，浑身颤动，连帽子缨带都迸断了。齐威王问他道："先生是不是嫌我送给赵王的礼物太轻了？"

淳于髡回答说："不敢，我怎么敢呢？"

齐威王又问："那么，你为何这样大笑呢？"

淳于髡答道："不久前，我从东面来，看见路上有一个人正在向土地神祈祷。他拿着一只猪蹄，捧着一杯酒，嘴里念念有词：'高地上粮食满筐，低地上收获满车，五谷丰登，全家富足。'我看见他奉献给土地神的少，而向神索取的多，所以觉得好笑。"

齐威王听到此处明白了，淳于髡是在用隐语来劝谏自己增加礼物，于是决定把礼品增加到黄金一千斤、白璧十对、驷车一百乘。

淳于髡带着礼物前往赵国，说动了赵王。回国后齐威王便置办宴席庆贺，见淳于髡颇有酒量，就问他："先生最多能饮多少酒才会醉呢？"

淳于髡回答说："我饮一杯酒也会醉，饮一石酒也会醉。"

齐威王很惊奇，问他说："先生既然饮一杯酒就醉了，怎么还能饮一石酒呢？其中的道理可以说给我听吗？"

淳于髡说："如果在大王面前饮您所赐之酒，执事官吏在旁边看着，御史在后边监督，我心情恐惧，伏地而饮，这样的话，不过一杯就醉了。如果父母在家中接待贵客，我卷起袖子，陪侍于前，不时捧杯敬酒，恭敬陪侍，这样的话，不过两杯就醉了。如果朋友间一起游乐，由于很久没有见面，现在突然相逢，便互诉衷情，这样的话，大约饮五六杯才会醉。如果乡里相聚，男女混杂在一起，细斟浅酌，一边饮酒，一边下棋、投壶，做各种游戏，随便与女郎握手也不受处罚，目不转睛地注视她也没有顾忌，前面掉有妇女的饰物，后面有姑娘遗落的发簪，我心中一高兴的话，便可饮八九杯。如果日暮酒残，将残席合并在一起，男女同席，促膝挨肩而坐，靴鞋交错，杯盘狼藉，一会儿堂上蜡烛尽熄，主人送走客人而独独把我留下，她敞开了罗袄的衣襟，我隐隐闻到一阵微香，当此之时，我心中最快乐，就能喝到一石。所以常言说'酒极则乱，乐极则悲'，一切的事情都是这样的。"

齐威王听了淳于髡这一番话语，明白了淳于髡是用幽默的隐语进行讽谏，从此不再作长夜之饮。

人们为了各自的利益难免会陷入紧张或对立的状态。此时若用轻松的方式去解决，就可以巧妙地化解矛盾，比如，用类比的方法。

在一次新闻界的餐会上，美国总统艾森豪威尔应大家的要求站起来讲话。他说："大家都知道，我不是善于言辞的人。小时候我曾经去拜访过一个农夫，我问这个农夫：'你的母牛是不是纯种的？'他说不知道。我又问：'这头牛每个星期可以挤出多少牛奶呢？'他也说不知道。最后，他被问烦了就说：'你问的我都不知道，反正这头牛很老实，只要有奶，它都会给你。'"

艾森豪威尔笑了笑，对所有在场的新闻界人士说："我也像那头牛一样老实，反正有新闻，一定都会给大家。"

说话兜圈子，绕道而行；用比喻、影射的方法举例说明；说故事，讲寓言，用幽默及双关语开开玩笑；采用游击战术，不正面冲突；拖延时间，爱理不理，静观其变……这些都叫迂回策略。

庄子非常善于运用类比来说道理。他的类比通俗易懂，且思想深刻，让人不得不折服。下面我们来看看庄子是怎样巧用类比来说理的。

高手示范一：视权贵如腐鼠

惠施在梁国当了宰相，庄子准备去会会他这位好朋友。有人急忙报告惠施，说："庄子来这里，是要想取代您的相位呀。"惠施很恐慌，便要阻止庄子，于是派人在国内搜了三天三夜。哪知道庄子从容而来拜见他说："南方有一种鸟，名字叫做凤凰，不知道您听说过吗？这只凤凰展翅而起后，从南海飞向北海，非梧桐不栖；非练实不食；非醴泉不饮。这时，有一只猫头鹰正在津津有味地吃着一只腐烂的老鼠，恰好凤凰从其头顶上飞过。猫头鹰急忙护住腐鼠，仰头视之道：'吓！'现在您也想用您的梁国来吓我吗？"

高手示范二：宁做自由之龟

一天，庄子正在涡水垂钓。楚王派了两位大夫前来聘请他。见面后他们对庄子说："我们大王久闻先生贤名，欲以国事相累。深望先生欣然出山，上以为君王分忧，下以为黎民谋福。"庄子持竿不顾，淡然说道："我听说楚国有一只神龟，被杀死时已经有三千岁。楚王把它珍藏在竹箱里，盖上了锦缎，供奉在庙堂之上。请问二位大夫，此龟是宁愿死后留骨而贵，还是宁愿生时在泥水中潜行曳尾呢？"二大夫道："自然是愿活着在泥水中曳尾而行啦。"庄子说："那么，二位大夫请回去吧！我也愿在泥水中曳尾而行。"

高手示范三：是贫穷不是潦倒

一天，庄子身着粗布补丁的衣服，脚穿草绳系住的破鞋，去拜访魏王。魏王见了他便问道："先生怎么会如此潦倒呢？"庄子说："是贫穷，不是潦倒。士有道德而不能体现，才是潦倒；衣破鞋烂，是贫穷，不是潦倒，此所谓生不逢时也！大王您难道没见过那腾跃的猿猴吗？如果在高大的楠木、樟树上，它们就会攀缘其枝而往来其上，逍遥自在，即使善射的后羿、蓬蒙再世，也无可奈何。可要是在荆棘丛中，它们则只能危行侧视，怵惧而过了，这并非其筋骨变得僵硬不柔灵了，而是处势不便，未足以逞其能而已，现在我处在昏君乱相之间而欲不潦倒，怎么可能呢？"

第二节　用不经意的话暗示别人

在日常交际中，当需要批评或提醒他人而又不便直接向他提出时，便可考虑使用侧面暗示法，从而达到启示、提醒、劝阻、教育他人的目的。

会说话的人知道哪些话可以说，哪些话不可以说。他们懂得用委婉含蓄的话语，不经意地暗示别人，在坚持自己原则的同时，又不会令对方太过难堪。

有一次，小王家里来了客人，聊了几个小时后，这位客人还无意离去。小王因还有其他事情要做，屡次暗示客人，但是那位客人却"执迷不悟"。小王无奈之中心生一计，对他说："我家的菊花开得正旺，我们到园子里去看看？"

客人欣然而起，于是小王陪他到花园里观赏菊花。看完后，小王趁机说："还去坐坐吗？"

客人看看天色，恍然大悟地说："不了，不了，我该回家了，要不就错过末班车了。"

小王没有直接说明自己有其他事情要做，而是用不经意的话暗示对方，不仅没有让对方感到尴尬，而且也达到了自己的目的。

一天，几位青年人去拜访某教授。不知不觉已谈到深夜，教授接着其中一位青年人的话题说："你提的这个问题很值得研究，明天我去 A 城参加一个学术会，准备就这个问题找几位专家一块聊聊。"听完教授的话，几位青年立刻起身告辞："很抱歉，不知道您明天还要出差，耽误您休息了。"

如果遇上了一位不知情的客人，你让他走也不是，不走也不是，这可是件很让人尴尬的事情。这时，你不妨采取一些巧妙的暗示。诸如，看看钟表，或者随意地问他忙否，然后再告诉他你最近都很忙。一般情况下，稍微敏感点的客人肯定就会起身告辞，但若是"执迷不悟"的客人于此"无动于衷"，我们就可以巧妙地转移一下地点，像小王那样用一下"调虎离山"之计，这样既维护了彼此的情感，又不至于拖延自己的事情，可谓两全其美。

在日常交际中，当需要批评或提醒他人而又不便直接向他提出时，便可考虑使用侧面暗示法，从而达到启示、提醒、劝阻、教育他人的目的。

在一家高级餐馆里，有一位顾客把餐巾系在脖子上，餐馆经理对此很反感。于是，他叫来了一个女服务员说："你要让这位绅士懂得，在我们的餐馆里，那样做是不允许的，但话要说得尽量委婉些。"女服务员来到那位顾客的桌旁，很有礼貌地问："先生，您是刮胡子，还是理发？"话音一落，顾客立即意识到自己的失礼，赶快取下了餐巾。

这位聪明的女服务员没有直接指出客人有失体统之处，却拐弯抹角地问两件与餐馆毫不相干的事——刮胡子和理发，表面上看来似乎是女服务员问错了，而实际上她通过这种风马牛不相及的事情来提醒这位顾客，不仅使顾客意识到自己失礼之处，又做到了礼貌待客，不伤害顾客的面子。

第三节 防止"弦外之音"伤人

弦外之音有时可以在不经意间起到暗示别人的作用，但有时也会在不经意间伤害别人。

我们常常夸奖别人说话含义丰富、深刻，有"言外之意""弦外之音"。一般地说，我们说话要求简单明了，不要繁琐含糊。同时，还应该知道，有时候把话说得太直白会伤人，不如在话语中隐藏弦外之音。然而，有些人并不懂得如何运用弦外之音，从而在不经意间伤了他人。

一群人在看电视剧，剧中有婆媳争吵的镜头。张大嫂便随口议论道："我看，现在的儿媳真是不知好歹，不愿意和老人住在一起，也不想想以后自己老了怎么办？"话未说完，旁边的小齐马上站了起来，怒声说："你说话干净点，不要找不自在，我最讨厌别人指桑骂槐！"

原来，小齐平素与婆婆关系失和，最近刚从家里搬出自己住。张大嫂由于不了解情况，无意中揭了对方的短而得罪了小齐。

聪明的人善于把批评的意思压缩在一句貌似赞扬的话里，让人在体味"言外之意"的同时，意识到自己的错误。

某厂有一栋宿舍，一楼住着老工人，二楼住着年轻工人。一天夜晚，一些年轻工人喝酒猜拳，大吵大闹，到了凌晨1点还不罢休，影响了楼下老工人的休息。

一位老工人气愤地走上楼去，大声斥责说："安静！"

可这些年轻人连理也不理，吵闹得更凶了。

过了一会儿，另一位老工人也走了上去，笑着对他们说："小伙子们，你们辛苦了，该休息了。"

听了这位老工人的话，这伙年轻人很快静了下来。

这两句话表达的意思是一样的，但表现形式不一样导致结果迥然不同。我们分析一下：第一位老工人的话语直接，火药味十足，它让听者产生了逆反心理，所以，闹腾得更欢了。

第二位老工人则不同，他运用了隐含判断，话语中隐含着对这些年轻人"闹得太久，影响了他人休息"的批评，但话说得委婉含蓄。这些年轻人因第一位老工人的话而激起的反抗心理此时被击溃了，心悦诚服地改正了自己的过失。

不管什么人，都不喜欢别人说自己的坏话。因此，当他听到对方说自己坏话时，就会不高兴、生气，甚至想找机会报复。因此，有些想说人家的坏话的人，就选择了说"弦外之音"。

说话的目的在于交流思想和感情，但万不能用"弦外之音"去伤害别人。有些人说话含蓄，爱卖弄，如果对方听懂了倒没关系，若是没听懂甚至听错了，不但起不到交流的目的，反而可能引起误会。

第四节　说话要隐晦些

直言直语固然好，但说话还是要隐晦一些。什么话该摊开来说，什么话该隐晦地说，我们要做到心中有数。

在表达一些意愿和请求时，如果能够合理地把握说话时的分寸，暗藏在话语背后的真意一样可以传达给对方。

1. 以退为进，让人主动接受

暑假时，某高校决定组织青年志愿者到孤儿院献爱心。

班主任向所有志愿者提出一项要求："希望每位成员能带一名孤儿到自己家中共同过暑假，让他们感受家庭的温暖。"把好不容易盼来的假期全部花在照料孤儿上，这的确有些勉为其难，当时，就遭到了大家无声的拒绝。

短暂的冷场后，班主任微微一笑，说："我知道这样可能使大家为难了。这样吧，我尊重大家的选择，把原计划改为每周抽出一天时间陪孩子一起逛逛公园、做做游戏，这样总可以了吧？"这一提议获得了大家的一致通过。

其实，这只不过是班主任的一个策略而已。他的真实用意实际上就是希望志愿者每周能抽出一天时间陪陪孤儿，不过他明白，在暑假里即使这样一个请求，实践起来也是有一定难度的。于是在提出这样一个请求前，他干脆提出了一个更大的请求——让他们整个暑假照料孤儿，这一请求不出所料地遭到大家的拒绝。只不过，在已经拒绝一次的情况下，再提出一个请求，大家也就不好意思再拒绝了。而且两次请求相权衡，大家自然会选择后者。

2. 满足需要，让人自动回避

19世纪，在维也纳上层社会的妇女中，时兴一种高筒、宽檐的帽子，帽檐上装饰着五颜六色的羽翎。当这些女士进入剧场时，坐在她们后面的观众就只能看到她们的帽子而看不见舞台，于是不少观众向剧场经理提出抗议。

剧场经理起初只是一味地请求女士们脱帽，但女士们谁也不理睬。后来，经理眉头一皱，计上心来，对女士们说："本剧场照顾年老的女士，只有她们可以不脱帽。"此言一出，剧场中所有的女士都摘下了帽子。

上面这个故事中，剧场经理抓住女士们都希望自己年轻貌美的心理需求而说出的话，让女士们乖乖地摘下帽子。因为剧场经理激起了她们维护自己年轻的心理需求。

以退为进，满足需求都是为了使隐晦的语言能够更好地发挥效用。因此，我们在说话时完全可以借助上面的表达方式，该明说的话要明说，不适宜明说的话要用隐晦的方式说出来。

第五节　善用闲谈，化解尴尬境地

生活中难免会碰上尴尬的事情。这个时候，我们完全可以随机应变，巧妙地说一下闲话，使气氛得到缓和。

面对尴尬的窘境，如果置之不理，会有损自己的尊严；如果斤斤计较，又会有损自己的风度；如果无所适从，会有损自己的形象；如果处理不当，又会激化矛盾。可是，若你懂得用巧言妙语回答，不但能够很好地化解尴尬，而且会使气氛变得温馨。那么，化解尴尬的方法都有哪些呢？

1. 自嘲式化解

自嘲，顾名思义，就是自我嘲解，调侃自己。自嘲是一种幽默，一种智慧。处理好复杂的人际关系可不是件容易的事，一旦陷入尴尬境地，不妨自我嘲解一下，既给自己找个台阶下，又能巧妙地缓和气氛。

某著名诗人应邀到某大学中文系作家班做学术讲座。诗人讲到自己的诗作时，准备朗诵一段，可诗稿却放在一个学员的课桌上，诗人便走下讲台去拿。但诗人在上台阶时，一不留神跌倒在第二级台阶上，学员们顿时哄堂大笑。诗人稳住身子，转向学员，指着台阶说："你们看，要升一个台阶多么不易，生活是这样，做诗亦如此。"这一哲理性的话语顿时赢得了热烈的掌声。诗人笑了笑，接着说："一次不成功不要紧，再努力！"说着，装着用力的样子走上讲台，继续他的讲座。

2. 反话式化解

林肯是一个富有幽默感的总统。有一次，林肯自己在擦皮靴，某外交官问道："总统先生，您总是擦自己的靴子吗？"林肯不动声色地回答说："是啊！那你是经常擦谁的靴子呢？"

林肯的高明在于他巧妙地绕开对方所提出的一个判断性问题，进而找出破绽，给对方回敬了一个特指性的反话。

3. 自圆式化解

一位主持人在主持一次知识问答类节目时，问道："阿拉伯的公园里常常有武士模样的人摇着铃铛走东串西，请问这人是干什么的？"

参赛者的回答各种各样，可结果都是错的。最后主持人告诉大家谜底："是卖茶水的人。"此时主持人见参赛者情绪有些低落，赶快补上一句："看来这地方的水真是太宝贵了，卖茶水的人也穿戴得这么漂亮，把我们都迷惑了。"

这句话看来很平常，可句中的"我们"拉近了双方的距离，化解了参赛者由于回答错误可能带来的尴尬。

面对尴尬时，如果我们能够巧妙地说一些闲话，不仅可以化解尴尬的境地，还可以转移对方的注意力。因此，面对尴尬的局面时，幽默地说一些闲话是非常必要的。

第六节　淡化感情色彩，间接地表达你的不满

旁敲侧击，比喻说话、写文章不从正面直接点明，而是从侧面曲折地表明观点或加以讽刺、抨击。

在公众活动中，可能经常遇到让人尴尬而不满的情景。在这种情景下是不该强硬地表达不满的，而应该淡化感情色彩。

著名科学家爱因斯坦风趣幽默。有一次，由他证婚的一对年轻夫妇带着小儿子来看他。孩子刚看了爱因斯坦一眼就号啕大哭起来，弄得这对夫妇很尴尬，爱因斯坦脸上也有些挂不住，但幽默的爱因斯坦却摸着孩子的头高兴地说："你是第一个肯当面说出对我的印象的人。"这句妙答给了这对夫妇一个情面，活跃了气氛，融洽了关系，当然也含蓄地表达了爱因斯坦的不满。

在这里，爱因斯坦向我们显示了他在交际中的机智。面对孩子的大哭给自己和年轻夫妇带来的尴尬，他干脆采用了自嘲的方式，来帮助对方化解尴尬。然后放低姿态，凭借"慈祥"的语气表示自己对此态度的认同，淡化了感情色彩。

英国前首相丘吉尔在他执政的最后一年，出席一个政府举办的仪式，在他身后不远的地方有几个绅士窃窃私语："你看，那不是丘吉尔吗？""人家说他现在已经开始老朽了。""还有人说他就要下台了，要把他的位子让给精力更充沛、更有能力的人了。"当这个仪式结束的时候，丘吉尔转过头来，对这几个绅士煞有介事地说："唉！先生们，我还听说他的耳朵近来也不好用了。"

丘吉尔知道，自尊自爱就要以适当的方式来表达自己的思想感情，他在这里的幽默一语，既淡化了感情色彩，给自己解了围，表达了不满，又使那些绅士自讨没趣。

美国前总统威尔逊在一次竞选演讲中，遭到一个捣乱分子的挑衅。演讲正在进行，捣乱分子突然高声喊叫："狗屁！垃圾！臭大粪！"这个人的意思很明显，是骂威尔逊的演讲臭不可闻，不值得一听。威尔逊对此感到非常生气，但只是报以微微一笑，安慰他说："这位先生，我马上就要谈到你提出的环境脏乱差的问题了。"随之，听众中爆发出掌声、笑声，为威尔逊的机智幽默喝彩。

社交场合碰到别人的不恭言行，还真不能发作，但憋在心里也不好受。海明威曾说过："告诉他你不高兴，但在话中别出现'不高兴'这个词。"把表示不满的语言的感情色彩淡化一下，让对方知道你不高兴，又不致破坏友好气氛，是个不错的方式。

第七节　侧击迂回，举重若轻显真功夫

迂回就是一种拖延战术，目的是要争取更多的时间促进沟通的进行。如果沟通不畅，可以考虑用迂回的方式寻求外界支援或是跳离原来的沟通模式，以特殊方法突破沟通障碍，让沟通顺畅。

说话兜圈子虽然给人啰唆的感觉，但是它都能更好地突破沟通障碍，让沟通顺畅。

一次，德皇威廉二世派人将一艘军舰的设计图交给一个造船界的权威人士，请他评估一下。他在所附的信件上告诉对方，这是他花了许多年，耗费了许多精力才研究出来的成果，希望对方能仔细鉴定一下。

几个星期之后，威廉二世接到了权威人士的报告。这份报告附有一叠以数字推论出来的详细分析，文字报告是这么写的："陛下，非常高兴能见到一幅绝妙的军舰设计图，能为它作评估是在下莫大的荣幸。可以看得出来这艘军舰威武壮观、性能超强，可说是全世界绝无仅有的海上雄狮。它的武器配备可说是举世无双，舰内设施豪华。这艘举世无双的超级军舰只有一个缺点，那就是如果一下水，马上就会像只铅铸的鸭子沉入水底。"

威廉二世看到了这个报告，不但没为设计失败而气恼，反而禁不住笑了起来。

说话高手并不是指那些会说好听的话、使用华丽辞藻的人，而是善于运用迂回婉转说话技巧之人。

第八节　说得巧，逐客令也能变得美妙动听

运用高超的语言技巧，把逐客令说得美妙动听，这样你就能两全其美：既不挫伤其自尊心，又能使其知趣地告别。

孔子曰："有朋自远方来，不亦乐乎。"友人来访，彼此促膝长谈，交流

思想，应该是令人十分愉快的事。但现实生活中也有与此截然相反的情况。茶余饭后，你刚想静下心来读点书或者做点事，不料不请自来的长舌客扰得你心烦意乱。他东家长西家短，没完没了，一再重复着你毫无兴趣的话题，而且越说越来劲。你勉强敷衍，心不在焉，焦急万分，想对他下逐客令，但又怕伤感情，难以启齿。那么，该怎样对付长舌客呢？最好的对付办法是运用高超的语言技巧把逐客令说得美妙动听，这样你就能两全其美：既不挫伤其自尊心，又能使其知趣地告别。

下逐客令时，主人必须掌握两条原则。

有情。长舌客一般是邻居、亲戚、同学、同事，主客之间相当熟悉，切忌用冷冰冰的表情和尖刻刺耳的语言刺伤对方，一定要使对方感觉到主人对他还是很有情谊的。有情，才能使逐客令真正变得美妙动听。

有效。要使长舌客听了你得体的话语后明显减少来你家的次数，缩短闲扯的时间，这样，主人的语言技巧便真正起到了逐客的作用。

第九节　委婉含蓄表达可以使语意软化

生活中总存在一些不允许直说的话题，此时我们就需要把"词锋"隐遁，或把"棱角"磨圆一些，使语意软化，便于听者接受。

委婉是一种修辞手法，是指在讲话时不直陈本意，而用委婉之词加以烘托或暗示，让人思而得之，而且越揣摩，含义越深远，因而也就越具有吸引力和感染力。委婉含蓄是说话的艺术，它体现了说话者驾驭语言的技巧。生活中有许多事情是"只可意会，不可言传"的，如果说话者不考虑当时的情境，不顾及别人的感受，把想说的话直接地表达出来，不仅起不到应有的作用，还会引起对方的不悦，破坏相互之间的和谐关系。而委婉地表达自己的意思，即使是批评，别人也会很容易接受。

汉武帝晚年时很希望自己长生不老，一天，他对侍臣说："相书上说，一个人鼻子下面的'人中'越长，命就越长；'人中'长一寸，能活百岁，不知是真是假？"侍臣东方朔听了这话后，知道皇上又在做长生不老梦了，不觉哈哈大笑。皇上见东方朔似有讥讽之意，面露不悦之色，喝道："你怎么敢笑话我！"东方朔脱下帽子，恭恭敬敬地回答："我怎么敢笑话皇上呢！我是在笑彭祖的脸太难看了。"汉武帝问："你为什么笑彭祖呢？"东方朔说："据说彭祖活了 800 岁，如要真像皇上刚才说的，'人中'就有八寸长，那么，他的脸不是有丈把长吗？"汉武帝听了，也哈哈大笑。这种委婉含蓄的批评，汉武帝却愉快地接受了。

现代文学大师钱锺书先生，是个自甘寂寞的人。居家耕读，闭门谢客，最怕被人宣传，尤其不愿在报刊、电视中扬名露面。他的《围城》再版以后，又拍成了电视剧，在国内外引起轰动。不少新闻机构的记者，都想约见采访他，均被钱老执意谢绝了。一天，一位英国女士，好不容易打通了他家的电话，恳请让她登门拜见钱老。钱老一再婉言谢绝都没有效果，他就对英国女士说："假如你看了《围城》，像吃了一只鸡蛋，觉得不错，何必要认识那个下蛋的母鸡呢？"那位女士终于被说服了。

从上面的事例我们可以看出，委婉含蓄的表达主要具有以下三个方面的作用：

第一，人们有时表露某种心事，提出某种要求时，常有种羞怯、为难心理，而委婉含蓄的表达则能淡化这种羞怯。

第二，每个人都有自尊心。在人际交往中，对对方自尊心的维护或伤害，常常是影响人际关系好坏的直接原因；而有些表达，如拒绝对方的要求，表达不同于对方的意见，批评对方等，又极容易伤害对方的自尊。这时，委婉含蓄的表达常能达到既能完成表达任务，又不伤害对方自尊的目的。

第三，有时在某种情境中，例如，碍于第三者在场，有些话就不便说，这时就可用委婉含蓄的表达。

但是，使用这种表达方式时也要注意，委婉含蓄不等于晦涩难懂，它的表述技巧首先是建立在共同语境中对方能够明白的前提下，否则你的表达是没有意义的。另外，委婉含蓄并不适合任何场合，需要直白的时候就不要委婉含蓄，否则反而会引起别人的反感。

第十节　用模糊语言进行暗示

说话者可以巧妙地用模糊语言表达自己的意见，让当事人不感到难堪。

卡耐基认为，对于一些比较尖锐的事情最好使用模糊的语言，给对方一个模糊的意见，或者多用一些"好像""可能""大概""看来"之类的词语，显得留有余地，语气委婉一些。

例如，当学生在课堂上回答不出问题时，作为老师一般不应该这样训斥学生："你怎么搞的？昨天你肯定没复习！"而应当用模糊的语言表达批评的意思："看来，你好像没有认真复习，是不是？还是因为有点儿紧张，不知道该怎么说呢？"而且应当进一步提出希望和要求："希望你及时复习，抓住问题的要领，争取下次做出圆满的回答，行不行？"这样给了学生面子，也能达到好的效果。

在一些交流场合，尤其是在一些比较正式的场合，经常会碰到一些涉及尖锐问题的提问，这些提问既不能直接、具体地回答，又不能不回答。这时候，说话者可以巧妙地用模糊语言表达自己的意见，让当事人不感到难堪。

我们在听政府发言人谈话，或者看一些文件、公报的时候，常常觉得平淡无味。其实这些语言往往蕴涵着非常尖锐的意思，只是用了一些模糊化的词语，让它显得"平淡"了一些而已。比如，外交部发言人谈话提到"宾主双方进行了坦率的会谈"，这里"坦率"的背后意思就是有很多争议，意见分歧非常大；再比如"应当促进双方的交流"，意思就是双方的共识太少，彼此之间有比较深的成见。这些模糊化的语言既达到了说明问题的目的，又起到了淡化矛盾的作用。

第十二章

甜言蜜语，夸就夸到
人心坎里的赞美话

人人都喜欢听赞美的话，但不是所有的赞美话都能赢得别人的认同。那么究竟怎样才是真正夸到人心坎里的赞美话呢？毫无疑问，赞美的话要发自内心，只有发自内心的赞美才真诚，才能赢得别人的认同。

第一节　赞美的话要发自内心

如果你的赞美之辞不是发自于内心的，那么，你的赞美很难达到预期的功效。

赞美别人就是发现别人的美，并且用恰当的语言表达出来。赞美的语言稍微夸张一点是可以的，但是倘若言过其实，便会让人怀疑你赞美的诚意和动机了。

有这样一个人，在单位里经常赞美同事，见到领导时，赞美的话更是滔滔不绝。见到身材魁梧的领导，他就说："一看就知道您是有福之人啊！"当见到秃顶的领导时，他就说："贵人不顶重发，聪明绝顶啊！"这些话倒是不伤大雅，倒还能让领导开心，只是有一次，因为他过分夸大的赞美言词让领导对他有了重新的认识。

某领导在应酬时，酒喝多了，走路时一不小心摔了一跤。这时，这位经常赞美领导的"赞美家"赶紧过来扶起领导，嘴里说道："领导为了工作，连自己的身体都不顾了，就算是喝出胃出血也没有任何怨言。"喝醉了酒的领导一听到有人这样"赞美"自己，一下子就火了，指着这位时时不忘赞美领导的人破口大骂："你到底会不会说话，你那是称赞我吗？你是盼着我死吧？"这次，平日伶牙俐齿的他再也说不出任何赞美之词了。

他的赞美之所以得不到听者的认可，是因为他的赞美之词不是发自内心的赞美。在他的赞美中，有很重的趋炎附势、惺惺作态的成分。这样的赞美是无法打动人心的。

小王是建筑公司的拆迁办主任，在拆迁工作顺利进行的时候，一家钉子户使拆迁工作不得不停下。小王了解了这家的基本情况后得知，这家的主人是一名曾参加过抗美援朝的老军人，他之所以不肯搬家，是因为这套四合院是在他光荣离休后政府赠与他的。

随后，小王亲自拜访了这位老人。他进入到老人的书房，看见墙上都是老人身穿军装的照片，不由得说道："您老年轻时一定是名强悍的军人。因为我在您身上仿佛见到了你当年奋勇杀敌的勇猛和果断。"老人没有作声。小王继续说："我小的时候就愿意和我爷爷在一起，他总有许多战场上的故事可以讲，后来他年纪大了，有的故事甚至都讲 20 遍了，可是每次他像是第一次讲一样，眼中充满了激动的泪水。我想您所知道的故事一定和我爷爷知道的一样多，甚至比他的还多。而这其中的辛酸不易，我想只有您自己体会得最深刻了。"

说到此，小王起身说道："老先生，打扰您这么久，真是对不住啊！"说完他就走出了屋子，往大门外走去。当他即将迈出大门时，老人在背后喊道："明天过来时把拆迁的公文带来，让我好好瞅瞅。"小王心里的大石头终于落了地，老人要看公文，证明拆迁的事情有戏了。

从头至尾，小王只字未提拆迁的事，只是和老人聊了会家常话。其实，正是小王的家常话打动了老人。小王称赞老人勇敢，称赞老人阅历丰富，这都是发自于内心的赞美。他的赞美之词在老人的心中也激起了层层涟漪。因为小王真诚的赞美，打开了老人的心房。

有的人非常吝啬对他人的赞美，认为那是阿谀奉承的表现，是令人不齿的做法，然而人人都喜欢听到他人的赞美，都以得到他人的赞美为荣。因为，如果能得到别人的赞美，说明自己的行为得到了他人的认可，对赞美他的人自然就会产生好感。无论何时，赞美都拥有神奇的力量，能帮助他人走出困境，是交际中最有效的手段之一。发自内心的赞美，是任何人都喜爱的。

有些人不是出自真心而是随大流儿，跟着别人说重复的赞美话，或者附和别人的赞美，这会引起对方的反感。因为这样的赞美会令对方认为你是在溜须拍马。

哈佛大学弗尔帕斯教授经历过这样一件事：有一年夏天，天气又闷又热，他走进拥挤的列车餐车去吃午饭，当服务员递给他菜单的时候，他说："今天那些在炉子边烧菜的小伙子一定是够受的了。"那位服务员听了后吃惊地看着他说："上这儿来的人不是抱怨这里的食物，便是指责这里的服务，要不就是因为车厢内闷热而大发牢骚。19 年来，你是第一个对我们表示同情的人。"

第二节　总能找到赞美的理由

我们常会碰到一些难缠的人，讲道理不听，软说强求也无效，而且有时他还对你抱有一种固执的敌意。对这样的人你肯定不会去赞美他。然而此时此刻，恰恰只有赞美才能解开这个死结。

费城华克公司的高先生懂得从对方身上找到赞美的理由，借由赞美达到自己的目的。

华克公司承包了一幢办公大厦的建筑工程，必须在合同规定的日期内完工。开始一切顺利，眼看工程就要完工了，突然负责供应楼内装饰材料的供应商声称，他不能按期交货。如果这样，整个工程都将受到影响，不能按期交工，公司的麻烦可就大了。

高先生于是去找这个供应商。高先生径直走进那家公司董事长的办公室，但是高先生并没有责备对方，而是从赞扬开始，他说对方的姓在这个地区是独一无二的。这让那位董事长很意外，也打开了话匣，他用了很长的时间谈论他的家族及祖先。等他说完了，高先生又恭维他一个人支撑那么大一个公司，并且比其他同类公司生产的铜制品都好。于是董事长坚持要请高先生吃饭。在吃饭的过程中高先生又说了一些其他的事情，始终没说来访的目的。

午饭后，还是那位董事长主动提到了实质问题，由于高先生给他带来了很多的快乐，董事长答应按合同交付产品。

高先生甚至没有提出要求就达到了目的。那些材料准时送到，他们也按期交工。

找到赞美的理由，从赞扬和欣赏开始更容易说服他人。做鱼有腥味，可以加料酒去腥，肉骨头炖不烂，可以滴几滴醋，这些都是一物降一物的道理。在追求成功的道路上，善用这个道理的人，事半功倍，不善用这个道理的人，吃力不讨好。

柯达公司创始人伊斯曼，捐出巨款要在罗彻斯特建造一座音乐堂、一座纪念馆和一座戏院。为承接这批建筑物内的座椅，许多制造商展开了激烈的竞争。但是，找伊斯曼谈生意的商人无不乘兴而来，败兴而归。在这样的情况下，优美座位公司的经理亚当森前来会见伊斯曼，希望能够得到这笔价值9万美元的生意。

伊斯曼的秘书在引见亚当森前，就对亚当森说："我知道您急于得到这批订货，但我现在可以告诉您，如果您占用了伊斯曼先生5分钟以上的时间，您就完了。他是一个很严厉的大忙人，所以您进去后要快快地讲。"亚当森微笑着点头称是。

亚当森被引进伊斯曼的办公室后，看见伊斯曼正埋头于桌上的一堆文件，于是静静地站在那里仔细地打量起这间办公室来。过一会儿，伊斯曼抬起头来，发现了亚当森，便问道："先生有何见教？"秘书把亚当森做了简单的介绍后，便退了出去。这时，亚当森没有谈生意，而是说："伊斯曼先生，在我们等您的时候，我仔细地观察了您这间办公室。我本人长期从事室内的木工装修，但从来没见过装修得这么精致的办公室。"

伊斯曼回答说："哎呀！这间办公室是我亲自设计的，当初刚建好的时候，我喜欢极了。但是后来一忙，一连几个星期我都没有机会仔细欣赏一下这个房间。"

亚当森走到墙边，用手在木板上一擦，说："我想这是英国橡木，是不是？意大利的橡木质地不是这样的。"

"是的，"伊斯曼高兴得站起身来回答说，"那是从英国进口的橡木，是我的一位专门研究室内橡木的朋友专程去英国为我订的。"

伊斯曼心情极好，便带着亚当森仔细地参观起办公室来了。他把办公室内所有的装饰一件件向亚当森做介绍，从木质谈到比例，又从比例谈到颜色、从手艺谈到价格，然后又详细介绍了他设计的经过。此时，亚当森微笑着聆听，饶有兴致。

亚当森看到伊斯曼谈兴正浓，便好奇地询问起他的经历。伊斯曼便向他讲述了自己苦难的青少年时代的生活，母子俩如何在贫困中挣扎的情景，自己发明柯达相机的经过，以及自己打算为社会所做的巨额的捐赠。亚当森由衷地赞扬他的功德心。

本来秘书警告过亚当森，谈话不要超过5分钟。结果，亚当森和伊斯曼谈了一个小时又一个小时，一直谈到中午。最后伊斯曼对亚当森说："上次我在日本买了几张椅子，放在我家的走廊里，由于日晒，都脱了漆。昨天我上街买了油漆，我打算自己把它们重新漆好。您有兴趣看看我的油漆表演吗？好了，到我家里和我一起吃午饭，再看看我的手艺吧!"午饭以后，伊斯曼便动手，把椅子——漆好，并深感自豪。直到亚当森告别的时候，两人都未谈及生意。最后，亚当森不但得到了大批的订单，而且和伊斯曼结下了终生的友谊。

第三节 夸人要夸到点子上

把话说在点子上，往往能收到意想不到的效果，而夸人夸到点子上，更会令对方喜出望外。

赞美是人们生活中不可或缺的生活调味剂，有了它，人与人之间的距离则会变得越来越近。如果要消除两人间的隔阂，真心地赞美对方是你最理想的方法。但如果我们的赞美没有针对性，没有赞美到点子上，那么很可能会引起对方的厌恶。

当你与年老的长者交谈时，可以多称赞他引以为豪的过去，因为老年人一般都希望别人能够记住他当年的业绩和往日的雄风；当你与年轻人交谈时，不妨语气稍为夸张地赞扬他的创造才能和开拓精神，并举出几点实例证明他的确能够前程似锦；当你与商人交谈时，可以称赞他头脑灵活，生财有道；当你与知识分子交谈时，可以称赞他知识渊博、宁静淡泊。当然，这一切要依据事实，切不可虚夸。

因为恭维过度，会让人觉得你是在阿谀奉承、拍马溜须。所以，在赞美别人时一定要善于寻找到对方最希望被人赞美的地方。

云莉从升入大学的第一天，就被同学们评为"班花"。云莉自己也知道，从小到大她听到的称赞最多的就是关于她漂亮的外表，对于这样的赞美，云莉是感觉有点儿"疲劳"了。其实在她内心深处最希望听到别人说她"有才华，将来肯定会有所成就"。云莉的男朋友就是靠着"别具一格的赞美"才赢得了她的芳心。"在我身上，他总能发现别人发现不了的优点。"云莉开心地说。

由此可见，赞美就得"赞美"到点子上。这样的赞美才不会给人虚假和牵强的感觉，这样的赞美往往会使对方听来十分亲切真实，使对方产生一种遇到"知音"的感觉，从而增进友谊，缩短彼此间的距离。

第四节　巧说赞美之词助你成事

恰如其分地称赞别人，绝不可夸大其词，只有这样才能赢得别人的信任和好感。

办事过程中，要想顺利地将一件事办好，必不可少的就是适当的赞美。赞美的话谁都会说，但是能否说得巧妙、自然，让对方从内心产生认同，心甘情愿地助自己成事，这里面就有一定的学问了。

美国黑人富豪约翰逊要修建一幢办公楼，但在资金上还有 300 万美元的空缺，他出入多家银行都没有贷到这笔款。

建造开工后，到所剩的钱仅够花一个星期的时候，约翰逊终于找到了一家银行肯贷款给他，但是他还有一个要求，就是当天就要拿到贷款，银行主管却对约翰逊说："你一定在开玩笑，我们从来没有在一天之内就办妥的事的先例。"

约翰逊稍一沉思，回答："你是这个部门的主管。也许你应该试试看你有无足够的权力把这件事在一天之内办妥。"

这样一下子就挑起了对方的好胜心，这个银行主管试过以后，本来他说办不到的事终于办到了，约翰逊也如愿以偿地拿到了这笔贷款。

这类似激将法，是一种隐蔽的赞美方法，就像你说："这件事对你来说简直是小菜一碟"，这时，即使对方办到这件事有一定的难度，他也不会直接告诉你："我做不到"，而是想办法达到你的期望，以免被你看扁，这是人们普遍存在的虚荣心。

比尔·派克是佛罗里达州得透纳海滩一家食品公司的业务员，他对公司新出的系列产品感到非常兴奋；但不幸的是，一家大食品市场的经理取消了产品陈列的机会，这令比尔很不高兴。他对这件事想了一整天，决定下午回家前再去试试。

他说："杰克，我今天早上走时，还没有让你真正了解我们最新系列的产品，假如你能给我些时间，我很想为你介绍我漏掉的几点。我非常敬重你有听人说话的雅量，而且非常宽大，当事实需要你改变时你会改变你的决定。"

杰克能拒绝再听他谈话吗？在这个必须维持的美誉之下，他是没办法这样做的。

办事过程中，要使赞美的语言产生效果，除了注意一些技巧外，更重要的是有一份诚挚的心意及认真的态度，不要轻易草率地发表看法。即使是赞美一个人也不要太夸张离谱，否则就变成了谄媚，对方也会觉得你很虚伪。

第五节　赞扬是对下属最好的奖赏

一句赞扬可以提高下属的积极性，使其努力地工作，但一句批评可能让他站到你的对立面，与你对着干。

人们发展的需要是全面的，不仅包括物质利益方面，还包括名誉、地位等精神方面。在单位里，每个人都会非常在乎领导的评价，领导一句不经意的赞扬会是下属最好的奖赏。

首先，领导的赞扬可以使下属意识到自己在群体中的位置和价值，在领导心中的形象。而领导的表扬往往具有权威性，是确立自己在本单位同事中的价值和位置的依据。

有的领导善于给自己的下属就某方面的能力排座次，使每个人按不同的标准排列都能名列前茅，可以说是一种皆大欢喜的激励方法。比如，小王是本单位第一位博士生；小李是本单位"舞"林第一高手；小刘是单位计算机专家，等等，人人都有个第一的头衔，人人的长处都得到肯定，整个集体几乎都是由各方面的优秀分子组成，能不说这是一个生动活泼、奋发向上的集体吗？

其次，领导的赞扬可以满足下属的荣誉感和成就感，使其在精神上受到鼓励。如果一个下属很认真地完成了一项任务或做出了一些成绩，虽然此时他表面上装得毫不在意，但心里却默默地期待着领导来一番称心如意的嘉奖，而领导一旦没有关注，不给予公正的赞扬，他必定会产生一种挫折感，对领导也产生看法，"反正领导也看不见，干好干坏一个样。"这样的领导是不能调动起下属的积极性的。

再次，赞扬下属还能够密切上下级的关系，有利于上下团结。领导的赞扬不仅表明了领导对下属的肯定和赏识，还表明了领导很关注下属的事情，对他的一言一行都很关心。有人受到赞美后常常高兴地对朋友讲："瞧我们头儿既关心我又赏识我，我做的那件连自己都觉得没什么了不起的事也被他大大夸奖了一番。跟着他干气儿顺。"互相都有这么好的看法，能有什么隔阂？能不团结一致拧成一股绳把工作搞好吗？

最后，对下属成绩和良好思想品格的肯定和赞扬，实际上就是对另一种与之相对立的倾向的有力的否定和批评。直接指斥某种倾向的危害，明白地提出某种诫令，不失为一种可行的常规办法。但这只能是一种辅助手段，其效力不会更深远。倘若及时向下属说明"什么好""应该干什么""怎样干"，那就从根本上解决了带有过程意义的问题。所以对于规范下属的行为，肯定、赞扬要比否定、批评来得更为直接。

下属的活动一般来说，都是自觉地指向上级确定的目标，遵循着上级的规定展开的，主观上是希冀成功的。然而，由于受个人的智力、学识、经验以及种种随机因素的制约，其活动结果不尽如人意甚至出现大的差异也是不可避免的。在失误、败绩面前，上级该作如何处置呢？简单的方法当然是论过行罚。但是，这并不明智。更为远虑的处置应该是宽容。在必要的批评和处罚之外，要言辞中肯、情意温馨，对其过失之外的成绩、长处予以肯定，对其深切的负疚感、追悔心予以彰明，对其振作图进的心意予以抚慰和信赖。当事人就会从不安中看到希望，决心日后努力工作，将功补过。

所以，即使作为有一定权力的领导，也不要随意地批评你的下属。在任何时候，赞美、鼓励都会比批评更有效果，都更能把人团结在你的周围。

第六节　赞美要具体

赞美可以是抽象的，也可以是具体的，然而抽象的赞美远没有具体的赞美来得实在，具体的赞美也更易为人所理解和接受。

抽象的东西往往很难确定它的范围，难以给人留下深刻印象。赞美应该是看得见、摸得着的，是具体的。

赞美的话只有说得细致具体、符合实际，才能让对方感觉到你是在真心地关注他。空洞的赞美不但没有任何意义，还会让对方觉得你是在敷衍他。

在赞美别人的时候，千万不要使用模棱两可的表述，像"挺好""没那么糟"这样的话都不要用。含糊的赞美往往起不到应有的作用，而且还会适得其反。因此，在与人交往的时候，应该从具体事件入手，善于发现别人哪怕是最微小的长处，并不失时机地予以赞美。

赞美越具体越好，这样可以说明你对对方非常了解，对他的长处和成绩很看重，让对方感到你的真挚、亲切和可信。比如，你的同事今天穿了一件新衣服，打扮得很漂亮，你如果仅仅是说"你今天很漂亮"，效果显然会比"这件连衣裙真是不错，尤其是和你的气质特别搭配"差很多。

当你只针对一件事情进行赞美时，赞美会更有力量。赞美的对象越庞杂，它的力量就越弱。因此，在赞扬别人时，要针对具体的某一件事情。例如，我们在社交场合，常听到的赞美不外乎"你今天好漂亮""你看起来气色很好"等话语，这些赞美太过含糊笼统，会使你的赞美大打折扣。

1975年3月4日，卓别林在英国白金汉宫被伊丽莎白女王封为爵士。封爵仪式开始，正当卓别林非常兴奋的时候，女王赞美卓别林说："我观赏过你的许多电影，你是一位难得的好演员。"可是这位伟大的艺术家似乎对这个赞美并没有什么特别的感觉。

事情过后，有人向卓别林询问当时的感想。可是，卓别林的回答令人大吃一惊："女王陛下虽然说她看过我演的许多电影，并称赞我演得好，可是她没说出哪部电影的哪个地方演得最好。"当女王知道了卓别林这样说后，感到非常遗憾。

从这个故事中，我们可以看出，如果赞美别人就得说出具体的事实，尽量针对某人做的某件具体的事情，这样才会产生良好的效果。

美国社会心理学家海伦·克林纳德认为：正确的赞美方法是将赞美的内容详细化、具体化。其中有三个基本因素需要明确：你喜欢的具体行为，这种行为对你有何帮助，你对这种帮助的结果有无良好的感觉。有这三个基本因素为依托，赞美才不会空泛笼统，才能给人留下好印象。赞美对方就要先了解对方，了解得越多越好。只有了解对方，你的夸奖和赞扬才会有针对性。只有当你的话说到了点子上，才会让对方感受到你的真心。一般情况下，对方不仅仅想要你说他好，而且很想知道为什么说他好，好到什么程度。

第七节　倾听是对讲话者的高度赞美

赞美他人我们往往用的是语言。其实倾听也是对讲话者的高度赞美与恭维。

倾听不仅是一种对别人的礼貌与尊重，也是对讲话者的高度赞美与恭维。每个人都希望获得别人的尊重，受到别人的重视。当我们专心致志地听对方讲，努力地听，甚至是全神贯注地听时，对方一定会有一种被尊重和受重视的感觉，双方之间的距离必然会拉近。所以，懂得倾听可能会直接决定你要办的这件事能否成功。

经朋友介绍，重型汽车推销员乔治去拜访一位曾经买过他们公司汽车的商人。见面时，乔治照例先递上自己的名片："您好，我是重型汽车公司的推销员，我叫……"

才说了不到几个字，该顾客就以十分严厉的口气打断了乔治的话，并开始抱怨当初买车时的种种不快。例如，服务态度不好、报价不实、内装及配备不对、交接车的时间等待得过长……

顾客在喋喋不休地数落着乔治的公司及当初提供汽车的推销员，乔治只好静静地站在一旁，认真地听着，一句话也不敢说。

终于，那位顾客把以前所有的怨气都一股脑地发泄了。当他稍微喘息了一下时，方才发现，眼前的这个推销员好像很陌生。于是，他便有点不好意思地对乔治说："小伙子，你贵姓呀，现在有没有一些好一点的车种，拿一份目录来给我看看，给我介绍介绍吧！"

当乔治离开时，已经兴奋得几乎跳起来，因为他的手上拿着两台重型汽车的订单。

从乔治拿出产品目录到那位顾客决定购买，整个过程中，乔治说的话加起来都不超过 10 句。重型汽车交易拍板的关键，由那位顾客道出来了，他说："我是看到你非常实在、有诚意又很尊重我，所以我才向你买车的。"

只是几分钟的倾听，就做成了一笔业务，这就是倾听的魅力。

玫琳凯·艾施在《玫琳凯谈人的管理》一书中，就曾对倾听的影响做了如此说明："我认为不能听取别人的意见，是自己最大的疏忽。"

玫琳凯经营的企业能够迅速发展成为拥有 20 万名美容顾问的化妆品公司，其成功秘诀之一就是她相当重视每个人的价值，而且很清楚地了解员工真正需要的除了金钱、地位外，还有一位真正能"倾听"他们意见的知心人。因此，她严格要求自己，并且让所有的下属铭记这条金科玉律：倾听，是最优先的事，绝对不可轻视倾听的作用。

所以，当你说话办事时，不要一味地只顾着表达自己的想法和观点，留一点时间给别人，沉静下来听别人说一会儿话，你的倾听会给你带来更多的收获。

第八节　赞美要自然

每个人都不会拒绝别人真诚的赞誉之词，而我们在赞美人时也要表现得自然。

在人与人的交往中，任何人都喜欢被人赞美、奉承。事实上，面对别人自然的赞美，相信世界上没有人会无动于衷。

在尼克松为法国总统戴高乐举行的宴会上，尼克松夫人费了很大的心思布置了一个鲜花展台：美丽的喷泉旁是一张马蹄形的桌子，鲜艳的热带鲜花在阳光的照射下显得娇艳无比。

戴高乐将军一眼就看出这是主人为欢迎他而精心制作的，不禁赞不绝口："女主人真是用心，这么漂亮、雅致的计划与布置一定花了很多时间吧！"尼克松夫人听后，觉得非常开心。

也许在其他人看来，尼克松夫人布置的鲜花展台不过是她作为一位总统夫人的分内之事，没什么值得赞美的；但戴高乐将军却能领悟到她的苦心，并向夫人表示了特别的肯定与感谢，从而也使尼克松夫人异常高兴。

赞美是打开心门的钥匙，它不但会把老相识、老朋友团结得更加紧密，而且可以把互不相识的人连系在一起。

戴维和法拉第二人的友谊至今仍被世人所称道。虽然有一段时间，法拉第的突出成就引起戴维的嫉妒，但这份情缘的取得少不了法拉第对戴维的真诚赞美这一原因。法拉第未和戴维相识前，就给戴维写信："戴维先生，您的讲演真好，我简直听得入迷了，我热爱化学，我想拜您为师……"

收到信后，戴维便约见了法拉第。后来，法拉第成了近代电磁学的奠基人，名满欧洲。

无论如何，任何赞美的话都一定要切合实际。赞美要看对象：像爱漂亮的女孩子你就赞美她的打扮，有小孩的母亲最好赞美她的小孩，工作型的女孩可赞美她的工作能力；至于男人，最好赞美他的实力。到别人家做客，可赞美其房子布置得别出心裁，或赞美一个盆景的精巧或去欣赏那些鱼的美丽；等等。

当你自然真诚地赞美了对方后，对方表现出满意的态度时，你的赞美就成了促进你与主人关系的润滑剂。

第九节　男人与女人，不同的赞美

人们都说女人是用耳朵来生活的，赞美是女人生命中的阳光。其实，男人也一样，他们一样喜欢听到他人对自己的肯定和赞美，因为这会让他们有一种价值感，并由此充满自信。

人人都渴望被别人赞美，但男人和女人的需要是不同的。

男人要面子、好虚荣，多表现在追逐功名、显示能力、展示个性以显潇洒和能人之形象方面，而女人则表现在对容貌、衣着的刻意追求或身边伴个白马王子以示魅力方面。

男人要面子、好虚荣，他们对此毫不遮掩，有时甚至坦率得令人吃惊，而女子则总是遮遮掩掩、羞羞答答。

女性对于面子、虚荣还有几分保留，而男子则是全力以赴去追求面子，好似他的人生目的就是追求面子一般。

男人的面子千万不要去伤害、破坏，否则便万事皆休一切都了——友谊中断，恋爱告吹，生意不成，升官无望，职称泡汤。

因此赞美他人时也要见什么人说什么话。

比如，赞美一个女人漂亮就大有学问。对于容貌绝佳的女性，她已习惯了别人的赞叹，不妨用些新颖的方式，如用比喻去赞美她；对于一个明显较丑的女性，如果你虚假地夸赞她的容貌，她会认为你在讥讽她，而引起她的反感。你最好是去发掘她的气质、能力或性格；而普通的女性是最需要赞美的，因为她身上也有美，并且也最向往美，最渴望被人肯定。

你可以赞美女人的修养。有许多女人，虽然长得漂亮，但是缺乏修养，没有内涵，稍一相处，便会让人感到俗不可耐。因而，花瓶式的女人虽然可赢得一时的赞美，却不能使男人长久地爱慕她，更无法获得男士的尊敬，而一种好的气质，则可以使一位非常普通的女人变得十分迷人，令人心驰神往。因为一个人的修养是一种内在美、精神美、升华美，它可以永久地征服一个男人的心。

作为男人更要会赞美女人。能够做到张口也赞闭口也赞，这样，你才能在女人面前受欢迎，使你魅力无穷。

男人赞美女人是对女人价值的肯定，更是对女人魅力的一种欣赏。在男人眼里，女人身上总有美丽动人之处，或者是皮肤细腻，或者是身材苗条，或者是眉目含情，或者是穿着得体。所以你一定要善于去发现、去捕捉她的美。许多女人都会对自己的缺憾有所了解，但她们却十分了解自己的最动人之处，只要你能慧眼独具，赞美得体，你一定会博得她的赏识与青睐。

现在注重个性，夸赞一个女人有个性已成了一种时尚。固执的性格可当此人有个性来赞，孤傲的性格也可以用有个性来赞，像男人一样不拘小节，有些泼辣的女性也能用有个性来赞。只要是稍稍区别于大众的性格，你用个性二字来赞她，无论是哪种女性，她都会觉得你这个人很有品位。

最后，谈一谈女人的能力。现代社会，在各种事业中女人都表现出了她非凡的能力。她们不仅能把自己分内的事完成得十分得体，还会凭她们细心的洞察力去发掘工作中出现的问题，把各部门的事情都安排得十分妥当，有时，工作能力大大地超越了男性。而女人在取得很大的成就时，她是需要被这个社会所肯定的。她们希望这个社会能认同自己，肯定自己的能力，也希望在男人眼中她们不再是处处依附于男人的人，而是能够独当一面，把事情处理得完美无瑕有能力的人。于是，她们就需要男人的赞美，希望自己所做到的，能够得到男人的认同与赏识。如果你是她的老板，上司，或是同事，你可千万别忽视她的业绩，常常激励她、赞美她，换取她更大的工作积极性吧！

除此之外，生活中女人们的能力也值得你一赞。日常家务，如烧饭做菜，收拾房间，照顾孩子，这些虽是一些细小的事情，但却能表现出女人的动手能力，审美能力，教育能力。只要你在日常生活中也不忘记赞美一下女性，你定会得到女性们一致的好评。

最后要记住的是，女人喜欢甜言蜜语，但并非是喜欢太过花哨的话，所以赞她时多用些实际的语言，不用刻意去修饰，不然会让人觉得你很肤浅。

人们都说女人是用耳朵来生活的，赞美是女人生命中的阳光。其实，男人也一样，他们一样喜欢听到他人对自己的肯定和赞美，因为这会让他们有一种价值感，并由此充满自信。可以说，恰到好处的赞美是打在男人身上的一剂强心剂。你可以从以下几个方面来打造对男人的赞美之词：

1. 赞美他是成功的男人

由于传统社会对男性角色的定位——成家立业者，使得男人非常在乎自己在别人心目中的形象，任何人对他的工作做出的评价都会让他反应敏感。因此，无论男人从事的是怎样的工作，他都希望能得到别人的认同。

不过你得注意，不管一个男人有多成功，多得意，他内心深处最渴望的还是别人的理解和关怀。一般的理解和关怀都是无可厚非的，可一定要注意把握"度"的原则。过犹不及，说得太夸张、太过分、太直白就会被人当成追逐名利、爱慕虚荣的女人，会成为男人心底讨厌的势利女人。因此，即使是赞美，也要掌握分寸。通常从以下几个方面入手来赞美别人，是比较容易被接受，而且会收到预期效果的。

首先，在赞美男人的同时，注意表达关心与体贴。关心与体贴是女人善良天性的表现，也是女人细腻温柔的体现。女人的关心，有如吹面而过的柔和的春风，又如沁人心脾的淡淡花香，会在不知不觉中悄悄渗入男人的心灵之中，融化他们的心怀。男人们最喜欢的是那种会关心、会体贴、善解人意的女人，女人的关心和温柔会让男人从心底感激她。以前，曾有人这样赞美过别人：

"张老师，您那本书写得真好，没少花工夫吧？您可得注意休息了，瞧您现在比以前瘦多了。"

"刘总，这么大的工程，您一个人给搞定了，可真了不起！不过您可要注意身体呀，别光为了工作，累坏了自己。"

这些又温馨又充满敬仰与关切的语句，怎么能让男人不动心，不打心底感激，不视女人为自己的好友呢？

其次，在赞美男人的时候，恰当地表达出崇拜的思想。不管男人还是女人，都希望有人崇拜自己，都希望被人用尊敬、仰视的眼光看待，这也是人之常情。被人崇拜是无法拒绝的，被人崇拜意味着对"自我"的肯定，是一种人生价值的体现。对一个春风得意的人来说，他最自豪的是"自我"，也就是他的成功之源。

最后，别忘了在赞美的同时予以鼓励。一个女人鼓励一个男士，既是对他过去的肯定，对他以前创业生涯的一种肯定，又是对他未来充满信心的一种表现。人在任何情况下都是希望获得支持和鼓励的，人不仅对自己有信心，更需要别人对自己有信心。现在的社会，竞争激烈，压力大，成功是需要付出很大代价的。一个成功的、春风得意的男士，即使在一定程度上达到了自我价值的展现，但也还是需要鼓励的，尤其需要别人对他有信心。

还有一些男士，春风得意的时候，往往会在别人的一片颂扬声中沾沾自喜、自高自大、忘乎所以，而女性的委婉的激励，有时就像一剂良药，给头昏脑热的春风得意者一点不动声色地提醒，进一步激发起他的冷静和投入下一次竞争的热情。

2. 赞美他是一位绅士

所谓风度，是男人在言谈举止中透出的一种味道。不要以为男人真的是散漫随意、潇洒不羁，其实他们是很在乎别人对自己举止的评价。曾经有一位女友说起她和男友分手的原因，只因为她在一次朋友聚会上调侃了男友的局促，就大大伤了对方的自尊心，扔了句："既然你认为我没风度，那么分开好了。"

事实也如此，行动比语言更有说服力，只有当女方对对方的举止言谈很满意、很欣赏时，女方才会爱上他。而在这方面赞美男人的聪明之道，也是拿他和别的男人比较，表现出你的欣赏。一位范先生说："有一次，我和女友乘出租车，下车后我替她打开车门，她说她以前遇到的男人从不知道什么是绅士风度。这句话极大地满足了我的自尊心，也让我觉得自己是个很受欢迎的男人。"

3. 赞美他仪表堂堂

许多男性承认，他们在关注女人闭月羞花之貌的同时，也希望自己貌比潘安。但是同样因为社会角色定位，男人特别害怕女人把他们当作绣花枕头，因而他们对女人对他们外在形象的夸赞是特别敏感的，让女人兴奋的"你长得真漂亮""你穿得真好看"之类的话，会让男人觉得特别不舒服，按他的理解，这里透着一种嘲讽，好像说："你有些娘娘腔，你怎么像女人一样爱打扮。"

所以说，要真的想对男人表达你对他外形的欣赏，还需审时度势。但你可以对他的某个部位做出较高的评价，例如，你的鼻子好有个性等。

另外，在赞美一个男士的时候，有一点特别忌讳的是，不要当着这位男士的面大肆指责他的竞争对手，这样做也许当时能让这位春风得意的男士十分高兴，但过后，他就会清楚地意识到这种以贬低一个人来衬托另一个人的手法是多么的笨拙，并且让人感到的只是巴结和恭维。所以，建议那些想要锦上添花的朋友，一定要注意，添花要小心，要把握好分寸，不要搞出笑话来，以免遭人反感。

第十节　给他最想要的赞美

有的时候并不是什么伟大举动才值得让人赞美，相反一些微乎其微的小事，别人会期望得到你的肯定和称许。

在一个人所走过的人生道路中，有无数让他们引以为自豪的事情，这些都是一个人人生的闪光点。这些东西又会不经意地在他们的言谈中流露出来，例如，"想当年，我在朝鲜战场上……"，"我年轻的时候……"，等等。对于这些引以为荣的事情，他们不仅常常挂在嘴边，而且深深地渴望能够得到别人由衷的肯定与赞美。对于一位老师而言，引以为荣的往往是由他授过课的学生在社会上很有出息，你为了表达对他的赞美，不妨说："您的学生××真不愧是您的得意门生啊！现在已经自己出书了。"对于一位一生都默默无闻的母亲，引以为荣的往往是她那几个有出息的孩子，你如果对她说："你有福气啊，两个儿子都那么有出息。"她一定会高兴不已。对于老年人来说，他们引以为荣的往往是他们年轻时的那些血与火的经历。

真诚地赞美一个人引以为荣的事情，可以更好地与之相处。

乾隆皇帝喜欢在处理政事之机品茶，论诗。对茶道颇有见地，并引以为荣。有一天，宰相张廷玉精疲力竭地回到家刚想休息，乾隆忽然来访，张廷玉感到莫大的荣幸，称赞乾隆道："臣在先帝手里办了13年差，从没有这个例，哪有皇上来看下臣的！真是折煞老臣了！"张廷玉深知乾隆好茶，命令把家里的隔年雪水挖出来煎茶给乾隆品尝。乾隆很高兴地招呼随从坐下，"今儿个我们都是客，不要拘君臣之礼。坐而论道品茗，不亦乐乎？"水开时，乾隆亲自给各位泡茶，还讲了一番茶经，张廷玉听后由衷地赞美道："我哪里晓得这些，只知道吃茶可以解渴提神。一样的水和茶，却从没闻过这样的香味。"李卫也乘机称赞道："皇上圣学渊深，真叫人瞠目结舌，吃一口茶竟然有这么多的学问！"乾隆听后心花怒放，谈兴大发，从"茶乃水中君子、酒乃水中小人"开始论起"宽猛之道"。真是妙语连珠，滔滔不绝，众臣洗耳恭听。乾隆的话刚结束，张廷玉赞道："下臣在上书房办差几十年，只要不病，与圣祖、先帝算是朝夕相伴。午夜扪心，凭天良说话，私心里常也有圣祖宽、先帝严，一朝天子一朝臣这个想头。我为臣子的，尽忠尽职而已。对陛下的旨意，尽力往好处办，以为这就是贤能宰相。今儿个皇上这番宏论，从孔孟仁恕之道发端，譬讲三朝政治，虽然只是三个字'趋中庸'，却振聋发聩，令人心目一开。皇上圣学，真是到了登峰造极的地步。"其他人也都随声附和，乾隆大大满足了一把。张廷玉和李卫作为乾隆的臣下，都深知乾隆对自己的杂经和"宏论"引以为豪。而张李二人便投其所好，对其大加赞美，达到了取悦皇帝的目的。

没有人不会被真心诚意的赞赏所触动。

抓住他人最胜过于别人的，最引以为豪的东西，并将其放在突出的位置进行赞美，往往能起到超乎意料的效果。在这一点上，有一个很经典的实例。

在镇压太平天国起义的过程中，一次，曾国藩用完晚饭后与几位幕僚闲谈，评论当今英雄。他说："彭玉麟、李鸿章都是人才，为我所不及。我可自许者，只是生平不好谀耳。"一个幕僚说："各有所长：彭公威猛，人不敢欺；李公精敏，人不能欺。"说到这里，他说不下去了。曾国藩又问："你们以为我怎样？"众人皆低头沉思。忽然走出一个管抄写的后生过来插话道："曾师是仁德，人不忍欺。"众人听了齐拍手。曾国藩十分得意地说："不敢当，不敢当。"后生告退而去。曾氏问："此是何人？"幕僚告诉他："此人是扬州人。入过学，家贫，办事谨慎。"曾国藩听完后说："此人有大才，不可埋没。"不久，曾国藩升任两江总督，就派这位后生去扬州任盐运使。

他人最想要的赞美一定是真诚的，不是那种公式般的赞美，千篇一律，最让人反感。

"久仰大名，如雷贯耳，您的生意一定发财兴隆""小弟才疏学浅，一切请阁下多多指教"，这些缺乏感情的，完全是公式化的恭维语，若从谈话的艺术观点看来，非加以改正不可。而言之有物是说一切话所必备的条件，与其泛说久仰大名，如雷贯耳，不如说您上次主持的讨论会成绩之佳，真是出人意料等话，直接提及对方的著名工作。若恭维别人生意兴隆，不如赞美他推销产品的努力，或赞美他的商业手腕；泛泛地请人指教是不行的，你应该择其所长，集中某点请他指教，如此他一定高兴得多。恭维赞美的话一定要切合实际，到别人家里，与其乱捧一场，不如赞美房子布置得别出心裁，或欣赏壁上的一张好画，或惊叹一个盆栽的精巧。若要讨主人喜欢，你要注意投其所好，主人爱狗，你应该赞美他养的狗，主人养了许多金鱼，你应该谈那些鱼的美丽。赞美别人最近的工作成绩，最心爱的宠物，最费心血的设计，这比说上许多无谓的虚泛的客套话更佳。

有的时候并不是什么伟大举动才值得让人赞美，相反一些微乎其微的小事，别人会期望得到你的肯定和称许。

如果某天早晨，你的丈夫偶然一次早起为你准备好了早餐，你不妨大大赞美他一番，那他今后起床做早餐的频率也许会更高。如果你的小孩，有一天非常小心地在家做好了晚饭等你回家，当你回到家中，不要吃惊孩子脸上的污渍，也不要惋惜已经摔碎的碗碟，先要将孩子赞美一番，即使孩子所炒的菜让人难以下咽。因为你的赞美可以让孩子所做的下顿或者是下下顿饭变成美味。在公司，如果某位职员，记述你口述的信件，速度比你想象的要快，不妨表扬她一下，今后她的工作就一定会更加卖力。

从一件小事上去赞美他人必须注重细节，不要对他人在细节上所花费的时间和心血视而不见，而要特别地对他人的这番煞费苦心表示肯定和感谢。因为对方所做的一些小事，既说明对方对你的偏爱，也说明他渴望得到肯定与赞扬。

第十一节　真诚是赞美的必要元素

真实的赞扬是拂面清风，凉爽怡人；虚假的赞扬让人烦腻不堪。

有一次一群朋友在一起聚会，吃饭的时候，大家交换名片，其中有一位来自报社，另一位试图对其进行称赞，一看是报社的，便稀里糊涂地说："哇，您是有名的大作家！"人家问："我怎么有名？"他说："我每次都看见你写的文章。"人家说："我的文章都在哪里？"他说："每次都是头版头条啊！"然后人家告诉他："真的吗？我是专门写讣告的。"讣告能在头版头条吗？显然是虚假的赞扬引起了别人的反感。但是这位先生仍然没有意识到自己的错误，看到旁边有一位小姐，聊了没几句，本来这位小姐长得很胖，他说："小姐，您真苗条！"小姐说："什么？说我苗条，我知道你是在骂我。"

不真诚的赞扬，给人一种虚情假意的印象，或者会被认为怀有某种不良目的，被赞扬者不但不感谢，反而会讨厌。言过其实的赞扬，不能实事求是，会使受赞扬者感到窘迫，也会降低赞扬者的水准。虚情假意的奉承对人对己都是有害而无利的。

赞扬他人是一种能力，是根据心理学和组织行为学研究出来的，这是职场上的一种能力，不等于溜须拍马，溜须拍马可以说虚假的，但赞扬必须是真诚的发自于内心的实话。有一句话是这样说的：真实的赞扬是拂面清风，凉爽怡人；虚假的赞扬让人烦腻不堪。

真诚的赞美和"拍马屁"最大的区别在于是否发自内心。真诚的赞美起源于内心深处的一种"美感"，一种冲动，它反映了一个人对另一个人的认可：外表漂亮、言谈合自己的口味、行动敏捷、品格高尚……即在两个人之中，其中一个人在另一个人身上发现了符合自己理想和价值标准的可贵之处。我们认识这个人、了解这个人的时候，已经有一种无形的力量促使自己要去赞美他的一些优点。

但是"拍马屁"却不同，它不是发自内心地对另一个人的认可和钦佩，而是基于内心世界早已存在的一种目的，一种对眼前或日后能够收到"回报"

的投资。"拍马屁"者在"赞美"他人的时候，脸上虽眉飞色舞，但却有几分不自在；他的词语是火辣辣的，但他的内心却是一片冰冷。他在赞美一个人的时候，心里想着的只是如何顺利办完对自己利益攸关的事，如何获得自我满足。

因此，真诚成为了赞美与拍马屁的区分线，它是赞美的必要组成元素。

真诚的赞美应该是合乎时宜的，在合适的氛围里发出的赞美会让人内心明亮，灿烂无比。当别人感觉到你的赞美是由衷的，那赞美的话就很容易被接受。

大音乐家勃拉姆斯是个农民的儿子，生于汉堡的贫民窟，没有受教育的机会，更无从系统地学习音乐，所以，对自己未来能否在音乐事业上取得成功缺乏信心。然而，在他第一次敲开舒曼家大门的时候，他一生的命运就在这一刻决定了。当他取出他最早创作的一首C大调钢琴奏鸣曲草稿，手指无比灵巧地在琴键上滑动，弹完一曲站起来时，舒曼热情地张开双臂抱了他，兴奋地喊道："天才啊！年轻人，天才……"正是这发自内心的由衷赞美，使勃拉姆斯的自卑消失得无影无踪，也赋予了他从事音乐艺术生涯的坚定信心。在那以后，他便如同换了一个人，不断地把心底里的才智和激情流泻到五线谱上，成为了音乐史上一位卓越的艺术家。

正是这一句由衷的赞美，创造了一位音乐大师。

在合适的氛围里，发出由衷赞美，会有意想不到的效果。

由衷的赞美是源于心灵深处的，它是深刻而强烈的；要入木三分地表达出来，将是绝佳之语。

对于发自内心的由衷之感，尽量用准确、贴切、深刻、生动、完整的赞美语言去说出来。

第十二节　出其不意的赞美让人喜出望外

赞美的新意很重要，但更需要我们综合各方面的因素来翻出恰当的"新"意，否则便会弄巧成拙、适得其反。

一些人在公共场合赞美别人时，自己想不出怎样赞美，只能跟着别人说重复的话，附和别人的赞美。常言道：别人嚼过的肉不香。朱温手下就有一批鹦鹉学舌拍马的人。

一次，朱温与众宾客在大柳树下小憩，独自说了句："柳树好大！"宾客为了讨好他，纷纷起来互相赞叹："柳树好大。"朱温听了觉得好笑，又道："柳树好大，可作车头。"实际上柳木是不能做车头的，但还是有五六个人互相赞叹："可作车头。"朱温对这些鹦鹉学舌的人烦透了，厉声说："柳树岂可作车头！"于是把说"可作车头"的人抓起来杀了。

在整日聚首的人际关系中，一家人之间或一个科室的同事之间，有些赞美很可能多次重复，已经形成某种公式和习惯了，这就没什么意义和作用，比如，某个处长每次开会总结工作的时候，都像例行公事一样对大家赞扬几句，其内容和说法总是笼统的那么几句话，就像是同一张唱片或同一盘录音带只是在不同的时间播放一样，让人感觉乏味。

赞美加一点儿新意，鼓励作用会更大。正如有人所说："一点儿新意，一片天空。"这样的话，赞美之术会更趋完美。

赞扬要有新意，当然要独具慧眼，善于发现一般人很少发现的"闪光点"和"兴趣点"，即使你一时还没有发现更新的东西，也可以在表达的角度上有所变化和创新。

对一位公司经理，你最好不要称赞他如何经营有方，因为这种话他听得多了，已经成了毫无新意的客套了；倘若你称赞他目光炯炯有神，潇洒大方，他反而会被感动。

赞美是所有声音中最甜蜜的一种，赞美应该给人一种美的感受。新颖的语言，是有魅力的，有吸引力的。简单的赞扬也可能是振奋人心的，但是一种本来是不错的赞扬如果多次单调重复，也会显得平淡无味，甚至令人厌烦。一个女人就曾说过，她对别人反复说她长得很漂亮，已经感到很厌烦，但是当有人告诉她，像她这样气质不凡的女人应该去演电影，她笑了。

几乎所有的女人，都是很质朴的，但仪态万方这一目标，却是她们孜孜以求的。这是她们最大的虚荣，并且常常希望别人赞美这一点。但是对那些有沉鱼落雁之容、闭月羞花之貌的倾国倾城的绝代佳人，就要避免对其容貌的过分赞誉，因为对于这一点她已有绝对的自信。你可以转而去称赞她的智慧、她的品格。

赞美的新意很重要，但更需要我们综合各方面的因素来翻出恰当的"新"意，否则便会弄巧成拙、适得其反。马克·吐温曾经说过："一句好的赞美能当我十天的口粮。"我们每天都让新鲜的赞美流淌入他人的生活中，那么彼此对生活的积极性就会增强。

第十三章
笑融僵局，左右逢源
必备的幽默话

常交往中，难免会遇到一些僵局，这个时候是撕破脸面，据理力争呢？还是巧言妙语，给彼此留下面子呢？毫无疑问，聪明的人懂得运用幽默的语言，出其不意地进行自我调侃，巧妙地化解僵局。

第一节 言语多点幽默，让话语变有趣

幽默是运用意味深长的诙谐语言抒发情感、传递信息，以引起听众的快慰和兴趣，从而感化听众、启迪听众的一种艺术手法。如果我们的言语中能多点幽默，那么我们所说的话将会更加有趣，会吸引更多的人。

一位著名的作家曾经说过：生活中没有哲学还可以活下去，然而没有幽默的话，恐怕只有愚蠢的人才能生存。幽默是一个人的各种学识、才华、智慧在语言中的集中闪现，是一种"能抓住可笑或诙谐想象的能力"，它是对社会上种种不协调、不合理的荒谬、偏颇、弊端、矛盾实质的揭示和对某些反常规言行的描述。幽默的语言可以使我们内心的紧张和重压释放出来，化作轻松的一笑。在沟通中，幽默的语言如同润滑剂，可有效地降低人与人之间的"摩擦系数"，化解冲突和矛盾，并能使我们从容地摆脱沟通中可能遇到的困境。

有一对夫妇带着一个6岁的孩子去租房，他们看中了一处房子，可房东不肯将房子租给他们。原因是她喜欢安静，从不将房子租给有孩子的人。夫妇交涉无果，于是6岁的孩子对房东说："您可将房子租给我呀！我没有孩子，只有爸爸妈妈。"房东真的把房子租给了他们。孩子从成人的视角看问题，构成了独特的趣味思维形式，让人享受到一种自然天成的天真情趣。

由此看来，幽默不是故作天真，而是从多重视角去透视事件或问题，并找出其中富有情趣的一面，对其进行凸现化、集中化的语言处理，从而化紧张、严肃为轻松、谐趣。幽默是人们适应环境的工具，是人类面临困境时减轻精神和心理压力的方法之一。契诃夫说过："不懂得开玩笑的人，是没有希望的人。"可见，生活中每个人都应当学会幽默。多一点幽默感，就会少一点气急败坏，少一点偏执极端。

幽默可以淡化人的消极情绪，消除沮丧与痛苦。具有幽默感的人，其生活充满情趣，许多看来令人痛苦烦恼之事，他们却应付得轻松自如。用幽默来处理烦恼与矛盾，会使人感到和谐愉快，友好幸福。那么，怎样使语言富有幽默感呢？不妨试试以下几种方法：

1. 颠倒成趣

把正常的人物关系，或者动机与效果在一定条件下互换位置。

曾风靡一时的舞蹈家邓肯写信向幽默大师萧伯纳求爱，她在信中说："如果我俩结合，生下的孩子，既有我美丽的外表，又有你睿智的头脑，这该多妙呀！"萧伯纳却风趣地回信说："如果孩子的外表像我，头脑却像你，那该有多糟啊！"

2. 移花接木

把在某种场合下十分恰当的情节或语言，移植到另一迥然不同的场合中，达到张冠李戴、"荒唐"可笑的幽默效果。

生物学家格瓦列夫在一次讲课时，一位学生突然学起鸡叫，引起一片哄笑。格瓦列夫却不动声色地看了下自己的挂表说："我这只表误时了，没想到现在已是凌晨。不过，请同学们相信我的话，公鸡报晓是低等动物的一种本能。"

3. 故意卖关子

首先故意提出一个容易使人产生误解的结论，然后再做出一个出人意料的分析和解释。

作家柯南·道尔在罗马时，一次乘坐出租车去旅馆，途中两人聊了起来。司机问："你是柯南·道尔先生吗？"

"你怎么知道我的名字？"柯南·道尔奇怪的问道。

"啊，简单得很，你是在罗马车站上车的，你的穿着是英国式的，你的口袋里露出一本侦探小说来。"

"太了不起了！"柯南·道尔叫起来，他很惊奇在意大利会碰到第二个"福尔摩斯"。他习惯地问一句："你还看到其他什么痕迹没有？"

"没有，没有别的，除了在你皮箱上我还看到你的名字外。"

可见，司机故意卖关子，让柯南·道尔误以为他是第二个"福尔摩斯"。然后，司机再出乎意料地解释，造成强烈的幽默感。

4. 巧设悬念

当你叙述某件趣事的时候，不要急于显示结果，应当沉住气，给听众营造一种悬念。假如你迫不及待地把结果讲出来，或通过表情动作的变化透露出来，幽默便会失去效力，只能让人感到扫兴。

美国有个倒卖香烟的商人到法国做生意。一天，他在巴黎的一个集市上大谈抽烟的好处。突然，从听众中走出一位老人，径自走到台前，那位商人吃了一惊。

老人在台上站定后，便大声说道："女士们，先生们，对于抽烟的好处，除了这位先生讲的以外，还有三大好处哩！"美国商人一听这话，连连向老人道谢："谢谢您了，先生，看您相貌不凡，肯定是位学识渊博的老人，请你把抽烟的三大好处当众讲讲吧！"老人微微一笑，说道："第一，狗害怕抽烟的人，一见就逃。"台下听众一片轰动，商人不由得心里暗暗高兴。"第二，小偷不敢偷抽烟者的东西。"台下听众连连称奇，商人更加高兴。"第三，抽烟的人永不老。"台下听众惊诧不已，商人更加喜不自禁，听众中要求解释的声音一浪高过一浪。老人把手一摆，说道："请安静，我给大家解释！"商人格外振奋催促老人快说："老先生，请您快讲！""第一，抽烟之人驼背的多，狗一见到他认为是在弯腰拾石头打它，能不害怕吗？"台下听众笑出了声，商人心里一惊。"第二，抽烟的人夜里爱咳嗽，小偷以为他没睡着，所以不敢去偷。"台下听众一阵大笑，商人大汗直冒。"第三，抽烟人短命，所以没有机会衰老。"台下听众哄堂大笑。此时，大家发现商人不知什么时候溜走了。

这则幽默一波三折，层层推进，老人在把听众的胃口吊得足够"高"时，才不慌不忙地把真实意思表达出来。这就是巧设悬念的魅力。

在与别人交往时难免会发生一些不必要的磨擦。如果此时从容地开个玩笑，紧张的气氛就能得以缓解，而且对方还会被你的魅力所吸引，被你的宽广胸怀所感动，最后真正乐意地接受你。

幽默是一种智慧的表现，它必须建立在拥有丰富知识的基础上。一个人只有具备审时度势的能力、广博的知识，才能做到谈吐幽默，妙言成趣。因此，要培养幽默感必须不断充实自我，不断从浩如烟海的书籍中汲取幽默的智慧。

第二节　善用调侃，让自己获得好人缘

拥有好人缘，未必要比他人多付出多少艰辛，未必给他人多少好处。好人缘是在日常生活中通过各种方式不断沉淀和积累而来的，适当的调侃是让自己获得好人缘的有效手段之一。

幽默是人的天性，没有人不向往愉悦的生活。当遇到不如意时，会调侃的人更懂得如何调剂。当受到不公平待遇时，他们即使心情郁闷到极点，也会通过独有的幽默和调侃的语言给人传递出快乐的信息。这样的人乐天且幽默，对生活充满激情，浑身上下洋溢着一种能使人愉悦的气场。

在机关单位上班的老陈人缘极好，单位中无论是领导还是同事，只要提到老陈，没有人会说他的不好。

老陈是个大胖子，行动不便，可是他从未因为胖而自卑。一次，办公室的同事们趁午休的空当闲聊，说到了"胖"这个话题。性格开朗的老陈对同事们说："你们信不信，其实我是个极具亲和力的男人。当在公交车上让座时，我完全能够让两位老人或三位身材苗条的女士坐下。"老陈的一席话博得在座的同事哈哈大笑，这种轻松愉快的自我调侃表现出他非凡的亲和力。老陈的谈吐给同事们带来了轻松感，使交谈的氛围更加和谐融洽。

其实，适当的调侃不但能在日常社交中起着催化剂的作用，让你获得好人缘，还能帮你获得意想不到的收获呢！

紫欣是个性格挑剔而又感性的女孩，大学毕业后交往过几个男朋友，结果都无疾而终，这令家人和朋友都很不理解。在众人的期盼之下，紫欣终于宣布了自己即将结婚的消息！

结婚那天，紫欣的好多亲友都来了，看着她幸福的样子，好朋友们禁不住问她："你丈夫到底有什么好，能让你义无反顾地选择了他？"因为朋友们都知道，紫欣的丈夫并不是众多追求者中的佼佼者，他既不是最帅的，也不是最有能力的，而紫欣却毅然地接受了他的求婚。紫欣嫣然一笑，说道："其实没有什么特别的，只是和他在一起我觉得很快乐，无论遇到什么情况，他都能用他那恰到好处的幽默来逗我笑！"。

原来如此。新郎以幽默的调侃赢得美人的芳心，"侃"到爱人，"侃"出好姻缘。

调侃可以为我们带来正面效应，但我们不要就此认为只要是调侃都会收到理想的效果。适当的调侃的确可以为平淡的生活带来一份美意，一丝涟漪，让生活变得不无聊。但是，调侃千万不能过度，肆无忌惮的调侃会让人觉得自己是在被人开涮，会让人产生误会，更别说获得对方的好感和认可了。

所以，要掌握好调侃的度。调侃要分时间、场合，最重要的是要注意被调侃的对象，说话要分轻重，这样才能避免过度调侃而引发的不快。

第三节　将幽默融入意见中去

　　想要向别人表达不满或者其他意见却又不想直接说时，我们可以将幽默意见中，这样既不伤人，又能达到预期的目的。

　　工作和生活中经常会出现有一些让人不能认同的做法，如果理直气壮地说出自己的想法，甚至略带指责的语气，那么对方不仅无法心悦诚服地接受你的意见，还会认为你是个自大狂。此时不妨换个方式提意见，将幽默融入你的意见之中。

　　当遇到令人不痛快的事情时，利用幽默来表达自己的意见，双方相互一笑，事情也就过去了。

　　杨小姐是一家餐厅的服务员，时常遭遇客人的刁难。一天，餐厅来了一位喜欢挑剔的女士，点了一份煎鸡蛋，正好是杨小姐接待的。女士对杨小姐说："我要的煎鸡蛋和别人的不一样，蛋白要全熟，但是蛋黄要生的。放少许盐，放少许胡椒粉。最重要的是，鸡蛋一定要是乡下散养的柴母鸡刚刚下的新鲜鸡蛋！"

　　杨小姐听过她的诸多要求后，气得不行，但是她没有用不满的语气提出意见，而是出乎意料地说："您提出的这些要求我都记下了，但是对于您所要求的那只下蛋的母鸡我还要确认一下，它的名字叫小美，您看合适吗？"

　　故事中，杨小姐没有直接表达她对这位挑剔女士所提的苛刻要求的不满，而是顺着对方的思路，提出了一个更不符合逻辑的可笑问题来提醒对方：她的要求实在是过分，根本无法满足。

　　杨小姐所说出的任何一个字都没有伤及对方，这样不但提出了意见，而且也维护了那位女顾客的自尊。试想，在这种情况下，那位挑剔的女士还会因为对母鸡的名字的不满而继续挑剔吗？

第四节　婉言曲说成幽默

有些事直接发表自己的见解不太合适，容易让人误解或不愉快，婉言曲说是很好的方法，而且这种婉言曲说不同于修辞格里的委婉修辞方法，它是形成幽默的一种语言艺术。

王麻子是个极爱占小便宜的人，常常在别人家白吃白喝，吃完了上顿等下顿，住了两天住三天。一次，他在一朋友家里吃了三天后，问主人道："今天弄什么好吃的呀？"

主人想了想，说："今天我们弄麻雀肉吃吧！"

"哪来那么多麻雀肉呢？"

主人说："先撒些稻谷在晒场上，趁麻雀来吃时，就用牛拉上石磨一碾，不就得了吗？"

这个爱占便宜的人连连摇手说："这个办法不行，这样还不等石磨过来，麻雀早就飞跑了。"

主人一语双关地说："麻雀是占惯了便宜的，只要有了好吃的，怎么碾（撵）也碾（撵）不走。"

现在我们谈论的"婉言曲说"的幽默法，可以说是"婉曲"的变格，它是说话人故意把所要表达的本意绕个圈子曲折地说出来，利用婉言来获得幽默效果。

克诺先生来到一个陌生的城市，走进一家小旅馆，他想在那儿过夜。

"一个单间带供应早餐要多少钱？"他问旅馆老板。

"不同房间有不同的价格，二楼房间 15 马克一天，三楼房间 12 马克一天，四楼 10 马克，五楼只要 7 马克。"

克诺先生考虑了几分钟，然后提起箱子就走。

"您觉得价格太高了吗？"老板问。

"不，"克诺回答，"是您的房子还不够高。"

一般说来，幽默应避免敌意和冲突，否则，幽默就会被减弱或者消亡。从这个意义上讲，婉言曲说最适合构成幽默。

一个法国出版商想得到著名作家的赞扬，借以抬高自己的身价。他想，要得到一个大人物的好感，必须先赞扬赞扬他。

这天，他去拜访一位知名作家。他看到作家的书桌上正摊着一篇评论巴尔扎克小说的文章，便说："啊，先生，您又在评论巴尔扎克了。的确，多少年来，真正懂得巴尔扎克作品的人太少了，算来算去，也只有两个。"

作家一听就明白了出版商的意图，便让他继续说下去。"这两个人，其中一个是您了。可是还有一个呢？您说，他应当是谁？"

作家说："那当然是巴尔扎克自己了。"

出版商顿时像泄了气的气球，悻悻地走了。

出版商想求得知名作家的赞扬，故意登门拜访。作家呢，不好直接拒绝，就来了个婉言曲说。出版商把世间懂巴尔扎克作品的人确定为两个，其中一个，他自然要送给作家了；而另一个，他是给自己预备的。但自己说出来，那太没涵养，况且自己认可的东西并不一定能得到作家的赞同，还是启发作家说出来吧！由此，出版商一直沿着自己的设计和思路，准备着一种情感——他期待着作家的赞扬，让作家指出他是懂巴尔扎克作品的人。作家并不回绝对方的话，因为那太扫人兴了。但是他有意漠视对方的"话外音"，一句答话，让对方的期待栽了个大跟头，作家回答的是，另一个懂巴尔扎克的人是巴尔扎克自己。于是对方没戏唱了，只好散场。

凡有大成就者，向来都是舌吐方圆的专家，他们不仅仅专长于自己的一份事业，而且在待人接物上有着独到的迂回之术，他们能够在让人发笑的过程中不知不觉加入自己的观点。

著名的法国钢琴家乌尔蒙，年轻时有一天，他弹奏拉威尔的名曲《悼念公主的孔雀舞曲》，节奏太慢，正在听他弹奏的拉威尔忍不住地对他说："孩子，你要注意，死的是公主，而不是孔雀。"

在这里，拉威尔将公主与孔雀这两种原来互不相干的事物，出人意料地联系起来，使人们产生惊奇，并在笑声中意会到拉威尔话语的真正含义。

拉威尔对乌尔蒙的演奏"节奏太慢"，并不是采取直接批评的方式，而是采用婉转的暗示："死的是公主，而不是孔雀。"这样，使演奏者首先得回味一下，拉威尔的话到底是什么意思？弄清楚了，便意识到自己处理作品中的失误。应该加快速度，快到什么程度呢？拉威尔的话给了提示，是孔雀舞曲。演奏者的脑海中定会浮现出美丽的孔雀翩翩起舞的英姿。拉威尔的旁敲侧击，使乌尔蒙明白了自己的毛病所在。

幽默是一种高超的语言艺术，这种艺术是在婉言曲说中产生的。说话直愣的人不可能创造出幽默来。按部就班，一是一，二是二，实说实，虚说虚，没有任何的发挥就不可能碰撞出幽默的火花。

第五节　拿自己开玩笑

犯了错误或者身陷尴尬境地时，不妨自我嘲笑一下，你的失误将随着笑声消减，而你也在他人的心中留下了豁达可爱的形象。

如果你有风趣的思想，轻松地面对自己，你便会发现自己可以原原本本地接受自己的身高、体重或其他身体特征；你也会发现幽默能帮你以新的眼光去看你对经济的忧虑。也许你无法得到真诚的爱，但是你能使你的人际关系充满温暖和谐——与人分享欢乐，甚至和仅仅有一面之缘的人也会有很好的关系。

自嘲是自己对自己幽默，是消除自己在沟通中胆怯的良方。

自嘲是运用戏谑的语言，向别人暴露自身的缺点、缺陷与不幸，说得俗一些，就是把脸上的灰指给对方看。

自嘲同样是这个道理，有着独到的表达功能以及实用价值。

苏格拉底的妻子是位有名的泼妇，一次苏格拉底正同朋友们谈话时，他的妻子突然冲进书房大骂苏格拉底，并随手将脸盆中的水浇在苏格拉底身上，把他全身都弄湿了。正当大家感到尴尬万分之际，苏格拉底笑了笑说："我就知道，打雷之后，必有大雨下来。"

正如人们喜欢谈论一些关于别人的笑话一样，在适当的时候，也要拿自己开开玩笑，要善于自嘲。

美国著名的律师乔特是最善于讲关于自己笑话的人。有一次，哥伦比亚大学的校长蒲特勒在请他做演讲时，曾极力称赞他，说他是"我们的第一国民"。

这实在是一个卖弄自己的绝好机会。他可以自傲地站起来，一副得意洋洋的神气，仿佛是要对听众说："你们看，第一国民要对你们演讲了。"

　　但是聪明的乔特并没有如此。他似乎对这种称赞充耳不闻，却转而调侃自己的"无知"。这种自嘲很快博得了听众的好感。

　　他说："你们的校长刚才偶然说了一个词，我有点听不太懂。他说什么'第一国民'，我想他一定是指莎士比亚戏剧里的什么国民。我想，你们的校长一定是个莎士比亚专家，研究莎士比亚很有心得，当时他一定是想到莎士比亚了。诸位都知道，在莎氏的许多戏剧中，'国民'不过是舞台的装饰品，如第一国民、第二国民、第三国民，等等。每个国民都很少说话，就是说那一点点话，也说得不太好。他们彼此都差不多，就是把各个国民的号数彼此调换，别人也根本看不出有什么分别的。"

　　这实在是一种非常聪明的方法，它使自己与听众居于同等的地位，拉近了自己与听众的距离。他不想停留在蒲特勒所抬举的那种高高在上的地位上。如果他换一种说法，用庄重一点的言辞，比如，"你们校长称我为第一国民，他的意思不过是说我是舞台上的一个无用的装饰品而已。"虽然表达的意思是一样的，但是绝对不能把那种礼节性的赞词变为一种轻松的笑话，也绝对不会取得那样的效果。

　　无论是在一帮很好的朋友中，还是在一大群听众中，能够想出一些关于自己的笑话，能够适当地自嘲，是赢得别人尊敬与理解的重要方法，远远要比开别人玩笑重要得多。拿自己开开玩笑，可以使我们对世事抱有一种健全的态度，因为如果我们能与别人平等地相待，就可以为自己赢得不少的朋友。相反，如果我们为显示自己是怎样的聪明，而拿别人开玩笑，以牺牲别人来抬高自己，那我们一生一世也难以交到一个朋友，更不用说距离成功有多遥远了。

　　成功的人士从不试图掩饰自己的弱点，相反，有时他们会拿自己的弱点开开玩笑。而现实生活中，我们却经常可以遇到一些专喜欢遮掩自己弱点的人，他们也许脸上有些缺陷，也许所受教育太少，也许举止粗鲁，他们总要想出方法来掩饰，不让别人知道。但这样做以后，他们却于无形中背弃了诚恳的态度，毫无疑问，与之交往的朋友会对他们形成一种不诚恳的印象，使人们不敢再与他交往。

　　世界上最不幸的就是那些既缺乏机智又不诚恳的人。很多人常常自以为很幽默，经常喜欢拿别人开玩笑，处处表现出小聪明，结果弄得与他交往的人不敢再信任他，以前的朋友也会敬而远之，纷纷躲避。

适当地拿自己开开玩笑吧！这不仅是一种机智，更是驱散忧虑、走向成功的法宝。

第六节 用幽默巧解纠纷

幽默而风趣的语言能使当事人体会到说话之人的温和及善意，拉近人与人之间的距离，进而化解纠纷。

人与人之间发生争吵在所难免，一旦有了纷争，即使认为自己在理，也应避免过分地数落、指责别人。这时，最好的方式是用调侃、幽默的语言，轻松浇灭对方的怒气，化解纠纷。

妻子虚荣心很重，当夫妻商量出席友人的婚礼时，她缠着丈夫要买一种昂贵的花帽。此时家里正闹经济危机，丈夫自然不答应花这笔钱。争吵中妻子赌气地说："你看人家小金的爱人多大方，早就给自己的夫人买了这种花帽，哪像你，小气鬼！"

丈夫不愿争论，只是故意夸张地说："可是，她有你这样漂亮吗？我敢说，她要是也有你这么美，根本就不用买帽子装饰了，你说是吗？"妻子一听笑了，一场争吵也随之止息了。

善用幽默而风趣的语言，往往可以化解纠纷。面对剑拔弩张、针锋相对的当事人，自然得体的风趣言语，往往能调节紧张气氛，避免矛盾激化。

一对中年夫妇婚后近十年双方关系一直不错。但最近在社交应酬问题上，两人发生了矛盾，谁也说服不了谁，面临着离婚的危机。在领导和亲朋好友的劝导和说服下，两人终于心平气和地坐下来相互"交心"，但谁也不愿公开认错，最后还是男方终于先开了口，说："我们是在斗争中求团结、求生存、求发展的。今天，能进入这样一个和平民主、共同协商的新阶段，是我们双方努力的结果，是大家积极促成的结果，它实在来之不易啊！"女方就势接过话头说："是啊！正因为它来之不易，所以我们要倍加珍惜今天这个安定团结的大好局面！"夫妻两人就这样在亦庄亦谐、妙趣横生的对话中言归于好了。

采用幽默的方式把话说出来，能够缓和当事人心中的不满和现场剑拔弩张的紧张气氛，使其较容易接受幽默的劝解，大事化小，小事化了，矛盾纠纷便可以迎刃而解了。

第七节　让幽默为你的友谊添彩

如果朋友之间能够说说笑笑，用幽默话彼此调侃，友谊自然更富色彩。

家人天天见面，天天交流，而朋友不常见面，不常交流，但若每次交流、每次相见，都相谈甚欢，这样的友谊则能持久。

苏轼和黄庭坚是一对以诗文闻名于世的好朋友。有一次，他们一起讨论书法，苏轼说："您近来的字虽愈来愈劲道，不过有的地方却显得太瘦硬了，几乎像树梢绕蛇啊！"说罢大笑。

黄庭坚说："师兄批评一语中的，令人折服。不过，师兄的字……"

苏轼忙说："你干嘛吞吞吐吐，怕我受不了吗？"

黄庭坚于是大胆说道："师兄的字，铁画银钩，道劲有力，然而，有时写得就像是石头压住的蛤蟆。"语音一落，两人都笑得前仰后合。

苏轼和黄庭坚两人在谈笑间互相磨砺，互相促进，增进了友谊。

朋友之间有矛盾是在所难免的，一旦双方产生了小矛盾，开个玩笑，说句逗趣的话，比一本正经说道理更强。

老王和老张是一对好朋友，最近由于误会而产生了隔阂断绝了往来。有一天，老王跑到老张家，进门便说："老张啊，我今天是来唱'将相和'的。"老张感到很不好意思，忙接过话头说："要唱'将相和'也该我'负荆请罪'啊！"两人在笑声中握手言欢。

试想，老王与老张若不用这种说笑式交谈，那么要驱除两人心中的隔阂则不知要费多少口舌，而且效果未必有这么好。

第八节　巧言妙语能够增添家庭中的乐趣

家是避风的港湾，如果能够用巧言妙语增添家庭中的乐趣，那么你的家庭将更加和谐，你的家庭生活也会更加美好！

家庭琐事繁多，父母、孩子之间的关系处理不好，既影响到生活的质量，又影响夫妻间的感情。若要避免这种情形出现，就要在言谈上多下工夫。

1. 注意闲谈的技巧

一家人能够说说笑笑，生活则显得和睦、融洽。这些话看起来是废话，其实，它是一种情感的交流，是家庭生活的点缀。假如一家子冷言冷语，家便是一个"地狱"。

母亲：你今天又没回来吃晚饭，是怎么回事？

儿子：哦，单位里应酬太多！

母亲：你也太忙了，其他人不可以分担一点儿吗？

儿子：你不知道，现在是什么年代了？

母亲：还喝点鸡汤吗？

儿子：不啦！

母亲：明天家里有亲戚来，你晚上回来吃饭，行吗？

儿子：明天再说吧！

母亲的一副热心肠却换来儿子的冷言冷语，这只会让做母亲的心寒。其实，儿子可以讲些公司里有趣的事，让母亲乐呵乐呵，家里才会有生气。

2. 谅解为上

矛盾是不可避免的，所以你要学会谅解，承认矛盾的存在。用亲切温存的话安慰人，使之抛弃烦恼，营造和谐的家庭气氛。

丈夫下班回家满脸怒气，一言不发。妻子安慰道："单位里有什么不如意的事？忘掉它！岂能事事尽如人意，事事称己心！来，卡拉OK一首。"丈夫立时就消了火，拿起话筒唱起了歌。有一回妻子生闷气，怔怔地发呆也不做饭，丈夫说："气大伤身呢，来，我们合唱一曲黄梅戏，你唱男声，我唱女声。"妻子开始还不唱，后来看丈夫正儿八经地捏着嗓子唱"树上的鸟儿成双对"时她的气就消了。

谁都有不顺心之时，学会温言软语说服人，给家庭和睦创造条件，营建一个幸福的家庭。

第九节 出其不意，用幽默制胜

面对别人的职责或挑剔时，出其不意地运用幽默的语言进行反驳，可以扭转不利的局势，化解尴尬的局面。

利用幽默出奇制胜，往往会使你的语言更有说服力，达到奇妙的沟通效果。

德国诗人歌德，有一天在公园里散步。在一条只能通过一个人的小道上，他迎面遇到了一个曾经对他的作品提出过尖锐批评的评论家。这位评论家高声喊道："我从来不给傻子让路！"

"而我则相反！"歌德一边说，一边满面笑容地让路。

歌德运用幽默战术，出其不意地将了对方一军，达到了"反败为胜"的目的。

有一条狗疯狂地向一个农夫扑去，农夫忍无可忍，用粪叉打死了那条狗。于是狗的主人将农夫告到法院，要农夫赔偿损失。法官说："你要是把叉子倒过来，用没有尖刺的那一头，不就没有这事了吗？"

农夫回答说："您说得对，法官先生，要是那狗倒着向我扑过来，我会那样做的！"结果农夫被宣判无罪。

农夫在法庭上遇到急迫而又棘手的问题时，他随机应变，以一句幽默的话使自己立于不败之地。

一个顾客在酒店喝酒，他喝完第二杯后，转身问老板："你一星期能卖多少桶啤酒？"

"35桶。"老板得意洋洋地回答。

"那么，"顾客说，"我倒想出一个能使你每星期卖掉70桶啤酒的方法。"

老板很惊讶，忙问："什么方法？"

"这很简单，只要你将每个杯子里的啤酒装满就行了。"

这位顾客的本意是指责老板卖的啤酒只有半杯，但他利用老板"唯利是图"的心理，设下一个"圈套"，让老板不知不觉地钻了进去，巧妙地指责了老板的恶劣行为。

有一位绅士正在餐馆里进餐，忽然发现菜汤里有一只苍蝇。他扬手招来侍者，冷冷地说道："请问，这小东西在我的汤里干什么？"在这种情况下，无论侍者如何解释、道歉，都只能受到尖锐的批评，甚至会引起顾客更大的愤怒。但是，幽默帮了他的忙，把他从困境中解救出来，使气氛得以缓和。侍者弯下腰，仔细看了半天，回答道："先生，它是在仰泳！"餐馆里的顾客被逗得捧腹大笑。

恰当使用幽默不但让人愉快，还能扭转不利的局势，化解尴尬的局面。

第十节 幽默的魅力

幽默既能消除工作中的疲劳，又可以调动工作气氛，还能增进健康，松弛绷紧的神经。

一个幽默的领导，很容易受到周围人的欣赏与爱戴。恰当的幽默对于领导者来说，具有以下神奇作用。

1. 幽默能够化解尴尬

幽默是化解尴尬、冲突的好方法。对于一个集体而言，适当的幽默不仅能稳定集体的情绪，还能避免一些冲突或不快场面的出现。

一次，英国前首相威尔逊在一个广场上举行公开演说。突然从听众中扔来一个鸡蛋，正好打中他的脸。后来，保安人员发现扔鸡蛋的是一个小孩。威尔逊得知后，先是指示保安人员放走小孩，后来马上又叫住了小孩，并当众叫助手记录下小孩的名字、家里的电话与地址。听众们都心里想着：威尔逊是不是要处罚小孩子，于是开始骚乱起来。这时威尔逊要求会场安静，并对大家说："虽然他的行为不对，但是身为首相，我有责任为国家储备人才。那位小朋友从下面那么远的地方，能够将鸡蛋扔得这么准，证明他可能是一个很好的运动人才，所以我要将他的名字记下来，以便让体育大臣注意栽培他，使其将来成为我国的棒球选手，为国效力。"威尔逊的话把听众都说乐了。

2. 幽默能轻松地达到教育的目的

幽默式批评就是在批评过程中，使用富有哲理的故事、双关语、形象的比喻等缓解批评者的紧张情绪，启发被批评者思考，促进相互间的感情交流，使批评不但达到教育对方的目的，同时也能创造一个轻松愉快的气氛。

一位上司问自己的下属："马克思是哪国人？"这位下属想了一会说："法国人。"只见上司回答道："哦，马克思搬家了。"常识性问题都答不出，上司当然不快，但上司却采用了幽默的回答，不仅达到了批评教育的目的，也不会令对方尴尬。

我们如果在交往中掌握了幽默的技巧，就能巧妙地应付各种尴尬的局面，很好地调节生活，甚至改变人生。

第十一节　反常规的类比幽默

在类比幽默中，对比双方的差异越明显，对比的时机和媒介选择越恰当，所造成的不协调程度就越强烈，对方对类比双方差异性的领会就越深刻，所造成的幽默意境也就越耐人寻味。

类比幽默法是指把两种或两种以上互不相干甚至是完全相反的、彼此之间没有历史的或约定俗成的联系的事物放在一起对照比较，显得不伦不类，以揭示其差异之处，即不协调因素。

在类比幽默中，对比双方的差异越明显，对比的时机和媒介选择越恰当，所造成的不协调程度就越强烈，对方对类比双方差异性的领会就越深刻，所造成的幽默意境也就越耐人寻味。

人们的日常生活和科学研究一样，凡分类都是约定俗成，得用同一标准，否则，必然造成概念的混乱，导致思维无法深入进行。人们从小就训练掌握这种最起码的思维技巧。如：马、牛、羊、桃就不能并列在一起，人们会把桃删去，这是科学道理，但并不幽默。

在类比分类时要产生幽默的趣味恰恰要破坏这种科学的逻辑规律，对事物加以不伦不类的并列。

赵阿婆的女儿吵着要买嫁妆，赵阿婆气恼地说："死丫头，你的婚事也不和我商量，东西我不买！"

母女大吵起来，引得许多邻居来看。

邻居陈伯站出来说："你不能怪她没和你商量啊！"

赵阿婆问："为什么？"

"你当年成亲时不是也没和女儿商量吗？"陈伯反问道。

赵阿婆一时语塞。女儿却高兴起来，陈伯又转身对姑娘说："你妈不给你买是不对，可你妈出嫁时，你给她买了吗？人要彼此一样才好呀！"

母亲成亲和女儿商量与母亲成亲女儿买嫁妆并列一起，都是不可能的事，意思完全相反，差异巨大，但说明了母女二人争吵的理由，是都没有为对方着想。因此，经陈伯如此点化，母女二人不得不心服口服。

类比幽默术是个反常规的"坏孩子"，它是借着一丝灵气，将事物不伦不类地加以归类。因其具有简便的特征，常为人们所使用。

星期六，一位年轻人照例进城卖鸡蛋。他问城里常打交道的中间商："今天鸡蛋你们给多少钱一个？"

中间商简单地回答："两美分。"

"一个才两美分！这价真是太低了！"

"是啊，我们中间商昨天开了个会，决定一个鸡蛋的价格不能高于两美分。"

年轻人艰难地摇摇头，很无奈，但也只好将蛋给卖掉，回去了。

第二个星期六，这个年轻人照例进城了，见的还是上次那个中间商。中间商看了看鸡蛋，说："这个星期你的鸡蛋太小了。"

"是啊，"年轻人说，"我们的母鸡昨天开了一个大会，它们做出决定，因为两美分实在太少，所以不能使劲下大蛋了。"

一个是人会，一个是鸡会，并列一比，妙趣横生。

类比幽默的幽默感是"比"出来的，其情趣也是"比"出来的。这样就有利于对方心理接受。我们看下面一例：

有一位中学生，成绩很好，几乎每次考试都是全班前两名。有次考到第五，她妈妈生气地说："去年我为你感到骄傲，这次你怎么了，你曾经是班上考得最好的呀！"

女儿微笑着说："每个同学的妈妈都想为自己的孩子考第一而骄傲。如果我老是第一，他们的妈妈可怎么办呀？"

孩子得第一的妈妈的心情和孩子成绩差的妈妈的心情并列相比，两种心情完全相反，其趣就生于此。

类比幽默是把风马牛不相及的一些概念，或彼此之间没有历史的或约定俗成的联系的事物放在一起对照比较，显得不伦不类，以揭示其差异之处，即不协调因素。它能使人在会心的微笑或难堪的境况中开启心智，受到教育。

人们都清楚，微妙的男女关系里，有不少玄妙的心理因素支配着，要是你能巧妙地掌握和运用这些因素为自己服务，你将战无不胜！而这里所说的技巧就是幽默。

男人在没有竞争的情况下，获得女性的青睐后，他的自大心理便会油然而生，自以为很了不起，并且在自大之余，还会小看那位小姐，不珍惜那段情感。因此，女性这时就有必要抬高自己的身份去对付他，以便获得较公平的对待。这时幽默是绝佳工具。

因为男人有保护、支配女人的愿望，同时对于容易获得的常常漠然视之，而对不易到手的却有着憧憬的倾向。巧妙控制这一心理，用实用效果极佳的类比幽默术是再好不过的了。

女朋友："我得告诉你，今天我接吻了5次。"

男朋友："什么？你说你今天是第5次接吻了？"

女朋友："是！"

男朋友："还有4个是谁？"

女朋友（故意停顿一下）："苹果、橘子、蔷薇、姐姐的孩子。"

这里的幽默之趣就出在那不相称的排列上，一时把男朋友的心搞得七上八下，会让他永远记住这一次的吻。你的智慧使他认为你是有价值的女性而对你另眼相看。

操作类比幽默术时，要注意将智慧和超脱精神结合起来，因为你的智慧能帮你选择多种的类比对象，而你的超脱精神则能保证你不受一些不合理或常规思想的束缚。当你使用幽默术时，不妨参考一下先辈前人在这方面所留下的经典范例，从中你可以得到不少经验。

第十二节　拒绝伪幽默

幽默之所以成为幽默，其必要条件就是使人快乐，而一切痛苦或不愉快的因素都不能因它而生，否则就不是真正的幽默。

何为幽默？

对于幽默的含义各人都有不同的理解，当年鲁迅、蔡元培、林语堂等大家为译成"幽默"还是"诙摹"有过一番争论。"幽默"一词在中国得以广泛流传，林语堂先生功不可没。

林语堂说"humor"既不能译为"笑话"，又不尽同"滑稽"；若必译其意，或可用"风趣""谐趣""诙谐"，无论如何，总是不如音译的直截了当，也省得引起别人的误会。凡善于幽默的人，其谐趣必愈幽隐；而善于鉴赏幽默的人，其欣赏尤在于内心静默的理会，大有不可与外人道的滋味。

幽默，生动有趣而意味深长，中国古代称笑话为雅谑或雅浪，而幽默从字义看，幽者雅也，默则可理解为机智冷静，林语堂的译法可谓独到。

另外，幽默的制造千万不要拿别人的要害当原则，勿以讽刺他人为乐。

众所周知，幽默是以社会生活为基础产生的，它不是虚飘在空中的幻景，它包括惩恶扬善、沟通心灵、调解纷争，等等，这使幽默必然地要和讽刺、嘲笑、揭露联系在一起。

但是，幽默所有的善意的讽刺、温和的嘲笑，其中灌注着深厚的情感因素，正像萨克雷《布朗先生致侄儿书》所说的："幽默是机智加爱。"爱减弱了幽默批评的锋芒，通过诱导式的意会发生潜移默化的作用。

苛刻的幽默很容易流于残忍，使人受到伤害、陷于焦虑之中。通常，讥讽、攻击、责怪他人的幽默，也能引人发笑，但是它却常常造成意想不到的后果，使本应欢乐的场面变得十分难堪。

一般来说，无知是可笑的，无知还偏要装得有学问、精明，就更可笑了。将无知作为幽默"原料"，虽然有些道理；若问题牵涉乡民的无知时，如果忘记当时的背景，只是嘲笑他们，是不公平的，也是不近人情的。

幽默之所以成为幽默，其必要条件就是使人快乐，而一切痛苦或不愉快的因素都不能因它而生，否则就不是真正的幽默。

另外，千万别轻视别人的职业或种族。

职业歧视很致命。你嘲笑对方本来就不满意的职业无异于嘲笑对方的才干、信仰、人品甚至人格，因而随意玩笑的结果只能是造成彼此深切的隔阂。

人的职业选择有自愿和不自愿两种，因而心理上也会产生骄傲或自卑两种截然不同的情结。扬扬得意者固然从你的风趣中感受到了羡慕，而更多的失意者则只能从你的调侃里嗅出轻蔑的气味，由此产生无法消除的误解。

同样，种族蔑视也是施展幽默的一大障碍。人，特别是东方人最讲宗族、民族的一切都被披上神圣的色彩，轻慢抑或戏谑对于民族感情来说是十分危险的。不但费力不讨好，还可能招致灾祸，引起强烈的不满。

幽默家赫伯·特鲁有一次去看一个朋友，他以这样一句话来开始彼此的谈话："我来讲个波兰人的笑话。"

"算了，赫伯，"他的朋友说，"我不愿听。"

"我真不明白，"他抗议道，"你是波兰裔的美国人，而我也算半个波兰裔的美国人。为什么我们不能说个波兰人的笑话来听听呢?"

"算了吧!"朋友坚持,"不要告诉我任何波兰人的笑话。"

这个例子中所蕴藏的正是一种"说不清道不明"的微妙情绪,如果冒犯它无疑会引发冲突,从而带来关系与感情的破裂。

第十四章

巧设玄机，瞬间看穿
人心的问话术

我们每天都要与许多人交际，说许多应酬的话。在人们交际的过程中，如何在最短的时间内掌握最有用的信息提升办事效率呢？这需要我们在交流时，巧设玄机，在问话中瞬间掌握有用的信息。

第一节　问话热身，消除冷状态

生活中，当我们与某人第一次见面时，不管有多想了解对方，一定不能忽视问话禁语的问题，要耐下心来慢慢诉说。

第一次见面，不管出于怎样的目的，总希望尽可能多地了解对方，一个又一个的问题就这样问了出来。殊不知，这样的问话方式会给对方造成不适之感，对你本就不熟悉的另一方，戒心会更重。最开始问话的一方往往觉察不到这种迹象，直到对方表现出明显的回避与提防的情形时，问话方才不得不就自己的问话作一番解释。于是疑云消散，双方的交谈才逐渐融洽。但是，如果在对话的最开始就先讲明自己询问某些事的原因，交流的效果是不是会更好呢？

小超是动漫爱好者，最近又迷上飞机模型的制作，经人介绍认识了一个叫赵彦的模型高手，两人一见面就谈了起来。

小超："听说你是这方面的行家？"

赵彦："也不算吧，只是喜欢玩而已。"

小超："你做这个多少年了？听说这里的有些人很神秘，之前都是专门做飞机的？飞机的原理是不是很复杂？有没有什么有意思的事透露一下？"

听了小超的这几句话，赵彦的面部表情突然严峻了起来。

"你问这些干什么？我不知道。"

感到对方有明显的抵触心理，小超连忙说道：

"不好意思，我解释一下，我之所以问你飞机原理的事，是因为我最近在学着做飞机模型，我朋友没跟你说？"

赵彦摇摇头："他只说你想认识我一下，没说具体是什么原因。"

"噢，那就是我的不对了，我应该提前告诉你我那么问的原因的。除了飞机原理，我还想知道咱们国内制作飞机模型的整个状况，经费啊，材料源啊，等等，毕竟我刚接触这个，这方面的知识还非常缺乏，可以吗？"

"当然啊。你一解释我就明白了，不然一见面就问我飞机原理什么的，我以为你是间谍呢！"

"哈哈，我的错，我的错。"

小超就犯了只顾问而没有解释的错误。他的问题让对方疑虑重重，甚至因为问题的敏感怀疑他是间谍。因为有这样的想法，对方的心就会关闭得更严，而交流自然无法畅通。在这个过程中，对方还是一副戒备心，没有把小超当真正的朋友，而小超那样问，也是没读懂对方的表现。

不熟悉的人相见，认知总需要一个过程，切不可因为想急切了解某些问题而忽视了思想"互通有无"的过程。简而言之，就是让对方对你跟他对话的目的有个大概地了解，让他心中有数，他才会对你的问题予以解答。

小超从一开始就问，到后来对问话予以解释，就是感觉到了对方内心的变化：由陌生到抵触，不解释可能更加防备，这样发展下去的后果很可能是不欢而散。小超热情四溢，对方却一直是冷状态。

所以，生活中，当我们与某人第一次见面时，不管有多想了解对方，一定不能忽视问话禁语的问题，要耐下心来慢慢诉说。尤其要注意的是，在一些需要解释的问题之前做出必要的解释，跟对方说明自己这样问的意图。这样才能让他最大限度地敞开心扉说出自己的想法，你也会更加了解这个人。

第二节　求同存异：认同与被认同里的玄机

心理学上讲，人往往会因为彼此间相似的秉性或者经历走到一起，在认同和被认同的过程中，慢慢由陌生变得熟悉。

一个严冬的夜晚，两个人初次见面。

对话一：

"今天好冷啊。"

"是啊。"

"……"

"……"

对话二：

"今晚好冷！像我这种南方人，尽管在这里住了几年，但对这种天气还是难以适应，你感觉怎么样？"

"是啊，我父母虽然是北方人，但我也是从小在南方长大的，在这里还是也不适应。"

"你也是南方的？你是南方哪儿的？"

"我是南方……"

以上两段对话均来自两个陌生人初次见面的情景。在第一段对话里，两人见面说的第一段话非常普通："天很冷啊""是啊"。从字面上就能判断出双方的聊天能力一般。

第二段对话则不同。第一个人见面就说自己是在南方长大的，对北方这种寒冷的天气很不适应，然后又问对方感觉怎么样。对方虽不是纯正的南方人，但也是在南方长大的。因此，两个人有共同话题，你来我往间，彼此就会越来越融洽。

从第二段的话中可以分析到，尽管见面的两人一个是纯正的南方人，另一个只是从小在南方成长，父母是北方的。两者虽有差异，但主动问话者故意忽略了这种差异，只强调双方的相似性：都在南方有一段成长经历，对北方寒冷的冬季极不适应。因为有了相似的经历，话题才会越来越多。

心理学上讲，人往往会因为彼此间相似的秉性或者经历走到一起，在认同和被认同的过程中，慢慢由陌生变得熟悉。没有人希望与自己对话的那个人是个和自己没有丝毫相同点的人，那样的话，两人很难有聊得来的话题。甚至，有可能爆发矛盾冲突，这也就是第二段的问话人求同存异的原因。

因为有了相同的地方，第一次见面的两个人才会渐渐有亲切感，慢慢放下戒备的心。除此，消除陌生感的方式还有以下几种：

1. 攀认式

赤壁之战中，鲁肃见诸葛亮的第一句话是："我，子瑜友也。"子瑜，就是诸葛亮的哥哥诸葛瑾，他是鲁肃的挚友。短短的一句话就定下了鲁肃跟诸葛亮之间的交情。其实，任何两个人，只要彼此留意，就不难发现双方有着这样或那样的"亲""友"关系。

例如，"你是××大学毕业生？我也在××进修过两年啊。你还记得××吗？"

"你来自苏州？我出生在无锡，两地近在咫尺，今天得好好聊聊！走，有没有兴趣喝一杯？"

2. 敬慕式

对初次见面者表示敬重、仰慕，这是热情有礼的表现。用这种方式必须注意：要掌握分寸，恰到好处，不能胡乱吹捧，不要说"久闻大名，如雷贯耳"之类的过头话。表示敬慕的内容也应该因时、因地而异。

第三节 锲而不舍，由浅及深问到底

人与人相遇，并不是无话可聊，而是没有找到适合双方的话题。这样的话题常常需要一个试探的过程，而要想经历这个过程，就要有锲而不舍的精神，不能因为一两次的受阻就不再问下去。问得越深、越广、范围越大，就可能找到尽可能多的谈资。

在某些沉闷的环境里，没有人愿意开口跟陌生人说一句话，那是出于一种防备心理，在这种时候，该怎么办呢？你也要一直沉闷下去吗？

假如你正坐在火车上，已经坐了很久，而前面还有很长很长的路程。你想与他人讲讲话，这是人类的群体性在作祟，而你要尽力使你的谈话显得有趣和富有刺激性。

坐在你旁边的像是一个有趣的家伙，而你颇想知道他的底细，于是你便搭讪道：

"对不起，你有火柴吗？"

可是他一句话也不讲，只是点点头，从口袋里掏出一盒火柴递给你。你点了一支烟，在还给他火柴时说了声"谢谢"，他又点了点头，然后把火柴放进了口袋里。

你继续说："真是一段又长又讨厌的旅程，你是否也有这种感觉？"

"是的，真讨厌。"

他回答着，而且语调中包含着不耐烦。

"若看看一路上的稻田，倒会使人高兴起来。在稻谷收获之前的一两个月，那一定更有趣吧？"

"唔，唔！"他含糊地答应着。

这时，如果你再也没有勇气问下去，你们的谈话就会到此为止，沉默就会继续。但如果你不再只是问一些表面问题，而是换一个稍微深入的，能引起他兴趣的话题，对方可能就不再沉默了。

"今天天气真好啊，真是适合踢球。今年秋天有好几个大学的球队都很出色，你对这件事有关注吗?"

这时，那位坐在你身旁的乘客直起身来。

"你看理工大学球队怎么样?"他问。

"理工大学球队很好，虽然有几个老将已经离队，但那几位新人都很不错，对这个球队你也关注?"

"嗯，是的，你曾听到过一个叫李小宁的队员吗?"他急着问。

或许李小宁这个人你听说过，或许没听说过。这都不是关键，关键是李小宁这个人能引发对方的谈话兴趣。你就可以顺着他的话说："他是一个强壮有力、有技巧，而且品行很好的青年。理工大学球队如果少了这位球员，恐怕实力将会大减。但是李小宁毕业了，以后这个队如何还很难说。怎么，你认识他?"

这位乘客听了这话便兴高采烈、滔滔不绝地谈了起来。

可见，人与人相遇，并不是无话可聊，而是没有找到适合双方的话题。这样的话题常常需要一个试探的过程，而要想经历这个过程，就要有锲而不舍的精神，不能因为一两次的受阻就不再问下去。问得越深、越广、范围越大，就可能找到尽可能多的谈资。挖掘到对方最感兴趣的话题，让原本陌生的两个人逐渐熟悉起来，谈话气氛也会变得融洽。

面对陌生人的时候，为了迅速打开话匣子，可熟练掌握以下几种方法:

1. 从对方的口音找话题

对方的口音可以告诉我们他大概的出生地或者居住过的地方，从此处入手，就可询问相关的风土人情、著名人物等问题，激发对方的谈话欲望。

2. 从与对方相关的物品找话题

对方携带的东西通常跟他的兴趣和爱好有关，从此处入手，更容易打开对方的话匣子。如果对方拿着一本体育杂志在看，一句"你是喜欢体育吗"，就会让双方的距离瞬间缩短很多。

3. 从对方的衣着打扮找话题

一个人的穿着常常反映他的品位，如果从他衣服的品牌开始交谈，沟通或许会更加融洽。

第四节　做足功课，提前摊牌

主动抛出问题，就会打乱对方的心理节奏，让他自乱阵脚，自己也会逐渐在对话中占据优势。

小董是一家公司的业务员，刚上班不久就被派到外地去收欠款。欠钱的是一家实力不弱的公司。临去之前，小董还特意调查了对方的资料：实力雄厚，老板为人正直。小董想，之所以钱一直要不回来可能因为是旧账的缘故，业务员换了好几个，程序都接不上了，这次他好好跟对方说说，应该没什么大问题。但是，直到他见到那个老板，小董才知道，他把事情想得太简单了。

小董："您好，您是这家公司的老板吧？我是××公司的业务员，我是为那笔旧账来的，您应该知道吧？"

那人一听，眉毛一横。

"旧账？什么旧账？我从来不欠人家什么。"

没想到对方会抵赖，小董就拿出了账单，说：

"要不您看看？我说得没有错，不然会来麻烦您吗？"

那人看都不看就把账单打到一边。

"什么账单？我不看，别浪费我时间了。"

小董一看，对方确实不好对付。不能再任由他这样下去了。他不认账，小董就主动问。

"你赖账也罢不赖账也罢。白纸黑字都在这写着呢，2005 年 20 万块钱的货是怎么回事？一个叫李明的业务员从我们公司拉了货就回来了，说过几天就给钱，这都过了多少天了？钱呢？你可能会说你们公司没这个人，告诉你吧，来之前我都打过电话核实了，人还在你们公司里，哪个部门我都知道。"

"胡扯，根本没有这事。"

"还想抵赖，2005 年 6 月份还有一笔货款没结，也说过几天。我们觉得是老客户就没追着催，这账单上都写着，上边还有你的签字和指纹，你不会说这些也是假的吧？"

"哪有签字？哪有指纹？"那人嚷着要抢账单，小董赶紧躲开了。

"来之前我已经想好了，能自己解决就自己解决，不能解决的直接跟相关部门汇报，你要是威胁我的人身安全，我就打110，没想到我会这么做吧？还想一直赖下去吗？"

之前一直非常嚣张的欠债人听到小董要报告相关部门，突然紧张得一句话也说不出来。如果被处罚，公司的损失肯定会更大，在整个业界的声誉也会非常坏。想到这里，那人就软了下来。

"年轻人，不要太冲动嘛，有事好说，还用得着惊动上级领导吗？我也是小本经营啊！"

"既然知道做生意不容易，为什么还要为难我们？非得让我这样你才满意？"

"好，好，我还你们欠款，今天就办。"

当遇到一个蛮横的人的时候应该怎么办呢？当这个蛮横的人又恰好欠了你东西就是不还的时候，又该怎样处理？相信这样的问题让很多人都有挠头之感。但是，他的硬是一贯为之呢？还是欺软怕硬呢？

小董在最开始本想用和风细雨的方式让对方还钱，他想在循循善诱间让对方明白欠债应该还钱的道理。对方提一个问题自己就回答一个。渐渐地，小董察觉到对方一直在用这种方法抵赖，而他的蛮横也让小董明白软弱被人欺。他就决定主动出击，将问题在对方问出或者躲避之前一一抛出，让他没有退路。同时，在气势上压倒他。

直到小董说会将欠债的事上报上级领导，质问对方怕不怕，欠债方才彻底服软。先前的嚣张气焰不见了踪影，取而代之的是迎合。小董问到了对方的痛处和畏惧的地方，他当然只有"束手就擒"的份了。试想一下，如果小董不问这样一个问题，对方可能会一直抵赖下去，心理上一直保持强势状态。主动抛出问题，就会打乱对方的心理节奏，让他自乱阵脚，自己也会逐渐在对话中占据优势。

有些人的强大是装出来的，为了达到自己的私利用假面迷惑别人，外强中干。这样的人，通过外在并不能看出什么端倪，只有通过交谈，才知道他的强大到底是实还是虚。而最佳的交流方式之一，就是先将存在的问题抛出，而不是被动地接受问题。

主动抛问题代表一种强烈的寻求掌控权的思维模式，只有有了掌控权和话语权，对方的思想才能渐渐被你掌握，掌握了一个人的思想，他的心思还会无法看透吗？

第五节　投桃报李，亲近之人也需"糖衣攻势"

生活中，不管是亲戚，还是其他有紧密关系的人，一旦要麻烦他为自己办事，就应学着嘴甜一点儿，腿勤一点儿，多给对方一种被关心、被呵护的感觉，他自然而然会给你提供帮助的。

李凌今年27岁了，能力很强，做过几年生意，小发了一笔。但他不满足，总想干个大点儿的生意才过瘾。刚好村里的鱼塘要对外承包，他有心把池塘承包下来，只是手头上的资金还是不够。

他左思右想，想到了他的一个远房亲戚，是他母亲的表弟，按辈分应该叫老舅的，在县城承包了一个企业，经营得不错，是县城有名的"土财主"。可是李凌想到自己与他关系疏远，好长时间没有走动了，贸然前去，显得突兀不说，事情还肯定办不了。怎么办呢？他决定先把关系搞好，和这位老舅亲近起来。他打听到这几天老舅身体不太好，时常犯病，就看准时机，拎了一大包的滋养品，来到老舅家。

"老舅啊，有些日子没来看您了，您老人家怎么病了啊？年纪大了，可要多注意身体，别太操劳了。今天给您带了些东西过来，补补身子，您不会嫌少吧？"

李凌非常热情地说着，并把东西放到老舅的桌子上。

俗话说："礼多人不怪"，虽说两家好长时间不走动了，但今天外甥拎了那么多的东西上门，而且是在自己生病的时候，这位老舅心里格外高兴：

"你今天能过来，老舅我就别提多高兴了。今天中午咱俩喝两杯。"

于是，李凌就留下热闹了一番。

自此，两家关系好了起来。以后李凌隔三差五地来看他老舅。不是问他身体怎么样，就是问他最近想吃什么，面面俱到。看到李凌这么关心自己，老舅也非常高兴，视李凌如亲生儿子一般。李凌一看时机成熟了。这天他拎了两瓶酒到了老舅那里，两人喝了起来。

李凌说："老舅，上次我给你买的补品吃完了吗？吃完了的话我再给你买。"

"不用了，太破费了，还有好多没吃完呢。孩子，我看出来了，你对老舅不错，我是你长辈，往后有什么困难尽管和我开口。"

李凌一听，故作激动万分的样子，就连忙把承包鱼塘的事情说了。

老舅听了之后说：

"好啊，有志气，有魄力，老舅大力支持……做人就应该干一番事业。想法很好，不过具体做时一定要慎重，年轻人千万不能急躁。"

李凌连忙点头称是，接着把资金短缺的事情也说了出来。最后，李凌顺利地从老舅手里借到了 3 万元并承包了鱼塘。

无论求谁办事，即使是和自己关系亲密的人，有血缘关系的亲戚，也要懂得投桃报李。

李凌想承包鱼塘开创一番自己的事业，但是缺少足够的资金支持。就在不知如何是好的时候，他想到了自己的老舅。老舅家底殷实，可以在资金上给以他支持。但李凌明白一个道理，即使是亲戚，求他办事的时候也要注意方法，不能想当然，也要懂得适时给予回报。

为了搞好和老舅的关系，李凌开始频繁地出入他家。关心他的身体，关心他的方方面面，还给他买各种补品。在这个过程中，原本有些疏远的两家慢慢亲近，有了这些铺垫，李凌才开口求舅舅办事。

李凌对舅舅的关心不是虚情假意，只是一种求人办事的方式。即亲戚之间也要给些好处。现在的很多亲戚交往中，存在着一种误区，那就是：亲戚关系是一种血缘、亲情关系，彼此都是一家人，互相帮忙办事都是分内之事，都是应该的，没必要像其他关系那样客套。其实，这种想法是不对的。血缘关系虽说是"割断了骨头连着筋"，但亲情的维护与保持也在于彼此之间的相互帮助与知恩图报上。

所以，在故事中，当感觉到李凌这么关心自己，他的舅舅也非常高兴，尤其是李凌对其嘘寒问暖的时候，他的心里也暖暖的。猜想一下，即使舅舅知道李凌是为了让自己帮他才这么做的，舅舅也会心甘情愿地帮他。明白事理的孩子总是招人喜欢的。当然，这其中更关键的是他的问话，人毕竟是感情动物，还是听觉动物，听到别人关心自己的生活起居，就会有一种感动油然而生，有了这种感觉，办事就会容易许多。

生活中，不管是亲戚还是其他有紧密关系的人，一旦要麻烦他为自己办事，就应学着嘴甜一点儿，腿勤一点儿，多给对方一种被关心、被呵护的感觉，他自然而然会给你提供帮助的。

第六节　借花献佛，潜伏在"醉翁"心里的游戏

借花献佛，醉翁之意不在酒。平时的生活中，我们也可以学着这种方法邀请别人，这不是耍心机，而是运用小技巧，为自己办事。

有时候，邀请别人赴宴是一件难事。不是因为关系不好，而是因为对方本来就是个不爱赴宴的人，遇到这种情况应该怎么办呢？

有一名年轻人，胸怀大志，他很想自己开一家小公司，资金却是大问题。他想到可以求同学的父亲帮忙，于是千方百计地从同学那里打听到其父喜食海鲜，便决定到附近一家海鲜馆宴请同学的父亲。这位年轻人也从同学口中得知其父不轻易赴宴，于是年轻人就想了一个方法。

月末的一天，这位年轻人很早就给同学打电话得悉其父周末在家休息。于是他在上午10点左右风风火火地跑到那位同学家，当着其父亲的面告诉同学自己投资的一个项目赚了一笔钱，要请同学吃海鲜，同时也大力邀请同学的父亲一起去。

"叔叔，我投资的一个项目赚了一笔钱，我们想坐一起高兴高兴，您作为长辈就更不能缺席了不是？"

刚开始同学父亲有些犹豫，他就对同学说："让你爸爸跟咱们一起去热闹热闹，也不算什么过分的事吧？"

同学听了这句话，笑着看看爸爸，他爸爸也笑笑说："好，好，那我也跟着凑凑热闹。"邀请之事就这样办妥了。

在酒桌上，年轻人和同学的父亲谈起自己的生意，并说了自己眼前遇到的困难，希望对方能帮助自己。当时同学的父亲并没有答应，而是说回去考虑一下。没想到，一周之后，同学就告诉他，自己的父亲愿意帮他办公司，那位年轻人自然高兴得不能自己。

很多时候，怎样邀请别人成功赴宴是一门很深的学问，尤其是让别人为自己办事的时候。在上面的故事中，年轻人就遇到了一个不易邀请的人，他之所以能说动对方的心，就在于他巧妙的问话。

同学的父亲有资金，而自己开公司又需要资金。问题的关键是，其父亲

并不知道自己缺钱，而且知道了也不一定愿意帮自己。想到这里，他就觉得可以借请同学吃饭的机会，请他的父亲也一同出席。"单约不行，还不允许我一起约出来吗？"有了这种想法，才有了他接下来的巧妙问话。

其实，自己的项目赚了钱，与同学父亲本没有多大关系，但他的真实目的是想借助同学父亲的实力帮助自己，所以就使出了"借花献佛"这一招，邀请同学的同时也将其父一起邀请。看见儿子跟同学的关系那么好，而这个同学又那么热情，一同赴宴也就没有什么不可以的了。

仔细分析，同学父亲之所以能答应年轻人的借款要求，还在于其心态的微妙变化。首先，同学父亲最开始并没有把年轻人看作一个借款者，只看作一个晚辈，也没有想到请他吃饭带有某种目的，有了这种心态，他的心里就没有设防，也间接地促成了对方的借款之举。

借花献佛，醉翁之意不在酒。平时的生活中，我们也可学着这种方法邀请别人，这不是耍心机，而是运用小技巧，为自己办事。

第七节　反复催问，不给对方拖延之机

反复催问就是紧抓一个问题不放，不回复，不给他满意的回答，就一直问下去。

办事的时候，有的人虽然在最开始遇到了阻碍，但并不气馁，总是一遍遍去催，一遍遍去问。他们这样问的目的是什么？

赵普是宋朝的大臣，他曾经做过太祖、太宗两朝皇帝的宰相，是个性格坚韧的人。有一次赵普向宋太祖推荐一位官吏："皇上，孟飞是一名难得的贤臣，他已为官多年，您是不是该考虑一下他晋职的事情了？"

因为太祖平常不喜欢这个人，对赵普的话没有理睬，赵普并没有灰心，他觉得自己是一心为公，并没有做错。第二天上朝又向太祖提起这件事，请太祖裁定，太祖还是没有答应。

赵普仍不死心，第三天又提出来："皇上，孟飞的事您考虑得如何？"

赵普三天接连三次反复地提，同僚也都吃惊了，太祖这次动了气，将奏折当场撕碎扔在了地上。

但令人吃惊的是，赵普又默默地将撕碎的纸片一一捡起，回家仔细粘好。第四天上朝，话也不说，将粘好的奏折举过头顶立在太祖面前不动。

太祖真是无可奈何了："若我不同意，这次你会怎样？"

赵普面不改色："有过必罚，有功必赏，这是一条古训，谁都不能更改，但皇帝怎么能以自己的好恶而无视这个原则呢？"

听了这话，太祖知道没法不答应他了，就只好准许了赵普的奏请。

求人办事历来是件难事，尤其是面对难啃的骨头时。有些人之所以难以请动，肯定有某种原因。例如，故事里的宋太祖，赵普向他推荐的人正是自己讨厌的，面对这样的人，他怎么能够轻易答应呢？但赵普是个非常执着的人，不答应他，他就使出了反复催问这一招。

反复催问就是紧抓一个问题不放，不回复，不给他满意的回答，就一直问下去。

在求太祖准许自己的奏请这件事上，赵普一共追问了四次。从第一次到最后一次，追问的程度越来越深。他之所以不放弃，是因为他知道不能给太祖一点拖延的机会，一拖延，事情成功的几率就会很小很小。而求人办事者必备的素质之一就是抗压，遇硬不怕，逢险不惊，能控制自己的情感，喜怒不形于色。

当然，赵普也摸清了太祖的心思，他之所以不答应自己，不是因为那个人的能力不行，只是因为他不喜欢那个人。因为个人的好恶而断送一个人才，是赵普不希望看到的，这也是支持他不断追问下去的原动力。

他对太祖的四次追问完全是对事不对人，没有丝毫的恶意，只是想给国家推荐一名良臣，太祖最后答应他，也是因为看懂了他的这份心思。

生活中求人办事的时候，遇到一时的阻碍在所难免，此时千万不可气馁，如果像故事中的赵普一样锲而不舍，事情就总有办成的一天。

第八节　他人之口问出的真言

假借他人之名，虽然是假的，却不是欺骗，是为了让产生于工作和生活中的问题尽快解决。

　　小张是刚上班不久的新人，这一天因为工作需要，他得向另一个部门的王主任询问某个项目的进展情况。小张想了半天也不知道该怎么开口，自己毕竟是新人，直接问领导某事显得不恭敬，但是项目的事今天必须得问清楚，小张就只好硬着头皮问了起来。

　　"王主任，有件事想问您一下，您现在手头上的这个项目进展得怎么样了？"

　　一看是小张，王主任就一副爱答不理的样子，敷衍道："快了，快了，急什么？"

　　"不是我急，是公司急，所以能不能把项目的进度跟我说一下？"

　　小张一直在小心翼翼地催，而王主任就是一副怠慢的样子。就在不知如何是好的时候，小张想起了赵经理，又跟王主任说道："王主任，可能我刚才没说清楚，是赵经理让我来问项目的事，他很急，您看能不能跟我说一下？"

　　一听是赵经理让问的，王主任马上就不一样了。

　　"噢，赵经理啊，好，好，我跟你说一下。其实也不是怠慢你，只是我也很忙，你知道的。"

　　"行，那就麻烦王主任了。"

　　"不麻烦，不麻烦。"

　　刚刚进入职场，每个人都会有一种新鲜感和陌生感，这个时期说话就要注意分寸。面对领导，尤其是求领导为自己办事时更要注意。

　　例子中的小张就是个工作不久的新人，他尚未打通各种关系的时候就遇到了一个有些棘手的问题：向一位领导询问项目的进展情况，即让他向自己"汇报"工作。按常理来说，项目进展得如何，是由领导问下属的，这次颠倒就给小张带来了麻烦。一五一十地问，有可能得罪领导，不翔实地问，又完不成任务。这就难倒他了。

　　最开始，小张只能硬着头皮去问，效果不佳，王主任根本不怎么理他。原因只有一个，他资历太浅，根本引不起对方的注意。当他假说是赵经理让他来问的时候，王主任就变了模样。突然变得积极、配合了起来。赵经理是自己的上司，他哪敢怠慢呢？

　　在这个过程中，王主任有一个由极不配合到极配合的心理变化，变化的诱因就是小张搬出了赵经理这张王牌，如果不提赵经理，小张可能不会很快得到对方的答复。

　　这里面有一个逻辑：当遇到一些确实难办的事的时候，不如借他人之口，行自己之事。小张问王主任工作，是"颠倒"级别。赵经理问，则是顺理成章。王主任最后心理的变化也是因为这个原因。他可以对新人不重视，却不能对领导不尊重，一级压一级就是王主任的心思。明白了这点，新人小张将问话策略用在赵经理身上也就不难让人理解了。

假借他人之名，虽然是假的，却不是欺骗，是为了让产生于工作和生活中的问题尽快解决。有时，求人办事不方便直说，就让第三方替自己说。借帆远航，学会这点，求人之时就会省去许多麻烦。

第九节 激将法里的心理攻防术

求人办事的时候，如果遇到难缠、难以沟通的人，就可以从尊严、名声、能力等各方面给予必要的刺激，让其"短暂性发怒"，不自觉中顺着对方的意思办事，对方可能还不自知，而自己办事的目的早已经达到了。

每个人都有不同的性格，不同性格的人说出的话也不尽相同。求人办事的时候要尤其注意这点。即使在最开始还摸不透对方的秉性，也要在交流一段时间后仔细观察，抓住对方性格里的弱点，以语相激，办事就可以达到事半功倍的效果。

美国房地产商约翰逊打算盖一座写字楼，手里的资金并不是非常充裕。想来想去，他决定先用已有的 100 万美元开工建设，剩余的 300 万美元找银行贷款。

100 万美元很快就用得所剩无几了，这天，他正好和某著名银行的主管一起吃饭，约翰逊就说起了贷款的事。

"我之前已经和你们银行的高层领导谈过，他们说我的贷款没有问题，不知进展如何了？"

"银行还在考虑，毕竟 300 万不是个小数目。"

"我现在急着用钱，最好今天就能得到消息。"

"你在开玩笑吧！我们还有很多程序没进行呢！"

他边说边点起一支雪茄，用手指了一下桌子上的一摞纸，眼神里有种居高临下的感觉。

"喏，这些是需要填的申请表，你一张都没填啊！"

听了这话，约翰逊笑了笑："你不是贷款业务的主管吗？300万对你来说应该不是大数目吧？我只是想知道最新的进展而已，你连这点权力都没有？"

听了这话对方心头一震，他竟然说自己没有足够的权力。约翰逊看出了对方的心理变化，心中暗喜。

"如果你真没有这个权力，我也不为难你了，我还可以找别人是不是？"

"等等，"对方猛吸一口雪茄，"我去给你问问，你在这儿等着。"

过了一会儿，那个高傲的主管微笑着回来了。

"还是主管的权力大，我刚把你的事说出来，那人就说办得差不多了，三天之后应该可以了，怎么样，这次你知道我的能耐了吧？"

"那是，我从来没有怀疑过这点。"

银行主管是个性格高傲的人，自以为坐在权力之位上就可以让所有人按照自己的思维办事，被人求时更是如此。房地产商约翰逊最开始也是好言相求，但效果不佳，之后就变相地说其权力并非想象中那么大，意思是高看了对方。

高傲的人最难以忍受被人轻视，尤其是原本求自己的人。银行主管内心发生极大变化的深层次原因是：他的自尊受到伤害，权力受到挑战。说他不行，他就偏要证明给对方看，而这正是对方所期待的。

激将法是一种心理战术，是用刺激性的言语变相的鼓动对方做某事的技巧。求人办事的时候，如果遇到难缠、难以说话的人，就可以从尊严、名声、能力等各方面给予必要的刺激，让其"短暂性发怒"，不自觉中顺着对方的意思办事，对方可能还不自知，而自己办事的目的早已经达到了。

第十节　求人必备的几种语言妙法

任何人都不会拒绝别人的赞美，所以求人时说点对方乐意听的话，也不失为一种求人的好办法。

求人办事有各种各样的方式，但不管你是送礼或别的什么，你必须口头来表达清楚你的意思。人们不难发现，同样的请求内容，不同的人，用不同的方法和语言表达出来，得到的结果常常是不一样的。那么，怎样才能使被求者答应自己的请求呢？

下面介绍几种运用求人语言的具体技巧，也许会有助于你的请求得到最理想的答复。

1. 以情动人

这一般用于比较大的或较为重要的事情上。把对人的请求融入动情的叙述中，或申述自己的处境，以表示求助于人是不得已之举；或充分阐明自己所请求之事并非与被请求者无关，以使对方不忍无动于衷、袖手旁观。

2. 先"捧"后求

所谓"捧"在这里是指给予所求的人恰到好处、实事求是的称赞，并不包括那种漫无边际、肉麻的吹捧。任何人都不会拒绝别人的赞美，所以求人时说点对方乐意听的话，也不失为一种求人的好办法。

3. "互利"承诺

天底下没有免费的午餐，求人时也要注意互利原则。在求人时不忘表示愿意给对方以某种回报，或将牢记对方所提供的好处，即使不能马上回报对方，也一定会在对方用得着自己的时候鼎力相助。配以"互利"的承诺，让对方觉得他的付出值得，同时也会对求助者多一分好感。

4. 寻找"过渡"

倘若向特别要好和熟悉的人求助，可以直截了当、随便一点。但有时求助于关系一般的人、生人或社会地位较高的人时，则常常需要一个"导入"的过程。这个导入过程可长可短，需视情况而定。此外，还要尽量防止自己的话无意间冒犯了对方。所以，在有求于人时应事先对对方有所了解，若无意中冲撞了对方，就会前功尽弃。

第十一节　巧妙引导：藏在对方需求里的劝说术

有时，说服并不需要正面表达，将对方可能的答案暗含在自己的问话中，用他能接受的选择项引导他，很多事情就会容易很多。

想要说服别人不是件容易的事，当你试图让别人答应某件事或者买下某件东西的时候，他常常会想：我为什么要听你的？遇到这种情况，应该怎么办呢？

小芳是某汽车公司的业务员，因为业绩突出，已经连续三次被评为优秀员工，她到底是怎么做到的呢？以下是小芳和顾客的一次对话。

小芳：请问你需要多大吨位的？

顾客：很难说，大致 2 吨吧！

小芳：有时候多，有时候少，对吗？

顾客：是这样。

小芳：究竟要哪种型号的卡车，一方面要看你运什么货，另一方面要看在什么路上行驶，你说对吗？

顾客：对，不过……

小芳：假如你在丘陵地区行驶，而且你们那里冬季较长，这时汽车的机器和车身所承受的压力是不是比正常情况下要大些？

顾客：是这样的。

小芳：你们冬天出车的次数比夏天多吧？

顾客：可不是嘛，多多了，夏天生意不行。

小芳：有时候货物太多，又在冬天的丘陵地区行驶，汽车是否经常处于超负荷状态呢？

顾客：对，确实是这样。

小芳：从长远的眼光看，是什么因素决定买车型号，是否留有余地？

顾客：你的意思是……

小芳：从长远的眼光看，是什么因素决定买一辆车值不值呢？

顾客：当然要看车的使用寿命。

小芳：一辆车总是满负荷，另一辆车从不超载，你觉得哪一辆寿命更长些呢？

顾客：当然是马力大、载重多的一辆。

小芳：所以，我建议你买一辆载重 4 吨的卡车可能更划得来。

顾客：好的，我愿意考虑一下。

在以上小芳和顾客的对话中，我们并不能在最开始就准确地判断出小芳能否说服对方接受自己的意见，但有一个强烈的感受就是：小芳的话里似乎总有对方的需求和愿意接受的内容。

两个人交谈的时候，当答者对问者的问题没有表现出任何不适和反感，每次回答都能给予正面回应的时候，两人的交流就会呈现出一种良性循环。这里面暗含的意思是：回答问题者正逐渐在内心深处接受向自己提问的那个人，这种接受包括对方的问题和意见。那么，为什么会产生这样的效果呢？

在小芳的问话中，她一直将对方可能接受的答案包含其中，这个答案也是她想让对方接受的内容，这样问出来，会让对方觉得被尊重，他并没有感到自己被引导，虽然事实就是这样。

有时，说服并不需要正面表达，将对方可能的答案暗含在自己的问话中，用他能接受的选择项引导他，很多事情就会容易很多。

第十二节　层层剥笋有术，步步紧逼有方

恰当地运用层层剥笋术，可使我们的论证一步比一步深化，增强我们语言的说服力量。

有时候，面对一时不好解决的问题，通过巧妙的问话由浅及深，层层递进，最终解决问题。

这个试验的方法运用到说服别人的时候就是层层剥笋，步步紧逼。有的人为了让他人接受自己的意见，往往会在最开始的时候问一些看似跟主题无关紧要的话，被问者也是非常不在意的回答，但到了最后，当被问者突然意识到问话者话里有话的时候，为时已晚，他已经掉到对方设的陷阱里爬不出来了。

有一天，孟子觉得齐宣王有些作为并不能与一个好国君相称，于是对齐宣王说："假如你有一个臣子把妻子儿女托付给朋友照顾，自己到楚国去了，等他回来时，他的妻子儿女却在挨饿、受冻，对这样的朋友该怎么办？"

齐宣王不知道孟子的用意，于是非常干脆地回答："和他绝交！"

孟子又问："军队的将领不能带领好军队，应该怎么办？"

齐宣王也觉得问题太简单，于是以更加坚定的口气回答："撤掉他！"

孟子终于问道："一个国家没有治理好，又该怎么办呢？"

齐宣王这才明白了孟子的意思——国家治理不好，应该撤换国君。虽然他不愿意接受这种观点，但是在孟子层层剥笋的巧妙言说之下，也只有忍受

这种观点了。

故事里就是这样，孟子给齐宣王提了三个问题。这三个问题有递进的内在逻辑，与齐宣王的关联程度也越来越深，最开始他没有意识到孟子问这些话到底是因为什么。前两个问题的目的性非常模糊，直到最后一个问题提出，他才顿悟：原来，一件事做得不当，是要付出代价的，孟子是在用这样的方式提醒我啊！

这种说服法就像剥笋，笋在成为竹子之前，有很多层外皮包裹着，剥笋时总要一层层地剔开，才能剥到所需的笋心。所谓层层剥笋，就是在说服他人的过程中紧扣主题，从一点切入，由小至大，由远至近，由浅到深，由轻到重，逐层展开，直至揭示问题的本质，进而达到引诱对方就范的目的。恰当地运用层层剥笋术，可使我们的论证一步比一步深化，增强我们语言的说服力量。

说服别人是要讲究技巧的，如果孟子一开始就提出第三个问题，齐宣王非但不会改，反而可能会加罪于他，这就有点得不偿失了。层层剖析，由浅入深不但可以在最开始的时候隐藏自己的真实目的，还可以顾及对方的接受程度，慢慢地将对方"吃进"。

第十三节 头脑博弈：策略性问题揣测端倪

想明白消费者的心意，就要学会用多种途径发掘出对方的真实需求，策略性问题就是方式之一。

作为一名销售人员，向顾客介绍产品的时候，不能一味地按照对方的需求去说。因为对方说出的需求有时并非出于真心或者自愿，这个时候，就需要有心的销售人员用策略性问题打探出他的真实想法，把握住对方的真心，才能提供给他真正需要的产品。

李毅是一家公司的推销员，他在接到一家企业的订购需求后前去拜访，刘小姐接待了他。

李毅："您好，是您打电话说要订购一台传真机吗？"

刘小姐："是的，公司需要，所以想要一台。"

李毅："您需要什么型号的？或者以前用的是什么型号？"

刘小姐："以前没有用过，这是第一次买，明白我的意思吗？"

李毅："噢，不好意思，我能问一下您为什么不通过电子邮件等方式发送文件呢？"

刘小姐："接收公司邮件的公司大部分都是老资格的企业，他们的经营理念和办事风格虽不能说墨守成规，却也真的有些老旧了，但有什么办法呢？他们是我们的上帝，我们有责任满足对方的需求。而且买传真机的事是经过几个同事商量后得出的结论，买就买吧。"

李毅："但是，我看得出来，您并不是非常情愿，是更倾向于用电子邮件等方式发送文件吗？"

刘小姐："谁说不是呢？我也想过了，发传真也不是经常的事，只是有时忙了发一些，接收传真的第一人也不是老板而是文秘。唉，但是没办法，都已经这么定了，你还是给我介绍一下产品的具体情况吧。"

李毅："刘小姐，既然买传真机的事情不是对方要求您办的，我看也不必非得买。您不妨试试其他的产品？"

刘小姐："你是指什么？"

李毅拿出一套电脑传真软件说："这是一套电脑传真软件，它的优势是自动安装，传送文件准确率高，速度快。价钱还非常便宜，您不妨试试这个。"

刘小姐："哦，是吗？那你给我详细介绍一下吧。"

李毅本以为刘小姐是想订购一台传真机的，但通过交谈得知，对方的真实想法是：我并不十分喜欢传真机，我更倾向于其他新型的传输方法。从这样的想法可以看出：对方需要的只是一种能传文件的工具，传真机只是有些口是心非的表达。那么，李毅是怎么发现这点的呢？首先，他就传真机的问题询问刘小姐，发现对方并不十分精通而且似乎不喜欢回答相关问题，当他询问其他更便捷的传输方式时，刘小姐的精神状态马上好了许多。李毅就马上断定，对方的真实需求跟她刚才的表达有误差，而这种误差如果不去试探性地询问，就不会发现。同时，李毅运用了新旧两种产品的对比法：传真机并不适合您，电脑传真软件更快捷和便宜，两者一对比，进一步把顾客的真实需求挖掘出来。提供给对方的需求才能真正符合对方的心意。

在产品销售的过程中，最让消费者满意的产品不一定是质量最好，外观最漂亮的，却一定是最合消费者心意的。想明白消费者的心意，就要学会用多种途径发掘出对方的真实需求，策略性问题就是方式之一。

策略性问题不是故意套对方的话，而是为了给其提供最满意的需求而采取的一种问话措施，掌握这种问话方式，就能更主动地把握消费者的心理和销售时的主动权。为对方提供最急需、最合适的产品，他还会拒绝你吗？

第十四节　销售提问的四大诀窍

在提问时，应根据不同的内容需要，恰当地加以选择。

问什么，怎么问，会不会问，都是大有学问的。当你张口发问时，应根据你提问的目的及所问事物的性质，选用巧妙的提问方式。一般应注意：

1. 用词准确、贴切

提问时，用词贴切，抠准字眼，方能取得最佳的交际效果。

某售货员与前来的顾客打招呼，开始这样提问："同志，您要什么？"不礼貌的顾客则回答："我要的东西多呐，你给吗？"售货员如鲠在喉。后改问："同志，您想买什么？"青年顾客则笑答："不买还不能看看吗？"售货员啼笑皆非。后又改问："同志，您想看点什么？"终于获得了顾客的理解。

比较以上三个问句，由于选用了不同的动词谓语也就产生了不同的交际效果：第一句中的"要"表意含混且兼有乞讨味；第二句中的"买"将售货员与顾客置于买卖关系之中，并会有迫人购物之嫌；第三句中的"看"则表达了对顾客的尊重并暗示了顾客有自由选择商品的权利，即使不买，也不觉得尴尬。三个不同的动词导致三种不同的局面，由此可见，用词贴切的重要性。

2. 选择恰当句式

问句按句式的结构划分，可分为是非问、特指问、选择问、正反问、猜度问等不同类型。在提问时，应根据不同的内容需要，恰当地加以选择。

3. 巧换提问语序

提问时，根据情况来巧妙地改变、调整词语的顺序，可以收到满意的效果。

有两名烟瘾很重的教士，其中一名问他的上司："我在祈祷时可以抽烟吗？"这个请求遭到了上司的斥责。另一名教士也向上司提出了同样的请求，只是变换了一个词语的顺序："我在抽烟的时候，可以祈祷吗?"上司莞尔一笑，竟然答应了他的请求。

第二个教士的机智表现在他将原问句的状语与谓语的中心词调换了位置，用以表现自己时时处处都在为上帝祈祷的忠诚，因而取得了成功。

第十五节　看透对方心理，掌握谈话主动权

让步不是无谓的退缩，而是在谋划周全后，为了争取最大的利益而做出的举动。

在谈判中，一味地用和气、温柔的语调讲话，一个劲儿地谦虚、客气、退让，有时并不能让对方信赖、尊敬以及让步，反而会使一些人误以为你必须依附于他，或认为你是个软弱的谈判对手，可以在你身上获得更多更大的利益。

相反，如果一开始就以较强硬的态度出现，从面部表情到言谈举止，都表现出高傲、不可战胜、一步也不退让，留给对方的也将是极不友好的印象。这样会使对方对你的谈判诚意持有异议，从而导致失去对你的信赖和尊敬。那么，正确的方法应该是怎样的呢?

故事中的谈判给我们提供了答案。

1923 年，苏联国内食品短缺，苏联驻挪威全权贸易代表柯伦泰奉命与挪威商人洽谈购买鲱鱼。

当时，挪威商人非常了解苏联的情况，想借此机会大捞一笔，他们提出了一个高得惊人的价格。柯伦泰竭力进行讨价还价，但双方的差距还是很大，谈判一时陷入了僵局。柯伦泰心急如焚，怎样才能打破僵局，以较低的价格成交呢? 低三下四是没有用的，而态度强硬更会使谈判破裂。她冥思苦想终于想出了一个办法。

当她再一次与挪威商人谈判时，柯伦泰十分痛快地说："目前，我们国家非常需要这些食品，好吧，就按你们提出的价格成交。如果我们政府不批准这个价格的话，我就用自己的薪金来补偿，你们觉得怎么样?"

挪威商人听了她的话，一时竟呆住了。

柯伦泰又说："不过，我的薪金有限，这笔差额要分期支付，可能要一辈子，怎么样，同意的话咱们就签约吧？"

柯伦泰的这句话虽然让挪威商人很感动，但也感到了其中某种强硬的意味，要还一辈子？这里面似乎已经没有讨价还价的余地。最后，经过一番深思熟虑，他们最终同意降低了鲱鱼的价格，按柯伦泰的条件签订了协议。

本来是紧张的商业谈判，最后却因为一方的示弱发生了意想不到的改变。这种示弱在商业谈判中叫作"软硬兼施"。当谈话陷入僵局，双方各执一词争执不下的时候，要想让谈判继续下去，一方就要做出让步。让步不是无谓的退缩，而是在谋划周全后，为了争取最大的利益而做出的举动。

柯伦泰在双方分歧较大的时候提出用自己的钱买挪威人手中的货物，还言辞恳切地询问对方的意见如何。这些话麻痹了对方的神经，以为她真的会按自己说的去做，没想到这只是柯伦泰的一种策略。而且，她最后说如果是自己付钱，恐怕要一辈子。

通常来讲，谈判双方实际上就是在讨价还价，但柯伦泰的"一辈子"让对方一时语塞，不知道该怎样回答，这就是一种硬。先软后硬让对方无所适从，柯伦泰正是看透了对手的这种心理，才在谈判陷入僵局时，掌握了主动权，最后以较低价格签订合约。

无论是生活中还是谈判桌上，当我们遇到类似于故事中那样的局面时，不妨试用一下软硬兼施的谈判方式，熟练掌握，很可能会取得意想不到的好结果。

第十六节　故意褒贬，吹毛求疵有玄机

不断地揪出产品所谓的毛病，不断地提出问题，精明的采购员在提问题的同时，也是不断地挑战对方底线，降低自己成本的过程。

商务谈判中，谈判者有什么办法能让对垒者在本不情愿的情况下做出让步，降低价格呢？那些不断对你手中的产品"横挑鼻子竖挑眼"的人的真正用意是什么？你的产品真的有那么差吗？

有一次，某百货商场的采购员到一家服装厂采购一批冬季服装。采购员看中一款皮夹克，问服装厂经理："多少钱一件？"

"500 元一件。"

"400 元行不行？"

"不行，我们这是最低售价了，再也不能少了。"

"咱们商量商量，总不能要什么价就什么价，一点儿也不能降吧？"

服装厂经理认为冬季马上就到了，正是皮夹克的销售旺季，不能轻易让步，所以，很干脆地说："不能让价，没什么好商量的。"

采购员见话已说到这个地步，没什么希望了，扭头就走了。

过了两天，另一家百货商场的采购员又来了。他问服装厂经理："多少钱一件？"回答依然是 500 元。

采购员又说："我们会多要你的，采购一批，最低可多少钱一件？"

"我们只批发，不零卖。今年全市批发价都是 500 元一件。"

这时，采购员不急于还价，而是不慌不忙地检查产品。过了一会儿，采购员讲："你们的厂子是个老厂，信得过，所以我到你们厂来采购。不过，你的这批皮夹克式样有些过时了，去年这个式样还可以，今年已经不行了。而且颜色也单调。你们只有黑色的，而今年皮夹克的流行色是棕色和天蓝色，但你们这些呢？"

他边说边看其他的产品，突然看到有一件，口袋有裂缝，马上对经理说："你看，你们的做工也不如其他厂精细。"他仍边说边检查，又发现有件后背的皮子不好，便又说："你看，你们这衣服的皮子质量也不好。现在顾客对皮子的质量要求特别讲究。这样的皮子质量怎么能卖这么高的价钱呢？"

这时，经理沉不住气了，并且自己也对产品的质量产生了怀疑，于是用商量的口气说："你要真想买，而且要得多的话，价钱可以商量。你给个价吧！"

"这样吧，我们也不能让你们吃亏，我们购 50 件，400 元一件，怎么样？"

"价钱太低，而且你们买的也不多。"

"那好吧，我们再多买点，买 100 件，每件再多 30 元，行了吧？"

"好，我看你也是个痛快人，就依你的意见办！"于是，双方在微笑中达成了协议。

同样是采购，为什么一个空手而回，另一个却满载而归？原因很简单，后者采用了吹毛求疵策略，他会对商品进行故意的褒奖或者贬低，让自己的话去干扰商家的思维。他常常将商品一丁点儿的瑕疵放大到很大，让商家觉得理亏，同时又让他觉得自己很精明，是个行家里手。

款式过时，颜色单调，怎么还要那么高的价钱？质量有问题，价钱总该降一降了吧？买你 100 件，每件多加 30 元，这些总该满意了吧？

不断地揪出产品所谓的毛病，不断地提出问题，精明的采购员在提问题的同时，也是不断地挑战对方底线，降低自己成本的过程。他的每一个问题都有针对性，而他眼里的毛病也不一定是产品真正的瑕疵，这只是一种策略。最开始意志坚定的经理在采购员的问话下慢慢变得不自信，也开始怀疑自己的产品像面前这个人说的那样，毛病不少，真得考虑降价了。

卖场里是这样，谈判桌上同样如此。精明的谈判者会抓住对方的漏洞和不足，作为迫使对方让步的筹码。

"朋友，你们合同里的这部分符合规定吗？"

"你们的产品真的完美无缺吗？"

不管这些是不是对方的问题，先提出来，对方就会好好想想，而他想的过程，很可能就是退让的过程。一来一往间，本方的谈判筹码和信心激增，另一方却被你的问话术搞得思维混乱，谈判也失去了往日的章法。一旦达到这样的程度，谈判桌上占据主动的将是你，而不是他人。

第十七节　谈判必杀技：将反诘进行到底

反诘就是这样，通过不断地质疑，将问题点指向对方，使其处于一种难堪的困窘状态，在不断扩大本方需求与对方供给能力差距的同时，逼对方亮出自己的老底，行与不行，就在此刻的评估。

商业谈判中，当对方故意示好甚至示弱时，如何用反诘的方式探听出对方的真意图？

谈判已经进行了两个小时，还没有最终的结果。甲一直希望乙能够购买自己的产品，但乙总是犹豫不决。

甲："其实您应该能够看出我方的诚意，我们之所以想跟您合作是因为贵公司的实力以及业界的声誉，所以，您就不能再考虑一下吗？"

乙："考虑什么？通过什么考虑？只是因为贵方的诚意？商业交易，产品质量得有保证，贵方有过硬的资本吗？"

甲："当然有啊！"

说着，他顺手拿出一打资料。

"您看，这是我们给上家企业提供的产品，以及他们对产品做出的评价。方同公司您知道吗？这家公司还是不错的。"

乙一听，脸色突然变得不好。

"方同公司？就是你们给他们提供的商品？"

"是啊，您听说过？那就更好办了。"

"是更好办了。现在我可以郑重地跟你说，谈判到此就可以结束了。知道你们把方同害惨了吗？产品质量不达标，外观老旧，一到货就长时间积压，根本卖不出去，这就是你们提供的优良服务？你们的诚意？"

"不会吧，您可能是搞错了，"甲有些慌张，"噢，是我拿错了材料，我马上让人拿对的来，马上就好。"甲似乎更加忐忑。

"可笑！你们是不是也想通过我们在业界的声誉，先把和我们合作的风声透露出去，扩大自己的影响，得名又得利啊？"

"没有，没有，我们根本没有这种想法。"

"没给我看资料之前，我真的犹豫不决，你说得真是太好了。又可以让利又可以提供各种优惠服务，这不是天上掉馅饼吗？看了资料我明白了，你是想让我们再成为那个倒霉蛋啊。骗人怎么也不学聪明点儿，把资料改改呢？"

"没有，没有，您真的误会了，我现在就给公司打电话核实，肯定是有人搞错了。"

"不必了，就这样吧！"

商业谈判中，如果一方故意示好，一般有两种可能：一是对方实力确实较弱，需要用这种讨好的方式赢得另一方的青睐；二是这是对方的幌子，想借此麻痹另一方获取商业利益。故事中的甲就属于后者。

最开始，乙还没看出对方的真面目，但他一直在用反诘的方式询问对方。用反诘本身就表明乙对甲有些不信任，他想用略带质询的方式让对方自己说出自己的不足。夸大双方实力以及需求间的巨大差距。甲虽然适时遮掩，却在不经意间说出方同公司的事，此事暴露，乙就更有资本质疑对方。也由此看出了对方的真秉性：先通过巧言善变获得对方的信任，签订合同后，再以次充好，达到损人利己的卑鄙的商业目的。

被乙看穿后，甲局促不安，甚至语无伦次。本想通过一贯的伎俩欺骗对方，没想到耐不过对方一个又一个的问题，终将真话讲出，露出马脚。

反诘就是这样，通过不断地质疑，将问题点指向对方，使其处于一种难堪的困窘状态，在不断扩大本方需求与对方供给能力差距的同时，逼对方亮出自己的老底，行与不行，就在此刻的评估。

同时，对比也可达到反诘的效果。即拿另一方的实力或者措施与谈判方相比较，在比较中让对方认识到自己的差距，放弃先前不切实际的想法。比如："我们公司的产品非常好，还是订购我们的吧？""是吗？跟这个行业前十名的公司相比，你们的实力怎么样？产品质量比得过吗？"

这样一问，对方就会在自知没有足够资本的情况下，乖乖闭上嘴巴，收敛起来。

所以，无论是在谈判桌上还是在辩论席上，学会用反诘，你在与对手的交锋中就可能占据优势，尽早使胜局向本方偏移。

第十五章
有理也要让三分，
给对方台阶下的含蓄话

俗话说"有理走遍天下，无理寸步难行"，在实际的交往中，有理时也要让人三分懂得给对方台阶下，这样才是对双方都有益的交往之道。

第一节 体贴别人的场面话

善于交际的人在交谈中懂得给别人留情面，有时候还会巧装糊涂，体贴别人，给对方一个台阶下。

李女士想买双鞋，但一个下午都没挑到满意的，批评意见倒提了不少。

最后，李女士干脆请售货员找来老板，当着许多顾客的面滔滔不绝地说一些如"这双鞋的后跟太高了""我不喜欢这种皮料""你们的服务态度真不好，我选了一下午的鞋子，居然没有一个人过来帮我出点儿主意"之类的牢骚话。

那位老板就像一名听话的小学生一样，一直站在旁边听她发表"高论"，一声都没有吭。直到李女士说完，老板才缓缓地说："对不起，请你等一会儿。"然后便走到鞋架旁，拿出一双鞋摆在李女士面前说："我想这双鞋最能衬托你的气质。"

李女士半信半疑地将鞋穿上，结果不但大小合适，而且颜色、样式都令她十分满意。

于是李女士满意地说："这双鞋好像是专门为我订做的一样。"最后高高兴兴地付账离开。

做生意，人们都知道秉持"顾客至上"的信条。一般而言，无论顾客说什么，你都不可以反驳，除非顾客有侮辱你人格的地方，否则你就应该像那位鞋店老板一样听她说话，然后再发表你的意见。这位鞋店老板十分懂得顾客的这种心理，也知道用什么话"攻"她的心。

因此，遇到这类不讲理或专门找麻烦的人，不妨学着鞋店老板"顺水推舟"，而不要发脾气或没耐心地应付。

一位外宾吃完最后一道菜，顺手把制作精美的景泰蓝食筷"插入"自己的口袋。

这时，一位服务小姐看到了。但她并没有当场给顾客难堪，而是不露声色地迎上去，双手捧着一只装有景泰蓝食筷的绸面小匣说："先生，我发现您在用餐时，对景泰蓝食筷颇为喜爱。非常感谢您对这种精细工艺品的赏识，为了表达我们的感谢之情，经经理同意，我们把这双图案最精美的景泰蓝食筷赠送给您，并按优惠价记在您的账上，您看好吗?"

善于交际的人在交谈中懂得给别人留情面，有时候还会巧装糊涂，给对方一个台阶下。因为他们知道，含蓄的言语比犀利的话语更能打动对方的心，从而让对方"软化"。

第二节 给人情面，不要咄咄逼人

与人交往，要懂得给人留情面，即使自己有理，也不要咄咄逼人。

失败的人常犯的毛病是：自以为是，逮到机会就大发宏论，把别人批评得脸一阵红一阵白，自己则大呼痛快。其实，这样做最终会让自己吃苦头。事实上，给人面子并不难。尤其是一些无关紧要的事，你更要学会给人面子。

宋朝宰相韩琦在带兵期间，有一天晚上批阅公文到夜深。那位为他举烛的卫兵实在太困了，不小心将韩琦的头发烧掉一绺。韩琦只是摸了摸头发，一言未发，继续批阅公文。过了一会，他抬头一看发现卫兵换了人，才意识到刚才那个卫兵已被卫队长责罚了。他忙走出去，对卫队长说："他已经知道怎样拿蜡烛了，不要惩罚他。"还好言安慰那位卫兵。

还有一次，韩琦宴请下级官吏，并拿出一个玉杯请大家欣赏。这对玉杯价值连城，韩琦十分珍视。不料，一位下级官员喝醉了，不小心将玉杯碰落在地。这位官员吓得酒都醒了，跪在地上连称"死罪"。谁知，韩琦只是淡淡地说："大凡宝物，该有它时它就来了，不该有它时它就走了。天数如此，这不是你的错。"经此一事，朝中上下无不传颂韩琦的度量。

稍加留意，我们就会发现，越是地位崇高的人，越是谦虚待人，处处照顾别人的面子。

与人交往，一定要学会照顾别人的情面，千万不要咄咄逼人。咄咄逼人只会让人厌恶，让人产生刻薄的印象。没有人愿意跟刻薄的人交往。

第三节　有了分歧，切忌跟人发生正面冲突

天底下只有一种能在争论中获胜的方式，就是避免争论。

第二次世界大战刚结束的一天晚上，戴尔·卡耐基在伦敦得到了一个极有价值的教训。当时他是罗斯·史密斯爵士的私人经纪。"二战"期间，史密斯爵士曾任澳大利亚空军战斗机飞行员，被派往巴勒斯坦工作。欧战胜利缔结和约后不久，他以30天旅行半个地球的壮举震惊了全世界，没有人完成过这壮举，这引起了很大的轰动。澳大利亚政府颁发给他50万美元奖金，英国国王授予了他爵位。有一天晚上，卡耐基参加了为推崇史密斯爵士而举行的宴会。宴席中，坐在卡耐基右边的一位先生讲了一段幽默故事，并引出了一句话，意思是"谋事在人，成事在天"。他说那句话出自圣经，但他错了。卡耐基知道，并且很肯定地知道出处，一点儿疑问也没有。为了表现出优越感，卡耐基很讨嫌地纠正他。他立刻反唇相讥："什么？出自莎士比亚？不可能，绝对不可能！那句话出自圣经。"他自信确定如此！

那位先生坐在戴尔·卡耐基右首，他的老朋友弗兰克·格蒙在卡耐基左首，他研究莎士比亚的著作已有多年。于是，卡耐基和那位先生都同意向他请教。格蒙听了，在桌下踢了卡耐基一下，然后说："戴尔，这位先生没说错，圣经里有这句话。"

那晚回家路上，卡耐基对格蒙说："弗兰克，你明明知道那句话出自莎士比亚。""是的，当然，"他回答，"哈姆雷特第五幕第二场。可是亲爱的戴尔，我们是宴会上的客人，为什么要证明他错了？那样会使他喜欢你吗？为什么不给他留点面子？他并没问你的意见啊！他不需要你的意见，为什么要跟他抬杠？应该永远避免跟人家正面冲突。"

卡耐基曾经说："很多时候你赢不了争论。要是输了，当然你就输了；如果赢了，还是输了。"在正面争论中，并不产生胜者，所有人在正面争论中都只能充当失败者，无论他（她）愿意与否。因为，十之八九，争论的结果都只会使双方比以前更加相信自己绝对正确；或者，即使你感到自己的错误，却也绝不会在对手跟前俯首认输。在这里，心服与口服没法达到应有的统一。

人的固执性，将双方越拉越远，到争论结束，双方的立场已不再是开始时的并列，一场毫无必要的争论造成了双方可怕的对立。所以，天底下只有一种能在争论中获胜的方式，就是避免争论。

口头冲突除了浪费时间、影响感情外，其实也很难争出个输赢来。因为越到最后，双方的理智因素就会越少，成了每人一套理论，各说各的，谁也说服不了谁。与其这样，还不如避免口头上的正面冲突，各做各的事去，不在这上面浪费时间和感情。

第四节　学会尊重，私底下指出别人的缺点

在别人的某些缺点比较严重时，我们应该以私下谈心的方式委婉指出，疾风暴雨不如和风细雨，当场训斥不如私下平心静气、施以爱心。

每一个人都难免有缺点，并且可能在不同的场合表现出某种缺点来，破坏气氛。面对这种情况怎么办？是当场指出别人的缺点，还是先忍下，等到私底下再指出来？作为讨人喜欢的说话方式，私下指出应该是面对别人缺点采取行动的第一步。但有的人却常常要么容忍别人的缺点，要么就直接对外宣扬，让别人下不来台。这里的教训实在值得我们思考。

做人要拥有一颗宽容的心。"金无足赤，人无完人。"记得有位专家说过，不要苛求别人的完美，宽容让你自己不断完美起来。在别人的某些缺点比较严重时，我们应该以私下谈心的方式委婉指出，疾风暴雨不如和风细雨，当场训斥不如私下平心静气、施以爱心。只有我们拥有了一颗宽容的心，别人才能感受到我们的真诚，在我们指出他们缺点的时候才能心悦诚服地接受。

在朋友之间，指出缺点总是要担负点伤和气风险的，但作为朋友应该承担这种风险。风险有大有小，关键是用的方法适当与否。从小处说，就是在私底下指出别人的缺点。人总是要讲点面子的，指出缺点更应该顾及对方的面子，说话尽可能婉转一些，尤其不要当众给朋友生硬"挑刺"。即使在私下场合指出缺点和错误，也应充分考虑如何让对方愉快地接受。最好先聊聊其他事情，以便在沟通感情、融洽气氛的基础上再婉转地指出问题。

指出缺点更多时候是发生在角色地位并不平等的人之间，比如，上司对

下属，老师对学生。这些情况下可以公开指出缺点吗？当然不应该，照样应该维护下属和学生的面子。

当员工违背明确的规章制度时，当然应当众指出其过错，在让他认识到缺点错误的同时，也可对其他人起到警示作用。假如员工在工作上出现小小的失误，而且不是有意的行为，可在私下为其指出来，或以含蓄、暗示的方式使其意识到自己的缺点。这样既能维护他的面子，又能达到帮助他改正缺点的目的。

要时常反问自己："处理这件事最合乎人性的方法是什么？"当员工把事情弄糟了，有的领导者则会把犯错误的员工当着其他员工甚至是这个员工的下属一通训斥。而人性化的领导者会在私下里跟员工谈心，指出缺点，并且帮助他们找出适当的方法去做好事情，并且会肯定他们已经做得很好的部分，以免让这些员工丧失信心。

所以作为上司，假如下属真的表现出了比较严重的缺点，一般应私下单独找他谈话，指出来。引导他今后如何正确处理类似的问题及注意事项，避免再犯同样的错误。只有这样，下属有问题才愿找上司反映或沟通谈心。这样一来就会在员工中树立一个良好的形象。

作为老师，对学生的缺点也要有一些"春秋笔法"。

刘老师班上有个女生很优秀，一段时间看到别人比自己成绩好，心里有些不平衡。刘老师通过网上聊天工具和她聊天，直言不讳。这个女生很感激，情绪顺了。对其他有缺点的学生，刘老师也尽量采取类似方法。"刘老师照顾我们的面子，我们也尽力改正。"一位教育专家这样评价刘老师：刘老师这样做是讲策略，育人工程最艰辛，关键要用心！

有一次，刘老师经过教室，听到一位同学用脏话骂老师，他装作没听见，事后私下把那个同学请到办公室，告诉他老师已经听到他说的那句话，但不想当着全班人来批评他，是为了尊重他。这样他很诚恳地承认了错误并向老师道歉，后来他变得很有礼貌了。试想，如果刘老师当时走进教室狠批一顿，不但自己下不了台，而且有可能伤了学生的自尊心。

所以，尊重别人，在私底下指出其缺点，既是对别人的热爱，也会赢得别人对你的尊重。

第五节　用谦虚的态度和人说话

有许多真正伟大的人物，总是很谦虚地请别人评判自己的意见，因而获得别人的赞同。

中国人自古以来视谦虚为美德，虽然有人将其视为"虚伪"，但不谦虚的人还是很难获得大家的一致认同的。我们心里可以很自信，多数时候还是要谦虚一些，尤其是要用谦虚的态度和人说话。

首先，不目空一切、居功自傲。

有的人做出一点成绩、取得一点进步，就飘飘然起来。跟谁说话都趾高气扬，到处夸耀自己。

小杨是一家广告公司的职员，他设计的一个平面广告作品获得了一项大奖，经理在员工会上好好表扬了他一番，并让他升任主管。小杨认为自己是个人物了，从此以"专家"自居。一次，经理接到一个平面设计任务，请小杨来评价评价。小杨唾沫飞溅地说了半个小时，设计被批得体无完肤，最后结论是：应该返工重来。经理对这个设计本来比较满意，听了小杨的话极不高兴，从此疏远了他。

又过了两年，公司里另一个职员小石也得了广告大奖。他吸取了小杨的教训，说话非常谦虚，态度和善，很得大家喜欢。

其次，要适当使用敬语。

敬语能表现说话者对对方的态度。因此，对听话者来说，可以根据对话是否使用敬语，了解对话人把自己置于什么地位。例如，科长想请新职员去喝酒，叫道："你也来吧!"如果职员回答"好，去"会怎样呢？科长会认为新职员不理解对上司应使用的语言，看低了自己，内心是不会平静的。这样一来，科长就会用另一种眼光看他。由于没有使用敬语，招致对方改变对自己的态度，日后关系将会变得微妙。

常常听到有人说"近年来年轻人连敬语的使用方法都不知道，真可气"，这就是虽然本人没有恶意，但由于没有使用适当、确切的敬语，致使人与人之间的关系产生了风波的明证。

　　与其相反，使用适当的敬语，双方不仅能正常地保持人际关系，还会提高别人对你的评价。特别是对女职员来说，更是如此。有人说："适当的时候，使用适当的敬语对女性来说，是语言之美的至高境界。"的确是这样。想想看，与前述相同的场面，如果对于"你也来吧！"回答说："好，一定参加。"就会使人多少有些美感。心目中对上司抱着什么态度，从语言中可以大体看出来。这种语言的运用，可以协调上级与部下、年长者与年轻者之间的关系，使听的人感到舒服。因为那种语言会使人感觉到有教养，感情丰富，教育得好。

　　最后，要请人评判自己的意见。

　　我们可以看到，有许多真正伟大的人物，总是很谦虚地请别人评判自己的意见，因而获得别人的赞同。以谦虚的态度表示独特的见解，对使别人信任我们的意见及计划都很有效用。我们知道多数成功的领袖，常常具备这样的品质。

　　有的时候也需要争辩。比如，两个喜欢辩论的朋友，经过一次辩论，也许对于双方都是有益而愉快的。美国威尔逊总统曾经对鲍克接连问了一小时的问题，使得他不得不拥护在他自己看来绝对相反的意见。但到了末了，威尔逊使鲍克感到吃惊的是：他告诉鲍克，他已经改变了主意，他已经醒悟了，而从另外一个观点去观察这个问题。鲍克非常吃惊，从此对威尔逊更加敬重了。这种策略，可以当作能够引起友爱的一种方式，但不可说是常例。总之，别人可能在种种方面与我们意见不一致，这是可以预料的事情，但如果认为和他争辩之后，还能请他来评判一下自己的意见，他就会认为你是个谦虚的人，而对你的印象更为良好。

第六节　宽容让心灵自由飞翔

　　如果一个人不懂得宽容，内心老是怀着对别人的仇恨，那么他的形象便不会好，人生也不会有多大意义。

　　在社交中，你要记住：你所相处的对象，可能不是绝对理性的人，而是一个充满了偏见、傲慢、虚荣和自负等情绪的人。假如你想获得友爱、理解，只有一条道路可以供你选择，那就是学会宽容，哪怕对方是你的敌人。树立宽容别人的形象，哪怕敌人也会变成朋友。

印度有句俗语说得好："热爱真理，但要宽恕缺点。"

要是自私的人想占你的便宜，你不要去理会他们，更不要想去报复。当你想跟他扯平的时候，你伤害自己的，比伤害那人的更多，你的美好形象也就会黯淡无光……

罗斯福和塔夫脱总统曾经发生过一场大的争论，并且由于他们的互相攻击导致了共和党的分裂，而伍德洛·威尔逊借机成功入主白宫。受到抨击的塔夫脱没有想到自己的行为所产生的不利影响，他含着眼泪说："我不知道我所做的一切到底错在哪里。"其实，他不能宽恕自己的竞争对手罗斯福，白白地耗费了个人精力，无法去做更重要的事，让第三者收获了渔翁之利。

在我们对仇人心怀仇恨时，就等于给了他们制胜的力量，使他们有机会控制我们的睡眠、胃口、血压、健康，甚至我们的心情。如果我们的仇人知道他带给我们这么多的烦恼，他一定会高兴得手舞足蹈！憎恨伤不了对方一根毫毛，却把自己的形象弄得一塌糊涂，使我们的生活和事业都受到严重影响。

《生活》杂志曾论述了不宽容会毁坏健康。它是这样说的："高血压患者最主要的个性特征是容易仇恨，长期的愤恨造成慢性心脏疾病，导致高血压的形成。"

人非圣贤，要爱自己的敌人也许真的有点强人所难，但出于自身的健康与幸福、形象与成功的考虑，我们也该学着去宽恕敌人，甚至忘掉所有仇恨。

下面这个例子会很好地告诉你宽容所带来的巨大力量。

乔治·罗纳住在瑞典的艾普苏那。他在维也纳当了很多年律师，但在第二次世界大战期间，他逃到瑞典，一文不名，需要找个工作。因为他能说并能写好几国的语言，所以希望能够在一家进出口公司里，找到一份秘书工作。绝大多数的公司都回信告诉他，因为正在打仗，他们不需要这类人，不过他们会把他的名字存在档案里，等等。不过有封写给他的信说："你对我生意的了解完全错误。你既蠢又笨，我根本不需要任何替我写信的秘书。即使我需要，也不会请你，因为你甚至连瑞典文也写不好，信里全是错字。"

当乔治·罗纳看到这封信的时候，简直气得发疯。于是乔治·罗纳也写了一封信，目的要使那个人大发脾气。但接着他就停下来对自己说："等一等，我怎么知道这个人说的是不是对的？我修过瑞典文，可是那并不是我家乡的语言，也许我确实犯了很多我并不知道的错误。如果是这样的话，那么我想得到一份工作，就必须再努力学习。这个人可能帮了我一个大忙，虽然他本意可能并非如此。他用这种难听的话来表达他的意见，并不表示我亏欠他，所以应该写封信给他，在信上感谢他一番。"

于是乔治·罗纳撕掉了他刚刚写好的那封骂人的信，另外写了一封信说："你这样不嫌麻烦地写信给我实在是太好了，尤其是你并不需要一个替你写信的秘书。对于我把贵公司的业务弄错的事我觉得非常抱歉，我之所以写信给你，是因为我向别人打听，而别人把你介绍给我，说你是这一行的领军人物。我并不知道我的信上有很多文法上的错误，我觉得很惭愧，也很难过。我现在打算更努力地去学习瑞典文，以改正我的错误，谢谢你帮助我走上改进之路。"

没几天，乔治·罗纳就收到那个人的信，请罗纳去看他。罗纳去了，而且得到一份工作。乔治·罗纳由此发现"温和的回答能消除怒气"，他暗自庆幸是自己的宽容让事情得到改观。

众所周知，德国伟大的哲学家叔本华曾经把生命比喻为痛苦的旅程，但在绝望深渊中的他仍说："假如有可能的话，任何人都不应有怨恨心理。"换句话说，就是要人们学会宽容。

相反，如果一个人不懂得宽容，内心老是怀着对别人的仇恨，那么他的形象便不会好，人生也不会有多大意义。仇恨会让我们即使面对山珍海味也没有丝毫胃口。《圣经》上是这么说：怀着爱心吃青菜要比带着愤怒吃海鲜强得多。

仇恨也最能损害一个人的容颜。

有一位女士去找一个整形美容的权威医生，她请求医生把自己的容貌变得好看些。她告诉医生因为她听说看过她的人都觉得她长着一副"恶相"，因此想让医生帮忙把她变得让人看起来觉得温柔甜美。医生摇了摇头只说了一句话："你只要用一颗宽容的心去接纳别人就能改变自己，而我的手术刀对此无能为力。"

每个人并不是天生就具有超强的容忍力，能够忍许多事情。能够用宽广的胸怀容纳一切是需要一个过程的，它并不是一朝一夕、一蹴而就的。

身在职场，你会遇到各种各样的人，就拿领导来说吧，有脾气古怪、猜忌心重的人，而同事也有钩心斗角、自私自利之人。当面对这些人时，如果你想给自己树立一个良好的形象以便继续发展自己的事业，开展好工作让自己有所作为，你就要用一颗宽容之心面对这一切。

老刘任财务科长的第三年，上司给他委派了一名新主任。新主任是老会计出身，尤其是对财务科的工作总是挑毛病、找破绽，好像怎么看怎么不顺眼。

面对"蛮不讲理"的新主任，老刘既没有当面顶撞，也没有逢迎巴结。他经常和本科室的人员开会，定出工作程序，交给主任过目后，再切实执行，并做好系统记录，以便主任翻阅。

这样自行安排工作，既减少了他这个财务科长与新主任的摩擦，也减轻了自己的负担。

有几次，老刘被主任严厉批评，但他没有任何的情绪异常，也没有把这种情绪带到工作中去。相反，老刘每受到委屈，必当机立断，检查自己的工作、处事是否有错误，并且有错必改，或是重新评价自己，进一步做好本职工作。

此外，对待这样"不讲理"的主任，老刘时时小心，尊重主任的意见、多向主任请教、多多体谅主任的难处。

这样一年下来，主任对财务科长褒奖有加，又过了半年，老刘被提升为财务部主管。

可见给别人留下一个宽容的形象对工作和前途是多么重要。

第七节　不要一味地指责别人

只懂得批评别人而不懂得宽容别人的人，是不会巧妙地指出别人的错误的。其实，在某些时候，宽容比批评更有效，更能让人保住面子，也更能激发人的积极性。

有很多人在说话时，经常只顾自己痛快，过后才发现不小心伤了别人的心。尤其是当别人做了错事，或自己因此而吃了亏，就更觉得自己受了委屈而要说出来图个痛快，于是一些难听的话就不自觉地冒了出来，结果是痛快了一时而伤了和气。自己的形象也因一时的冲动而毁于一旦。

也许有人认为：下级犯了错误，作为领导应该严厉地训斥才能得到很好的效果，其实，婉转地纠正别人错误的看法会收到更理想的效果。

西雅图波音公司的一个部门经理有一次大发雷霆，原来他看到了一份报告上有一个错别字，那是个拼写错误，有人把"Believe（相信）"写成了"beleive"。

这位经理精明能干，可是有个怪毛病，他的眼睛里容不得任何一个小错误。于是他叫来了那个写错字的工程师。

整个走廊里都能听得见部门经理的声音："你这个混蛋连这么点儿错误都要犯，你到底读过书没有？'E'怎么可能在'I'的前面，记住，'I'永远在'E'的前面。"

可是，没过几天，那位经理又发现了同样的拼写错误，而且又是出自同一人之手。

这次，经理被彻底地激怒了，他叫来了那个"屡教不改"的工程师，怒不可遏地冲他咆哮道："你耳朵长在头上了吗？为什么我说了你不听？"

那工程师很平静，说道："你不是说'I'永远在'E'之前吗？"

经理说："看来你是明知故犯了。"

工程师二话没说，随手从桌上拿起一份文件。把上面的"Boeing（波音）"字样一笔勾去，写成了"Boieng"。

可见，在工作中，不要留下一副尖酸刻薄、一味地指责别人的形象，那不仅无助于任何事情的发展，更可能阻碍事情向好的方向发展。当你几乎控制不住想要批评某人之前，有一种方法可以让你的心绪渐渐平静下来，使你重新思考究竟应该怎么做。这种方法就是，在你批评他人之前，先想想自己："我做得怎么样？是否应该完全怪罪他人？"这样想过之后或许你会完全改变自己的想法和行为。让我们来看看成功学大师卡耐基是怎么做的。

卡耐基的侄女乔瑟芬·卡耐基在19岁高中刚毕业的时候来到纽约担任卡耐基的秘书。"她当时没有任何做事的经验，"卡耐基回忆说，"在刚开始的时候，她十分敏感脆弱。有一次我正准备指责她，但马上对自己说：'等一下，戴尔·卡耐基，等一下。你几乎有乔瑟芬两倍的年纪，做事经验更是多出好几倍，怎么可以要求她能有你的看法、判断和主动的精神——何况你自己并不十分出色！还有，戴尔，你在19岁的时候是什么德行？记得你像蠢驴一样

犯下的错误吗？记得你做过这些……还有那些……吗？'

"一想到这里，我不得不老实地下个结论：乔瑟芬 19 岁时比我 19 岁时要好得多——而实在惭愧得很，我没有称赞过她。

"于是，一遇到乔瑟芬犯错误，我总是这样说：'乔瑟芬，你犯下了一个错误。但是，老天知道，我以前也常常如此。判断力并非生来俱备，那全得靠自己的经验，何况我在你这个年纪的时候还比不上你呢。我实在没有资格批评你或别人，但是，依我的经验，假如你……做的话，不是会好些吗？'"

后来，年轻的乔瑟芬成为最出色的秘书之一。

只懂得批评别人而不懂得宽容别人的人，是不会巧妙地指出别人的错误的。其实，在某些时候，宽容比批评更有效，更能让人保住面子，也更能激发人的积极性。

迪利斯通是加拿大的一位工程师，他发现秘书在口授的信件中有拼写错误，几乎每一面总要错上两三个字。那么他是如何让秘书改正这一错误的呢？他说：

"就像许多工程师一样，别人并不以为我的英文或拼写有多好。我有个维持了好几年的习惯，就是常常随身带着一本小笔记簿，上面记下了我常拼错的字。我虽然常常指正秘书所犯的错误，但她还是我行我素，一点儿也没有改进的意思。我决定改变方式，等第二次发现她拼错时，我坐到打字机旁，告诉她说：'这字看起来似乎不像，也是我常拼错的许多字之一，幸好我随身带有拼写簿（我打开拼写簿，翻到所要的那页）。哦，就在这里。我现在对拼写十分注意，因为别人常常以此来评判我们，而且拼错字也显得我们不够内行。'

"我不知道后来她有没有采用我的方法。但很显然，在那次谈话之后，她就很少拼错字了。"

宽容能维护别人的尊严，给他一种自重感，无礼的命令只会导致长久的怨恨，即使这个命令可以用来改正他人明显的错误。

有个学生把车子停在了不该停的地方，因而挡住了别人的通道。有个老师冲进教室很不客气地问："是谁的车子挡住了通道？"等汽车主人回答之后，这位教师严厉地说道："马上把车子移开，否则我叫人把车拖走。"

这个学生犯了错，车子是不该停在那里。但是，从那天开始，不只那个学生对老师心存不满，甚至别的学生也常常故意捣蛋。

如果这位老师用不同的方式来处理这件事情，结果会如何？他可以好好地问："谁的车子挡住了通道？"然后建议这位学生移开车子，以方便别人进出。相信这个学生会乐意这么做，也不致引起其他学生的公愤。所以无论工作或生活中，当你遇到别人做的事并不顺你意的时候，请先冷静思考一番，不要一味尖酸刻薄地指责别人，给人留下一副难以相处的形象，工作就很难顺利进行。

第八节　宽容是一种智慧

宽容是建立人与人之间良好关系的法宝。一个拥有宽容美德的人，能够对那些在意见、习惯和信仰方面与你不同的人表示友好和接受。

忍让和宽容不是怯懦胆小，而是关怀体谅。忍让和宽容是给予、是奉献、是人生的一种智慧，是建立人与人之间良好关系的法宝。一个人经历一次忍让，就会获得一次人生的亮丽，经历一次宽容，就会打开一道爱的大门。因此，人们常说：爱产生爱，恨产生恨。

2003 年 10 月 11 日，在伊斯坦布尔苏克鲁·萨拉科卢球场开始的欧洲杯预选赛第 7 小组最后一轮比赛中，英格兰客场 0：0 战平土耳其，以小组头名直接出线。在比赛中罚飞点球的贝克汉姆成为土耳其球员的"出气筒"，但已是英格兰队长和两个孩子父亲的贝克汉姆不再是 1998 年那个毛头小子了，他的忍辱负重为英格兰队赢得了宝贵的 1 分，而他在英格兰的队长地位也因此得到加倍巩固。

英格兰队于 12 日返回英国，虽然埃里克森未能实现他在赛前全取三分的承诺，但能够直接晋级欧锦赛也足以令英格兰的批评声音减弱。而大部分媒体都对这场没有英格兰球迷助威的比赛持乐观态度。《卫报》评价说，从比分来看，这是一场乏味的比赛，但有了贝克汉姆罚失点球，有阿尔帕伊与英格兰队长的冲突做点缀，这仍不失为一场精彩的比赛。

英格兰队最好的一次机会出现在第 35 分钟，杰拉德创造了一记点球，但左脚踩滑的贝克汉姆却把点球踢飞。贝克汉姆罚失点球后遗憾地跪倒在地，此时土耳其队阿尔帕伊上前恶言挑衅，眼看冲突一触即发，英格兰队友和土耳其门将鲁斯图上前将两人劝开。

但土耳其球员对贝克汉姆的挑衅并没有结束。半场休息时，阿尔帕伊和贝克汉姆在球员通道上再起冲突，最终竟有多达50名球员和官员牵涉此起事件中。据贝克汉姆事后透露，当时阿尔帕伊故意走到他身后，并用粗话侮辱他的母亲，而且还做出挑衅的动作，随后两人在球员通道里开始对峙，最终贝克汉姆选择了让步。

自转会皇马之后，贝克汉姆在英格兰的人气一度下滑，再加上前度传出婚外恋的绯闻，贝克汉姆的好丈夫形象也受到损害。这次在伊斯坦布尔受辱，事实上在很大程度上为贝克汉姆重新找回了失去的人气。阿尔帕伊的恶行反倒成就了贝克汉姆，在贝克汉姆的遭遇被媒体一一曝光后，同情、打抱不平直至尊重贝克汉姆的情感在英格兰球迷的心里演绎得淋漓尽致。人们通常用"伟大"来形容一场胜利，但贝克汉姆在伊斯坦布尔的妥协可以称得上是一次"伟大的忍耐"。这次忍耐使他在英格兰队的核心地位更加稳固，也让埃里克森更加信任他的队长。

我们都知道，有一些事情，忍一下就过去了，其实没有什么大不了的，它既不会损害你的自尊，相反还能提升你的人格魅力。但遗憾的是，人与人之间经常因为一些彼此都无法释怀的坚持，而造成永远的伤害和无法挽回的恶果。当静下心来的时候，也许会常常抱怨自己当初何必要那样做。

现代社会竞争激烈，人与人之间难免有冲突，积怨过多招人恨，伤人过重结下仇。为人应宽大为怀，不计小隙。否则你对我要阴谋，我就给你设陷阱，如此以毒攻毒、以恶对恶地冤冤相报，何时有个了结呢？

如果你的行为让人们不喜欢，就可能会对你造成坏的影响。也许这时原本和你毫无关系的他们会因为几句话就牢固地树立了你的形象，虽然这可能是不正确的，但他们可能凭着对这种形象的好恶来办事，有时对你而言可能会成事不足，败事有余。

有这样一个例子：

一天在机场，一位旅客见到一位衣冠楚楚的商人在大声呵斥，责骂搬运员处理行李不当。商人骂得越凶，搬运员越显得若无其事。商人走后，这位旅客称赞搬运员有涵养。"噢，没关系，"他微笑着说，"你知道吗？那个人是到佛罗里达去的，可是他的行李嘛——将会运到密歇根去。"

也许有些人受了你的气，就会跟你捣蛋。

　　相反，只要你精于处事之道，或许犯了严重错误也会解决。许多能力平庸的管理人员，都能安然度过公司的人事大变动。因为他们和人交往时，通情达理、对人宽容、讨人喜欢，一旦有错，支持他们的人总会帮他们补过。事实上，犯了一次错之后，如果老板知道他们以负责的态度处理这些错误，说不定他们的事业反而会更上一层楼。

　　宽容是建立人与人之间良好关系的法宝。一个拥有宽容美德的人，能够对那些在意见、习惯和信仰方面与你不同的人表示友好和接受。依靠这份宽容建立起来的形象，不仅对你的个人生活具有很大的价值，而且对你的事业有重要的推动意义。一个人经历一次宽容，就可能会打开一扇通向成功的大门。借助宽容的力量，你可以实现自己伟大的梦想，成就自己的事业。

　　罗杰是一个室内装潢工厂的老板。有一次，生产线上有一个工人喝得酩酊大醉后来上班，吐得到处都是。厂里立刻发生了骚动：一个工人跑过去拿走他的酒瓶，领班接着又把他护送出去。

　　罗杰在外面看到这个人昏昏沉沉地靠墙坐着，便把他扶进自己的汽车里送他回家。那个工人的妻子吓坏了，罗杰再三向她表示什么事都没有。"不，杰克不知道，"她说，"老板不允许工人在工作时喝醉酒。杰克要失业了，你看我们如何是好？"罗杰告诉她："我就是老板，杰克不会失业的。"

　　杰克的妻子张着嘴愣了半天。罗杰告诉她，自己会在工作中尽力辅导杰克，同时也希望她在家里尽力照顾杰克，以便他在第二天早上能够照常上班。

　　回到工厂，罗杰就对杰克那一组的工人说："今天在这里发生的不愉快，你们要统统忘掉。杰克明天回来，请你们好好对待他。长期以来他是个好工人，我们最好再给他一次机会！"

　　杰克第二天果真上班了，他酗酒的坏习惯也从此改过来了。罗杰的宽容令杰克很感动，他一直记在心里。

　　3年后，地区性工会派人到罗杰的工厂协商有关本地工人的各种合同时，居然提出一些不切实际的要求。这时，沉默寡言、脾气温和的杰克立刻领头号召同事反对。他开始努力奔走，并提醒所有的同事说："我们从罗杰那里获得的待遇向来很公平，用不着那些外来'和尚'告诉我们怎么做。"就这样，他们把那些外来"和尚"打发走了。罗杰用宽容树立起了一个好形象，赢得了工人的拥戴，从而取得了事业的成功。

如果你想有所作为，获得成功，就要学会宽容，能够容忍、谅解别人的不同意见和错误。否则你永远不可能成为一个真正的成功者。试想你每天都在想着别人的一点儿过错，甚至心生怨恨，老想打击报复，那你还有精力发展自己的事业吗？无疑你也就离成功越来越远了。

诗人托马斯·查特顿年轻的时候因为直率的性格而历经坎坷，后来才变得善于处世，进而成了美国驻法大使。他的成功秘诀是："我不批评人，我只夸奖人。"

一次，著名试飞驾驶员鲍勃·胡佛驾驶的飞机在数千英尺的高空，两个引擎同时出现故障，幸亏他经验丰富、反应灵敏、控制得当，飞机才得以降落。

在惊魂稍定后，胡佛开始检查飞机用油。原来那架螺旋桨飞机装的竟然是另一种型号的飞机用油。于是，胡佛约见了那位负责维护飞机的机械师。懊恼不已的年轻机械师，一见到胡佛，便后悔得泪流满面。刚刚从鬼门关走了一遭的胡佛并没有责备那个机械师，只是伸出手臂，抱住年轻机械师的肩膀说："我相信你不会再犯错，我的F—51飞机明天还请你维护。"机械师对胡佛宽恕了自己的失误十分感激，在以后的飞机维护中，他十分尽心，再也没有出过一次差错。机械师也因此成了胡佛最得力的助手。

当别人犯错时，尽量站在他人的角度上思考一下，少一点儿呵斥和责骂，多一些宽恕！试着去理解人们为什么要这样做，因为这比批评更有益，也更有趣。什么都了解，就什么都会宽恕。

当遇到与你不一致的观点、做法时，首先你要想想别人合理的地方，为什么会这样想、这样做。然后，你再把你的做法与他们的做法进行比较。你可以试着与不同风格、不同背景、不同思想的人做朋友，多观察他们的做法，要善于采纳新的观点，这样你才能学会宽容。

林肯曾用宽容和爱的力量在历史上写下了永垂不朽的一页：当林肯参选总统时，他的强敌斯坦顿因为某些原因憎恨他。斯坦顿想尽办法在公众面前侮辱他，毫不保留地攻击他的外表，故意制造事端来为难他。尽管如此，后来林肯当选美国总统时，须找几个人当他的内阁与他一同策划国家大事，其中必须选一位最重要的参谋总长，他不选别人，却选了斯坦顿。

当消息传出时，一片喧哗，街头巷尾议论纷纷。有人对林肯说："恐怕您选错人了吧！您不知道他从前如何诽谤您吗？他一定会扯您的后腿，您要三思而后行啊！"林肯不为所动，他回答说："我认识斯坦顿，我也知道他从前对我的批评，但为了国家前途，我认为他最适合这份职务。"果然，斯坦顿为国家以及林肯做了不少的事。

过了几年，当林肯被暗杀后，许多赞颂的话语都在形容这位伟人，其中，要算斯坦顿的话最有分量了。他说："林肯是世人中最值得敬佩的人，他的名字将留传万世。"

宽容不仅需要"海量"，而且更是一种修养促成的智慧。事实上，只有那些胸襟开阔的人才会自然而然地运用宽容，因为当你对别人宽大之时，同时也是对你自己宽大。

生活中的不平、坎坷、误解、私怨、纠纷……一波又一波接踵而来，莫不令人心烦意乱。每逢此时，你将如何呢？有一位哲人在回答弟子"如何摆脱烦恼"的问题时，精彩地回答："宽容。"事实正是如此，生活中有不少的烦恼之事，正是缺少"宽容"而造成的，有时甚至因为不能宽容他人而酿成悲剧。

如果你想塑造自己的良好形象，并且想事业有成、生活顺利，请想想宽容的力量吧！

第九节　宽容别人就是宽容自己

宽容大度是一种胸怀，为一点儿小事斤斤计较，争吵不休，既伤害了感情，也无益于成大事，甚至最后伤害的还是自己。

一位哲人说："人能成全他人，也能毁弃他人；互相帮助能使人奋发向上，互相抱怨会使人退步不前。"工作中同事之间有了不同意见，应以商量的口气婉转地提出自己的看法，尽量避免生硬地伤害他人自尊心的言辞。如果遇到不合作的同事，则要表现出你的宽容和修养。学会耐心倾听对方的意见，并对其合理之处表示赞同，这样不仅能使不合作者放弃"对抗状态"，也会开拓自己的思路。

某同事得罪过你，或你曾得罪过某同事，虽说不上反目成仇，但心里确实不愉快。如果你觉得有必要，可主动去化解僵局，也许你们会因此而成为好朋友，也许只是关系不再那么僵而已，但至少减少了一个潜在的对手。这一点相当难做到，因为大多数人就是拉不下脸来！要允许别人犯错误，也允许别人改正错误。不要因为某同事有过失，便看不起他，或一棍子打死，或从此另眼看待对方，"一过定终身"。

春秋时期的管仲和鲍叔牙是一对好朋友，他们两个人合伙做过买卖，共同谋过事，一起打过仗。后来，他们两人都在齐桓公手下当大官。

管仲年少时家庭穷困，曾经和鲍叔牙合伙做生意，赚了钱，他分给自己的多，分给鲍叔牙的少。鲍叔牙根本不与之计较，也不认为管仲贪财。此后管仲多次为鲍叔牙出谋划策办事情，但"谋事在人，成事在天"，每次事情都办得十分糟糕，鲍叔牙并不因此认为他是愚笨之徒。事实清楚地证明了这段友谊的结果：在管仲落难，被"幽囚"之时，又是鲍叔牙力荐管仲为相，使管仲成就了大业。

同事所犯的错误有时候会给你带来一定的损害，或在某种程度上与你有关。在这种情况下，能否用一种宽容的态度对待这种"过"，就是衡量人的素质的一个标准。原谅别人是一种美德，有时尽管自己心里并不痛快，但却应该设身处地地为同事着想，考虑一下自己如果在他那个位置会如何做，做错了事之后又有何种想法。

小张和小杨合作共同完成一项工程。工程结束后，小张有新任务出差，把总结和汇报的工作留给了小杨。正巧赶上小杨的孩子生病，小杨因为忙于给孩子看病，一时疏忽，把小张负责的工作中一个重要部分给弄错了。总结上报给主管以后，主管马上看出了其中的毛病，找来小杨。小杨怕担责任，就把责任推给了小张。因为工程重要，主管立刻把小张调回来。小张回来后，莫名其妙地挨了主管一顿训斥。仔细一问，这才明白了是怎么回事，赶快向主管解释，才消除了误会。小杨平时与小张关系不错，出了这事后，心里很愧疚，又不好意思找小张道歉。小张了解到小杨的情况，主动找到小杨，对他说："小杨，过去的事就让它过去吧，别太在意了。"小杨十分感动，两人的关系又近了一层。

其实只要你愿意做，你的风度会赢得对方对你的尊敬，因为你给足了他面子。

宽容大度是一种胸怀，为一点儿小事斤斤计较，争吵不休，既伤害了感情，也无益于成大事，甚至最后伤害的还是自己。

当你无辜受到伤害或被人欺负时，大部分人都是为了一时之快而选择了憎恨。殊不知，憎恨本身对怀恨者的伤害比被仇恨者还要多。憎恨就是一把双刃剑，伤了别人的同时，也深深地伤了自己。

宽容是要付出痛苦代价的。在办公室中谁都会碰到个人利益受到他人侵害的事情，这时，你要闭上自己的嘴巴，管住自己的大脑，勇于接受宽容的考验，当你做到了宽容和大度时，机会也就随之而来了。

第十节　适可而止，凡事都给自己留条退路

任何时候都要宽厚待人，做事适可而止，不要被一时的冲动蒙住了眼睛，做出令自己后悔的事情。

常言道："凡事留余地，日后好相逢。"不管做什么事，都不能走极端，堵住自己的退路。特别在权衡得失时，务必要做到见好就收。无论对待怎样的人和事都要凭着适可而止的心态对待，这是在社会交往中有效保护自己的最好方法。

有些人说话、做事喜欢赶尽杀绝，不给别人留余地，批驳就要体无完肤，打击就要置于死地，以此来显示自己的"本事"或者解心头之恨。其实，退一步想，冤家宜解不宜结，何必把原本很小的事弄得越来越大，让彼此之间的怨恨越结越深呢？人生不会尽是得意，也不会尽是失意，得意之时心存仁慈，多帮助他人，失意之时也要不卑不亢，不放弃希望和尊严，这才是健康的人生态度。如果身处得意之时，你就对别人大加挞伐，你有没有想过，日后这样的遭遇或许会落在自己头上？所以说，说话办事时，眼光要放得长远一些，不要一时得势就骄横跋扈，不给自己留一点儿退路。

其实，很多事情都是相互的，你给别人不留一点余地的时候，其实你也把自己的退路都截断了。所以，任何时候都要宽厚待人，做事适可而止，不要被一时的冲动蒙住了眼睛，做出令自己以后后悔的事情。

第十一节　待人要宽容

一个人若能对别人宽容，在生活中养成将心比心、推己及人的做事习惯，这样的人肯定是受人尊敬和欢迎的。

实践证明，宽以待人的习惯是成就事业的前提与保障。反之，一个以敌视的眼光看人，对周围的人戒备森严，随时留心眼、处处提防、不能宽大为怀的人，必然会因孤独而陷于忧郁和痛苦之中。一个宽宏大量、与人为善、谦让待人，能主动为他人着想，肯关心和帮助别人的人，肯定讨人喜欢，容易被人接纳、受人尊重、魅力无限，因而能更多地体验成功的喜悦。

宽以待人，就是在交际交往中有较强的相容度。相容就是宽厚、容忍、心胸宽广、忍耐性强。人们往往把宽广的胸怀比作大海，能广纳百川之细流，从来没有把暴雨拒之门外，也有人把忍耐性比作弹簧，具有能伸能屈的韧性。有这样一句话："谁若想在前进中得到援助，就应在平时待人以宽。"就是说，相容能接纳、团结更多的人，有难同当、有福共享，进而增加成功的力量，创造更多的成功典范。反之，相容度低，则会使人疏远，减少合作力量，人为地增加成功的阻力。

一个人若能对别人宽容，在生活中养成将心比心、推己及人的做事习惯，这样的人肯定是受人尊敬和欢迎的。"己欲立而立人，己欲达而达人；己所不欲，勿施于人。"在一些小心眼的概念里，别人就是别人，我就是我，没有任何关系，然而，宽以待人其实也是善待自己的一种方法，正如一句话所说："原谅别人，才能释放自己。"借着宽恕，你释放了心牢里的犯人，而那个犯人，可能就是你自己。一旦你能舍得过去的一切，是福也好，是祸也好，让它们如烟消云散般飞去，原谅一切，你的宽容将会为你打开新局面。

宽容意味着理解和通融，是融合人际关系的催化剂，是友谊之桥的加固剂。宽容还能将敌意化解为友谊。心中装满了宽容，就会与人方便，与人方便就是与己方便，成功路上的坎坷也就会少一点。而事实上，很多人往往因为一点小小的利益与别人发生矛盾，甚至大打出手，不仅良好的人际关系破坏了，也影响后来的事业。所以，每个人都要时时记住这句话，无论是在日常生活中，还是在工作岗位上，宽以待人，不懈地履行这个信条，对自己的未来是一定会有所帮助的。